"十四五"职业教育国家规划教材

集装箱运输实务

（第 2 版）

主　审　王鸿鹏
主　编　江明光
副主编　陈心杰　刘鸣华
参　编　林莉莉

北京理工大学出版社
BEIJING INSTITUTE OF TECHNOLOGY PRESS

版权专有 侵权必究

图书在版编目（CIP）数据

集装箱运输实务/江明光主编 . —2 版 . —北京：北京理工大学出版社，2019.11（2023.7重印）

ISBN 978-7-5682-7711-2

Ⅰ.①集… Ⅱ.①江… Ⅲ.①集装箱运输－高等学校－教材 Ⅳ.①U169

中国版本图书馆 CIP 数据核字（2019）第 235336 号

出版发行 / 北京理工大学出版社有限责任公司	
社　　址 / 北京市海淀区中关村南大街5号	
邮　　编 / 100081	
电　　话 /（010）68914775（总编室）	
（010）82562903（教材售后服务热线）	
（010）68944723（其他图书服务热线）	
网　　址 / http://www.bitpress.com.cn	
经　　销 / 全国各地新华书店	
印　　刷 / 三河市天利华印刷装订有限公司	
开　　本 / 787 毫米 × 1092 毫米　1/16	
印　　张 / 12.5	责任编辑 / 申玉琴
字　　数 / 296 千字	文案编辑 / 申玉琴
版　　次 / 2019 年 11 月第 2 版　2023 年 7 月第 6 次印刷	责任校对 / 周瑞红
定　　价 / 36.00 元	责任印制 / 李志强

图书出现印装质量问题，请拨打售后服务热线，本社负责调换

物流管理系列教材专家委员会

主任委员：
  俞步松 浙江经济职业技术学院

副主任委员：
  杜学森 天津滨海职业学院
  孔月红 南京铁道职业技术学院
  朱光福 重庆城市管理职业学院
  杨国荣 江西旅游商贸职业学院

编委（排名不分先后）：
  毕思勇 淄博职业学院
  陈 文 福建船政交通职业学院
  江明光 福建船政交通职业学院
  徐丽蕊 陕西工业职业技术学院
  王红艳 陕西工业职业技术学院
  李海民 山东交通职业学院
  张 璠 辽宁省交通高等专科学校
  杨 清 广西职业技术学院
  张 敏 广州航海学院
  朱耀勤 青岛黄海学院
  牛晓红 天津交通职业学院
  姜 波 天津商务职业学院
  朱文涛 苏州健雄职业技术学院
  陶春柳 苏州健雄职业技术学院
  申纲领 许昌职业技术学院

总　　序

2014年9月，国务院发布了《物流业发展中长期规划（2014—2020年）》，其中指出物流业是融合运输、仓储、货代、信息等产业的复合型服务业，是支撑国民经济发展的基础性、战略性产业，强调加快发展现代物流业，对于促进产业结构调整、转变发展方式、提高国民经济竞争力和建设生态文明具有重要意义，并提出到2020年，基本建立布局合理、技术先进、便捷高效、绿色环保、安全有序的现代物流服务体系。物流企业竞争力显著增强，一体化运作、网络化经营能力进一步提高，信息化和供应链管理水平明显提升，形成一批具有国际竞争力的大型综合物流企业集团和物流服务品牌。

现代物流是一项庞大而复杂的系统工程，不仅涉及运输、仓储、包装、装卸搬运、流通加工、配送、信息等各物流环节，也关系国家发展、城市规划、国土利用、基本建设、环境保护和经济运行的各部门，各类企业、事业单位都与物流有着密不可分的关系。

物流业涉及领域广、吸纳就业人数多，对促进生产、拉动消费的作用大。物流业产值每增加1%，可以增加10万个工作岗位。同时，物流成本占GDP的比率每降低1%，将带来3 000亿元的效益。而要提高物流业整体水平，亟须加快培养一支规模庞大的高素质技术技能型物流从业人员队伍。

2019年年初，国务院出台了《国家职业教育改革实施方案》（简称"职教20条"），对深化职业教育改革做出重要部署。"职教20条"针对一些多年来未解决的困扰，甚至阻碍职业教育发展的关键性、核心性问题，提出了一系列突破性的解决方案，具有划时代和里程碑意义。

"职教20条"提出：将"启动1+X证书制度试点工作""鼓励职业院校学生在获得学历证书的同时，积极取得多类职业技能等级证书，拓展就业创业本领，缓解结构性就业矛盾"。日前，教育部、国家发展改革委、财政部、市场监管总局联合印发《关于在院校实施"学历证书+若干职业技能等级证书"制度试点方案》（简称《试点方案》），部署启动"学历证书+若干职业技能等级证书"（简称"1+X证书"）制度试点工作。近期教育部首批启动了5个职业技能领域试点，物流管理职业技能等级证书正是首批试点的职业技能等级证书之一，这体现了国家层面对物流类高等职业教育的重视。

随着我国物流产业进入高质量发展的新时代，企业对高素质技术技能型物流人才的需求愈发迫切，需要一套更加成熟的、适应专业人才培养模式改革、适应企业现实要求、适应社会需求的物流管理专业教材，本套丛书就是在这样的背景下产生的。

这批规划教材立项之时，也是国家职业教育专业教学资源库建设项目及国家在线开放课程建设项目深入开展之际，而专业、课程、教材之间的紧密联系，无疑为融通教改项目、整合优质资源、打造精品力作奠定了基础。

本套丛书借鉴并吸收了国内外物流管理领域的最新研究成果，密切结合我国物流业高质量发展的实际需要，克服了同类教材的不足，充分体现了能力本位、应用性、创新性和实践性的要求。本套丛书力求在编写内容、编写体例和编写语言等方面适应高素质技术技能型人才培养的实际需求，以突出实践能力为主线，强调理论与实践的有机结合，理论阐述适度，突出高等职业教育特色，实现知行合一、工学结合的目标。内容按照"知识""能力""素质"并重的要求，以"考学结合"为切入点，贯彻"项目导向，任务驱动"编写理念，将"课堂理论教学、实验仿真教学、企业案例实践教学"的教学体系落实在教材中，并在教学过程中通过情景写实教学、经典实例教学等教学方式方法，培养学生乐于探究、勇于实践的职业素养，提高学生将物流理论应用于企业实践的职业能力，实现"教、学、做"的统一，为企业培养应用动手能力强、可持续发展潜力大的高素质技术技能型人才奠定基础。

这套教材从专家团队组建、教材编写定位、教材结构设计、教材大纲审定到教材编写、审校全过程，都倾注了高职教学一线众多教育专家、教学工作者和企业一线人员的心血，在这里真诚地对参加编审的教授、相关专家表示衷心的感谢。

相信这套教材在广大职业院校推广使用之后，可以有效地培养学生学习能力、职业能力和社会能力，促进学生综合素质的发展和提高。

全国物流职业教育教学指导委员会副主任委员
浙江经济职业技术学院原书记

前　言

根据二十大报告的精神，本教材的编写人员努力挖掘和提炼教材的原有内容并补充相关的素材，提炼课程思政的教学元素，增设了思政园地版块，将精益求精的工匠精神、中国制造的重大意义、防范运输风险的法制意识等内容融入教材中，培养学生尊重劳动、尊重知识、尊重人才、尊重创造的精神。

本教材是在"工学结合"教学改革和"国家示范性院校"建设中，围绕"项目导向、任务驱动"的教学理念，依据集装箱运输、集装箱码头管理、集装箱堆场管理、集装箱货运代理等岗位的能力目标编写。该教材是国家级示范高职院校建设中课程体系和教学内容改革工作的一项教学成果，也是高职高专省级精品课程"集装箱运输实务"建设的一项成果。教材的主要特点如下：

1. 挖掘和提炼教材内容，突出思政的教学元素

教材在每个任务后面的拓展阅读模块与教材的内容密切相关，体现集装箱码头科技和工艺发展的前沿，提炼出课程思政的许多元素，因此本次教材修改重点是在原有的基础上，发挥拓展阅读资料的作用，增设了思政园地版块，使课程和思政教育有机结合。

2. 主线清晰、重点突出、循序渐进

集装箱运输已进入以国际远洋船舶运输为主，以铁路运输、公路运输、航空运输为辅的国际多式联运为特征的新时期。特别是对于报关与国际货运专业而言，海运集装箱运输是该专业关注的重点，因此本教材的编写主要围绕海运集装箱运输业务。本教材基于"校企合作、工学结合"人才培养模式，学习集装箱运输领域相关工作岗位所需要的知识与技能，以"集装箱—货物—码头—班轮公司—船舶—业务—单证—运费—箱管"为主线，改变过度重视工作过程而忽视循序渐进汲取知识的现象。

3. 体现"教、学、做"融合的能力本位培养模式

本教材的内容在编排上，贯彻理论实践一体化的教学思想，按集装箱发展的最新动态以及新技术、新装备、新工艺的应用，对教学内容进行整合，将理论与实务融合编写；按照必需、够用的原则确定理论深度；在内容的选择上做到简练、实用和综合。本教材突出学生学习能力、实践能力、创新能力和就业能力培养，强调岗位分工与协作，促进综合职业素养的养成。注重培养学生发现、分析和解决问题的能力，增强学生的实务操作技能。坚持以就业为导向，以学生为本，把能力本位放在首位，注重实践技能的培养，突出岗位能力的培养，从而保证学习目标能力化。

4. 以工作任务驱动学习任务

本教材将四个项目分解为十六个集装箱运输管理的真实工作任务，提出相应的学习任务目标，将这些工作任务改造为学习任务，再进行任务分析，然后梳理出为解决任务所需要的知识与技能，最终解决问题，从而以工作任务驱动学习任务的完成。在教材中，收集和使用了许多实践工作中使用的单证，使学习过程与实践工作对接，使学生学到真正有用的东西，

使学习任务工作化。

5. 教学案例基于工作过程

本教材每个教学任务都专门选取实际工作中的案例作为教学引例，每个引例都有针对性地提出问题，目的是引起学生的学习兴趣和思考。课程任务结束后，要求学生能对引例中提出的问题进行分析、讨论，将学到的知识应用到具体的案例中，学会分析问题和解决问题。经过不同工作案例的多次演练，避免学泛学空，将"工作过程"贯穿于教学的始终，巩固所学到的知识和技能，实现工作任务与学习任务的统一。

6. 教材编写队伍有丰富的实践经验，体现校企合作的成果

本教材主审主编过数本集装箱运输管理的本、专科教材，有丰富的集装箱运输实务教学和实践经验。本教材主编是"双师型"教师，有多年的海上集装箱运输实践经验、十多年集装箱运输实务的教学经验，担任教学任务的专业包括报关与国际货运、物流管理、集装箱运输管理、国际航运业务管理等；他还是电子工业出版社《集装箱运输管理》的副主编、人民交通出版社《集装箱运输管理》的主审。一名副主编是集装箱企业的高管、企业兼职教师，曾为精品课程的建设提供了大量的集装箱方面的资料。其他的编写人员都有较强的理论能力和丰富的实践经历。

本教材由集美大学航海学院王鸿鹏教授担任主审，对编写方案和内容进行了总体指导。

本教材由福建船政交通职业学院教授江明光担任主编，福州胜狮货柜有限公司副总经理陈心杰、福建船政交通职业学院副教授刘鸣华担任副主编；福州沃克斯物流公司总经理林莉莉参与了本教材的编写。

主编江明光负责教材编写大纲的制定与统稿；主编江明光负责编写项目一（任务一、任务二、任务三、任务四、任务五、任务六）、项目二（任务二、任务三、任务四）、项目三（任务一）、项目四（任务一、任务二、任务三、任务四）；副主编陈心杰负责编写项目三任务二中的"船公司的箱务管理"和"集装箱堆场的箱务管理"；副主编刘鸣华负责编写项目三任务二中的"集装箱码头的箱务管理"和"集装箱货运站的箱务管理"以及项目二任务一中的"集装箱货物的交接方式"；参编林莉莉负责编写项目二任务一中的"集装箱海运进出口流程"。

本教材的编写得到集美大学航海学院王鸿鹏教授，福州胜狮货柜有限公司、福州沃克斯物流公司、福州天泽物流公司等个人和单位的大力支持，同时在教材的编写过程中还参考了大量的文献和资料，在此向相关个人、单位和作者表示衷心的感谢。

由于作者水平有限，时间仓促，教材中难免存在错误和不足之处，敬请读者和业内专家提出宝贵意见和建议，以便本教材的修订和完善。

编　者

目 录

项目一　集装箱运输基础知识 (1)

任务一　集装箱运输系统 (1)
一、集装箱运输的优越性 (2)
二、集装箱运输相关关系方 (3)
三、集装箱运输系统的组成 (6)

任务二　集装箱及集装箱标准化 (9)
一、集装箱的定义 (9)
二、集装箱国际标准化 (10)
三、集装箱的类型 (12)
四、集装箱标志的识别 (16)
五、集装箱的结构 (24)
六、集装箱的尺寸 (26)
七、集装箱检查的内容 (26)
八、集装箱计算单位 (27)

任务三　集装箱货物的装载 (27)
一、集装箱货物的概念及分类 (28)
二、适载集装箱的选择 (32)
三、集装箱货物的装载 (34)

任务四　集装箱码头功能及布局 (42)
一、集装箱码头功能和基本要求 (43)
二、集装箱码头的选址条件和基本布局 (47)
三、集装箱码头装卸机械与装卸工艺 (51)
四、集装箱码头堆场箱区划分及箱位编码方式 (59)
五、集装箱码头发展趋势 (62)

任务五　集装箱班轮公司和运输航线 (64)
一、全球主要集装箱班轮公司基本情况 (65)
二、集装箱班轮公司开辟的海运航线 (69)

三、集装箱班轮公司班轮船期表 ……………………………………………… (72)
　　四、集装箱班轮公司的运输特点和管理要点 ……………………………… (74)
　任务六　集装箱船舶及配积载 …………………………………………………… (76)
　　一、集装箱船舶的种类和结构特点 ………………………………………… (78)
　　二、集装箱船舶的配积载 …………………………………………………… (82)
　　三、集装箱船舶配积载过程和配积载图 …………………………………… (85)

项目二　集装箱货物交接方式与集装箱海运进出口业务 …………………… (90)
　任务一　集装箱货物交接方式与海运进出口流程 ……………………………… (90)
　　一、集装箱货物的交接方式 ………………………………………………… (90)
　　二、集装箱海运进出口流程 ………………………………………………… (92)
　任务二　集装箱海运进出口业务主要单证 ……………………………………… (97)
　　一、出口货运代理委托书 …………………………………………………… (98)
　　二、场站收据（Dock Receipt, D/R）……………………………………… (100)
　　三、集装箱预配清单 ………………………………………………………… (103)
　　四、集装箱空箱提取通知单（Container Release Order）……………… (104)
　　五、集装箱设备交接单（Equipment Interchange Receipt, EIR）……… (105)
　　六、集装箱装箱单（Container Load Plan, CLP）………………………… (107)
　　七、交货记录（Delivery Record, D/R）…………………………………… (109)
　任务三　集装箱海运提单业务 …………………………………………………… (113)
　　一、集装箱海运提单的定义和作用 ………………………………………… (114)
　　二、海运提单的种类 ………………………………………………………… (117)
　　三、集装箱海运提单条款 …………………………………………………… (121)
　　四、集装箱海运提单提货形式 ……………………………………………… (123)
　任务四　提单有关国际公约和我国海商法 ……………………………………… (128)
　　一、《海牙规则》出台的背景和主要内容 ………………………………… (129)
　　二、《维斯比规则》出台的背景和主要内容 ……………………………… (130)
　　三、《汉堡规则》出台的背景和主要内容 ………………………………… (132)
　　四、我国海商法 ……………………………………………………………… (135)
　　五、《鹿特丹规则》 ………………………………………………………… (137)

项目三　集装箱海运运费与箱务管理 …………………………………………… (140)
　任务一　集装箱海运运费计算 …………………………………………………… (140)
　　一、集装箱运费的概述 ……………………………………………………… (141)
　　二、集装箱海运运费计算 …………………………………………………… (142)
　任务二　集装箱箱务管理 ………………………………………………………… (153)
　　一、船公司的箱务管理 ……………………………………………………… (154)
　　二、集装箱码头的箱务管理 ………………………………………………… (157)
　　三、集装箱堆场的箱务管理 ………………………………………………… (159)
　　四、集装箱货运站的箱务管理 ……………………………………………… (161)

项目四　集装箱其他运输方式与多式联运 (164)

任务一　公路集装箱运输 (164)
一、公路集装箱运输概述 (165)
二、公路集装箱中转站 (167)
三、与公路集装箱运输相关的法律法规和国际公约 (168)

任务二　铁路集装箱运输 (169)
一、铁路集装箱运输概述 (170)
二、铁路集装箱办理站 (172)
三、与铁路集装箱运输相关的法律法规和国际公约 (174)

任务三　航空集装箱运输 (175)
一、航空集装箱运输概述 (176)
二、航空集装箱货运业务 (178)
三、有关航空集装箱运输的法律法规及国际公约 (180)

任务四　国际集装箱多式联运 (181)
一、国际集装箱多式联运概述 (182)
二、国际集装箱多式联运的方式 (184)
三、国际多式联运经营人 (185)
四、有关集装箱多式联运的法律法规和国际规则 (186)

参考文献 (188)

项目一

集装箱运输基础知识

任务一 集装箱运输系统

任务目标

描述集装箱运输的优越性;明确集装箱运输有关的关系方;熟悉集装箱运输系统的组成。

引 例

我国集装箱运输正式启动的标志

我国集装箱运输始于20世纪50年代中期。1955年,铁道部成立了集装箱运输营业总所,率先开办了国内小型集装箱运输。水运部门则分别在1956年、1960年和1972年3次采用铁路集装箱进行了短期试运。

20世纪70年代初,严重的压船压港现象引起了党中央、国务院的高度关注,同时中日贸易有了大幅增长。在此背景下,我国开始组织中国海运国际集装箱运输试运。在交通部的组织下,1973年4月,中国远洋运输总公司、中国外轮代理总公司、中国外贸运输总公司与日本新和海运、日新仓库两公司在北京经过协商,达成了在中日航线的杂货班轮上,使用小型集装箱,在我国上海、天津和日本大阪、神户、横滨之间开展试运的协议,试运期为两年。1973年9月,日本新和海运派船运来空箱并在上海港装箱,10月,天津港开始接卸第一艘船,到年底,完成了4艘船的集装箱装卸任务。

试运工作标志着我国海上集装箱运输的正式启动。1974年11月,交通部、外贸部协同,先在天津港,后在上海港、青岛港利用外国杂货班轮,采用空箱进、重箱出的形式,开展了20英尺[①]国际标准箱试运。为期两年的中日两国间小型箱试运工作,为我国开展规模化国际标准箱运输,积累了宝贵经验。

问题:简述集装箱试运工作对发展我国集装箱运输的意义。

---

① 1英尺=0.304 8米。

集装箱（Container）是一个具有足够强度、便于反复使用的大型标准化载货容器。集装箱运输（Container Transportation）就是将货物装在集装箱内，以集装箱作为一个货物集合单元，进行运输、装卸、搬运的运输工艺和运输组织形式。

集装箱运输是一种先进的现代化运输方式，是交通运输现代化的产物和重要标志，对交通运输业具有深远的影响，并引起了一场革命性的变化。到目前为止，在国际贸易中以集装箱运输的件杂货已达到80%以上，在发达国家和主要航线上已基本实现了件杂货物的集装箱化。

目前，集装箱运输已进入以国际远洋船舶运输为主，以铁路运输、公路运输、航空运输为辅的国际多式联运为特征的新时期。

一、集装箱运输的优越性

（一）提高了装卸效率，降低了劳动强度

集装箱运输是把集装箱作为运输包装和基本运输单元，使货物成组化，并在运输过程中采用专用的先进装卸设备和运输工具的现代化运输方式，从根本上改变了原来的货物品种繁多、外包装尺寸、形状不一，单件重量差别很大而不能使用大型机械的不利状况。由于使用了集装箱这种成组单元，便于机械化、自动化装卸，人工不再负担高强度的装卸作业，显著提高了装卸效率。据集装箱运输初期统计，集装箱装卸效率为传统件杂货方式的4倍，为托盘的1.7倍。随着大型集装箱装卸桥和桥式起重机的使用和不断改进，装卸速度有了进一步提高。

拓展阅读

2008年12月25日，青岛前湾集装箱码头有限责任公司的振超团队在"地中海弗朗西斯卡"轮创出498自然箱/小时的集装箱船舶效率纪录。

集装箱改变世界　集装箱塑造现代社会

（二）减少货损货差，提高货物运输的安全与质量

由于集装箱强度较高、水密性较好，对箱内货物能起到很好的保护作用，在整个运输过程中货物不再倒载，减少了搬运装卸次数，因此，货物在搬运、装卸和保管过程中不易损坏，不怕受潮，在途中丢失的可能性大大降低，货物完好率大大提高，是目前最为安全的货物运输方式。

（三）缩短货物的在途时间，加快车船的周转

货物集装箱化给港口和场站的货物装卸、堆码的机械化和自动化创造了条件，使港口、场站的装卸效率大幅提高，缩短了车船在港口、场站的停留时间和货物在仓库里存放的时间；新一代集装箱运输工具在提高运输速度方面也有较大改进；集装箱多式联运简化了各环节的运输手续，电子技术的广泛推广使办理集装箱运输更为便捷。这些都使货物在途时间缩短，加快了货物的送达速度。

（四）节省货物运输的包装，简化理货手续

集装箱作为一种具有一定强度、反复使用的运输设备，能对货物起到保护的作用。集装箱运输的货物简化了运输包装或直接使用商品包装，节省了货物包装材料，降低了货物的包装费用。在运输场站，由于集装箱对环境要求不高，节省了场站在仓库方面的投资。另外，

由于采用标准集装箱，理货时是按照整箱进行清点，简化了理货手续，节省了理货时间，同时也节约了理货费用。

（五）提高运输效率、节省货物运输费用

采用统一的货物单元，使换装环节设施的效能大大提高，从而降低了装卸成本，节省了船舶运输费用，减少了装箱和拆箱费用与运输环节的装卸费用，运输效率得到提高，并且安全性提高，货物运输保险费用也相应降低。货主托运货物的成本相应降低，资金周转速度加快，在很大程度上降低了物流成本。这对于贸易活动的买方来说可以缩短订货周期，卖方可以提前结汇，双方资金流转效率都有所提高。

（六）标准化集装箱的使用，推动包装的标准化

随着集装箱作为一种大型标准化运输设备的广泛使用，促使了商品包装的进一步标准化。目前，我国的包装国家标准已接近 400 个，这些标准大多采用或参照国际标准，并且许多包装标准与集装箱的标准相适应，推动了包装的标准化。

（七）统一的运输标准，促进了集装箱多式联运的发展

随着集装箱作为一种标准运输单元的出现，使各种运输工具的运载尺寸向统一的满足集装箱运输需要的方向发展，根据标准化集装箱设计的各种运输工具将使运输工具之间的换装衔接变得更加便利。换装时，无须搬运箱内货物而只需换装集装箱，这就提高了换装作业效率，适于不同运输方式之间的联合运输。在换装转运时，海关及有关监管单位只需加封或验封转关放行，从而提高了运输效率。所以，集装箱运输有利于集装箱多式联运的发展，促进了运输的合理化。

二、集装箱运输相关关系方

国际集装箱运输是一个有机的系统，这个系统需要货物买卖合同的卖方和买方、集装箱班轮公司、船舶代理人、货运代理人、无船承运人、集装箱码头公司、集装箱堆场、货运站、理货公司、口岸监管部门（海关、商检、卫检、动植物检、海事）以及银行、保险公司等共同参与和积极配合，才能保证集装箱运输工作的顺利开展。

（一）货主（Cargo Owner）

货主是指专门经营进出口货物业务的国际贸易商，或有进出口权的公司以及企业，是货物买卖合同的当事人，即买方和卖方。他们为了履行货物买卖合同必须组织办理进出口货物的运输，是国际货物运输中的托运人（Shipper）或收货人（Consignee）。

货物买卖合同的条款中规定了买卖双方当事人的权利和义务，依据《国际贸易术语通则》，国际贸易术语中用于传统海运的常用价格术语有 CIF、CFR、FOB。按照货物买卖合同要求，在以 CIF 或 CFR 价格条款成交时，卖方必须支付将货物运至指定的目的港所需的运费和费用，这时卖方就以托运人的身份与承运人签订运输合同；在以 FOB 价格条款成交时，卖方在约定的装运港将货物交到买方指定的船上，这时买方就以托运人的身份与承运人签订运输合同。

（二）集装箱班轮公司

集装箱班轮公司是指运用自己拥有或者自己经营的集装箱船舶，提供国际港口之间集装箱班轮运输服务，并依据法律规定设立的集装箱船舶运输企业。集装箱班轮公司拥有自己的

船期表、运价本、提单或其他运输单据。

集装箱班轮公司通常与托运人订立运输合同,是运输合同的承运人。根据各国的管理规定,班轮公司通常应有船舶直接挂靠该国的港口。

(三)船舶代理人

船舶代理人是指船舶代理公司,简称船代,是接受船舶所有人、船舶经营人或者船舶承租人的委托,为船舶所有人、船舶经营人或者船舶承租人的船舶及其所载货物或集装箱提供办理船舶进出港口手续、安排港口作业、接受订舱、代签提单、代收运费等服务,并依据法律规定设立的船舶运输辅助企业。由于国际船舶代理行业具有独特的性质,所以各国在国际船舶代理行业大多制定了比较特别的规定。在我国,经营国际船舶代理业务,应当向国务院交通主管部门提出申请,取得国际船舶代理经营资格登记证才能经营国际船舶代理业务。

拓展阅读

中国最大的国际船舶代理公司是成立于1953年的中国外轮代理公司。20世纪80年代末中外运船务代理公司成立,成为第二家从事国际船舶代理业务的国际船舶代理公司。现在,在我国对外开放的港口有许多家国际船舶代理公司。《中华人民共和国国际海运条例》实施以来,国际船舶代理业得到迅速发展。

(四)海上货运代理人

国际海上货运代理人简称货代,是指接受货主的委托,代表货主的利益,为货主办理有关国际海上货物运输相关事宜,并依据法律规定设立的提供国际海上货物运输代理服务的企业。

海上货运代理人除可以从货主那里获得代理服务报酬外,因其为班轮公司提供货载,所以还可从班轮公司那里获得奖励,即通常所说的"佣金"。

拓展阅读

1949年,中国对外贸易运输总公司(以下简称"中外运公司")成立。中外运公司接受各进出口专业公司的委托,负责具体办理进出口运输业务。自1949年至1983年,我国国际货运代理业发展的历史也就是中外运公司发展的历史。

1984年后,中国远洋运输总公司(以下简称"中远")也开始经营国际货运代理业务,从而打破了由中外运一家经营货运代理业的局面。为了使国际货运代理业能更好地为外贸服务,1988年起我国批准成立了多家国际货运代理,并提倡公平竞争。自此,我国的国际货运代理业得到较快发展。至2004年,商务部共正式批准了5 011家国际货代企业。2004年5月19日国务院正式发文,取消了商务部的国际货运代理企业经营资格审批权,采取备案制,极大地推进了中国国际货代行业的发展,中国的国际货运代理行业已经基本上是市场化运作,适应了中国对外贸易运输的发展和需求。

(五)无船承运人

无船承运人(Non-vessel Operating Common Carrier, NVOCC),也称无船公共承运人,是指以承运人身份接受托运人的货载,签发自己的提单或者其他运输单证,向托运人收取运费，通过班轮运输公司完成国际海上货物运输，承担承运人责任，并依据法律规定设立的提供国际海上货物运输服务的企业。无船承运人可以与班轮公司订立协议运价，从中获得运费差额。但是，无船承运人不能从班轮公司那里获得佣金。

无船承运人具有双重身份。对货主（托运人或收货人）而言，他是承运人；而对班轮公司而言，他又是托运人。这时将无船承运人称为承运人，而将班轮公司称为实际承运人。

根据《中华人民共和国国际海运条例》的规定，国际货运代理企业在满足了市场准入条件后，可以向交通部登记申请在中国境内经营无船承运业务，成为无船承运人。但应当在中国境内依法设立企业法人，办理提单登记，并交纳保证金，并且要有自己的运价本。

（六）集装箱码头公司

集装箱码头是集装箱运输的枢纽，它向外延伸国际的远洋运输航线，向内连接国内的铁路、公路、水路等运输线路，是各种运输方式衔接的换装点和集散地。集装箱码头是专供集装箱船舶停靠和集装箱装卸、堆存与分拨的港口作业场所。集装箱码头公司是集装箱码头建设和管理工作的专业公司。越来越多的公司致力于经营国际集装箱码头。目前，全球国际集装箱码头经营的公司类型主要有专业的码头经营公司、国有的码头经营机构、自行经营的航运公司三种。

拓展阅读

和记港口集团有限公司的香港国际货柜码头有限公司是全球最大规模的私营货柜码头经营商。

上海国际港务（集团）股份有限公司投资组建的专业集装箱码头公司上海冠东国际集装箱码头有限公司，经营管理着洋山深水港区3、4号码头，能全天候接纳各类大型集装箱船舶并提供全方位码头服务。

青岛前湾集装箱码头有限责任公司由青岛港（集团）有限公司、英国铁行港口公司（2006年已被迪拜港口收购）、丹麦马士基集团、中远集团四方共同出资组建，合资经营，是目前世界上最大的集装箱码头企业之一。

天津港集装箱码头有限公司原名天津港集装箱公司，始建于1980年4月1日，是我国大陆第一个建立的现代化国际集装箱专用码头，1997年资产重组后更名为天津港集装箱码头有限公司。

2011年11月28日，位于厦门海沧保税港区的远海码头建成投产。这是福建省迄今规模最大、科技含量最高、政策开放度最大的集装箱码头。中国远洋运输（集团）总公司旗下中远太平洋有限公司与厦门海沧投资集团有限公司，于2008年11月共同投资45.23亿元人民币建设的厦门远海集装箱码头有限公司（其中，中远太平洋占股70%，海沧投资集团占股30%），建设经营厦门海沧保税港区二期内14～17号4个10万吨级集装箱专用泊位。这4个10万吨级泊位，年设计吞吐量为260万标箱，实际吞吐能力可达300万标箱，其基本可满足目前世界上最大吨级集装箱船舶的靠泊和高效作业，为完善福建沿海地区集装箱运输系统、促进厦门港成为东南沿海重要集装箱枢纽港和国际中转港发挥着作用。

厦门港介绍

（七）集装箱内地承运人和内陆场站经营人

集装箱内地承运人是指公路承运人、铁路承运人、沿海支线承运人和内河支线承运人以及内陆集装箱中转站、场站经营人等。

（八）口岸监管部门

口岸监管部门包括海关、商品检验机关、边境卫生检验机关、动植物检验机关、海事局和边防检查机关。

（九）集装箱进出口货运的服务部门

集装箱进出口货运的服务部门主要有理货公司、专业银行和保险公司。

（十）集装箱出租公司

集装箱租赁即集装箱所有人将空箱租给使用人的一项业务。集装箱租赁业务当事人包括租箱公司和租箱人。租箱公司即集装箱出租人，实际上就是出资购买租赁标的物的集装箱所有人。租箱人即集装箱承租人，是支付租金、享有租赁标的物使用权的人，一般是集装箱班轮公司或货主。出租方和承租方签订租赁合同，约定出租人提供合格的集装箱交由承租人在约定范围内使用。集装箱租赁方式大致可分成期租、程租、灵活租赁三种方式。表1-1-1是目前主要的集装箱出租公司名称及集装箱箱主代码。

表1-1-1 目前主要集装箱出租公司名称及箱主代码

公司名称	箱主代码	公司名称	箱主代码
GE SEACO	GSTU GESU ITLU XTRU	GOLD	GLDU GRDU SLMU
TRITON	TRIU TTNU	TEXTAINER	MLCU PRSU TEXU TGHU WCIU CLHU GATU
BRIDGEHEAD	BHCU	TRANS AMERICA	ICSU TOLU TPHU
CAI	CAXU CAIU	FLORENS	FBLU FSCU
CRONOS	CRXU IEAU LPIU	SEACASTLE	INTU IRNU INNU

三、集装箱运输系统的组成

集装箱运输系统是运输系统中一个十分重要的子系统，也是一个涉及面最为广泛的复杂系统，随着集装箱运输的不断发展和完善，目前已形成了世界范围的规模庞大的专业化的运输系统，其基本组成要素包括以下几个方面。

（一）集装箱运输系统的基本组成要素

1. 标准集装箱

在集装箱运输过程中，集装箱与其内部装载的货物在运输过程中是作为一个运输单元，它既是货物的一部分，又是运输工具的组成部分。集装箱运输还是一种国际的运输方式，同一种运输设备要在全球各个国家间运输、交接与周转，就要求集装箱外形、结构、标志等必须标准化，使所经过的各个国家、地区都能通过，使各个国家的装卸设备、运输工具均能适应。标准集装箱是集装箱运输系统中最基本的组成要素。

了解有关集装箱的定义、标准、种类、标志等有关知识，懂得提供适合于各种货物要求的集装箱并做好箱务管理工作，是集装箱运输正常进行的重要环节。

2. 集装箱货物

并不是所有货物都适合于集装箱运输，只有那些物理及化学属性适合于装箱的，且货物本身价值高或较高、对运费的承受能力大或较大的货物，才称为适箱货物。集装箱货物是集装箱运输系统的运输主体。

对于集装箱货物，我们应了解集装箱货物的特点、集装箱货物的分类，懂得如何根据集装箱货物的种类和特性选择合适的集装箱，熟悉各种集装箱货物的装箱操作，以便做好集装箱适箱货源的组织工作。只有做好适箱货源的组织工作，才能保证集装箱运输顺利进行。

3. 集装箱船舶

集装箱船舶是集装箱的载运工具，是完成集装箱运输任务的重要手段。集装箱船舶的发展经历了从非专业到专业转化的过程。目前各集装箱航运公司均以大型集装箱船为主体，配合以中小型集装箱船舶构成覆盖世界各主要贸易区的干支线运输。

对于集装箱船舶，我们应了解集装箱船舶的种类、特点和运输航线以及开展集装箱运输的航运公司的基本情况，熟悉集装箱船舶配积载的有关知识。

4. 集装箱码头

集装箱码头是专供集装箱船舶停靠和集装箱装卸、堆存与分拨的港口作业场所。集装箱码头内的集装箱码头堆场，是集装箱货物集运的终点和疏运的起点，是集装箱货物交接地点之一。集装箱码头将集装箱水路运输、集装箱铁路运输、集装箱公路运输联系起来，是现代多式联运的枢纽和转换点。集装箱码头是集装箱运输系统的重要组成部分，通常具有一定数量、技术性能良好的集装箱专用机械设备和宽敞的集装箱码头堆场（CY）以及必要的堆场设施和必要的装拆箱设备。

目前，现代集装箱码头已经实现装卸作业高效化、自动化，管理工作现代化、标准化和规范化，具有现代化的硬件和软件系统。集装箱码头在整个集装箱运输系统中，具有重要地位和作用。

对于集装箱码头，我们应了解集装箱码头的作用、集装箱码头的布局和基本组织、集装箱码头专用机械设备的种类及其作用，熟悉集装箱码头装卸工艺以及集装箱码头进出口业务。

5. 集装箱货运站

集装箱货运站（CFS）是集装箱运输中一个不可缺少的基本要素。集装箱货运站按其所处的地理位置和不同的职能，可分为设在集装箱码头内的货运站、设在集装箱码头附近的货运站和内陆货运站三种。集装箱码头内的货运站以及集装箱码头附近的货运站主要功能是完成拼箱货物的交接、保管及拆、装箱业务，并承担集装箱的堆存、修理、清扫等业务。集装箱内陆货运站，是集装箱码头在内陆地区的延伸和发展，集装箱内陆货运站一般设置在内陆地区的交通枢纽之处，它与集装箱码头之间，与该地区的主要货主之间都应有便捷的运输线路。其基本容量一般是集装箱码头堆场与集装箱码头货运站两者的总和。

对于集装箱货运站，我们主要了解集装箱码头货运站的布局、业务流程等。

6. 集装箱运输专用车

集装箱运输专用车（集卡）主要用于集装箱公路长途运输。目前，集装箱运输专用车一般是由牵引车和挂车组成的，牵引车功能一般在 300 马力①左右，挂车主要有全挂车和半挂车两种形式。整车加上载满货物的集装箱后重量可达 40～45 吨。

7. 集装箱铁路专用车

集装箱铁路专用车主要用于铁路集装箱运输、集装箱在陆上的中长距离的运输和陆桥运

---

① 1 马力 = 0.735 千瓦。

输。最早的时候，由于铁路集装箱运输数量不多，所运的是小型的非标准集装箱，所以铁路没有专用的车辆，随着铁路集装箱运输的发展，尤其是采用了国际标准集装箱后，产生了集装箱专用车辆。使用的运输工具是由牵引机车和车箱组成的列车。铁路集装箱专用车，按运输组织划分，可分为编挂与定期直达列车的专用车辆和随普通货物列车零星挂运的专用车辆两种。随着集装箱运量的不断增加，各国都在不断地研究和改善集装箱专用车箱（单层、双层），使运输效率不断提高。

（二）集装箱运输系统

集装箱运输系统根据其基本组成要素的不同，可划分成几个功能不同的子系统，主要有集装箱水路运输子系统、集装箱公路运输子系统、集装箱铁路运输子系统、集装箱航空运输子系统。

1. 集装箱水路运输子系统

集装箱船舶、集装箱码头和集装箱货运站等基本要素，组成集装箱水路运输子系统。集装箱水路运输子系统完成集装箱的远洋运输、沿海运输和内河运输，是承担集装箱货物运输量最大的一个子系统。一些大的枢纽港发展成为干线港，另外一些港口成为集装箱货物的喂给港（支线港），通过海上航线向枢纽港集疏货物，许多处于这些河流内陆地区的河港也通过内河航线向枢纽港集疏货物。本教材就是以该子系统作为教材编写的基础，重点介绍集装箱水路运输子系统所开展的集装箱海运进出口业务。

2. 集装箱公路运输子系统

集装箱运输专用车（集卡）、集装箱公路中转站以及公路网路，构成集装箱公路运输子系统。集装箱公路运输子系统连接集装箱码头、集装箱货运站、集装箱内陆货运站、各级集装箱中转站、货主的工厂和仓库。集装箱公路运输子系统在集装箱运输系统中占有重要的地位。

集装箱公路中转站一般作为港口码头、铁路办理站向腹地延伸的后方基地和公路运输枢纽，是内陆腹地运输的一个重要作业点。公路中转站的主要功能是承担港口、车站、内陆货运站与货主之间的集装箱中转和门到门的运输。

3. 集装箱铁路运输子系统

集装箱铁路专用车、集装箱铁路办理站与铁路运输线等构成了集装箱铁路运输子系统。它是集装箱多式联运的重要组成部分。集装箱运输系统中的铁路运输是指连接港口（枢纽港或支线港或内河港）与其腹地广大地区的铁路线。随着陆桥运输的发展，集装箱铁路运输系统在整个集装箱多式联运中，正发挥着重要的作用。

集装箱办理站是铁路上办理集装箱运输的车站，一般根据其能办理集装箱的尺度、重量分成不同级别，如我国分 1 吨、5 吨、10 吨、20 英尺、40 英尺等级别。铁路集装箱办理站的作用是组织集装箱的铁路运输，办理集装箱的装、卸、到、发、集并、装拆、存储、修理、清洗等业务。

4. 集装箱航空运输子系统

飞机、机场、航线和航空办理站组成了集装箱航空运输子系统。集装箱航空运输的特点是速度快、安全性高、覆盖区域广，但运费高、运量小，所以一直以来在集装箱运输总量中所占的份额很小。近年来随着世界整体经济的增长，一些对时间要求紧、技术含量高、资金占用大的新产品，为抢占市场，越来越多地依靠航空运输。海陆空联运国际标准集装箱的出现，使航空运输进入了国际集装箱多式联运的运输系统中，在国际贸易货运中所占的比重越来越大，集装箱航空运输的地位在不断提高。航空办理站是机场办理集装箱运输的地点，设在机场附近或空港内。

> **思考与练习**
> 1. 集装箱运输的定义。
> 2. 简述集装箱运输的优越性。
> 3. 简述集装箱运输有关的关系方。
> 4. 简述集装箱运输系统的组成。

任务二　集装箱及集装箱标准化

思政园地：精益求精的工匠精神

任务目标

理解集装箱的定义以及集装箱标准化发展历程；懂得集装箱分类的方法；能够识别集装箱的各种标志；掌握集装箱检查方法及检查内容。

振超效率

引　例

茶叶串味变质的原因和责任

1990 年，发货人中国厦新进出口公司委托某对外贸易运输公司将 750 箱茶叶从大连港出口运往印度，某对外贸易运输公司又委托其下属 S 分公司代理出口。S 分公司接受委托后，向思捷达远洋运输公司申请舱位，思捷达远洋运输公司指派了 3 个集装箱，满载后签发了清洁提单，同时发货人在中国人民保险公司处投保海上货物运输的战争险和一切险。货物运抵印度港口，收货人拆箱后发现部分茶叶串味变质，即向中国人民保险公司在印度的代理人申请查验，检验表明，250 箱茶叶被污染。检验货物时，船方的代表也在场。因此中国人民保险公司在印度的代理人赔付了收货人的损失之后，向人民法院提起诉讼，要求被告思捷达远洋运输公司和 S 分公司赔偿其损失。

问题：适用装载茶叶的集装箱类型有哪些？装载茶叶的集装箱应做好哪些检查？

一、集装箱的定义

集装箱（Container）在中国大陆被称作"集装箱"，在中国香港被称作"货箱"，在中国台湾被称作"货柜"。在集装箱货物运输的全过程中，集装箱连同其内部装载的货物是作为一个运输单元的。关于集装箱的定义，国际上不同国家、地区和组织的表述有所不同。许多国家（包括中国）现在基本上采用国际标准化组织 ISO 对集装箱的定义。我国参照国际标准（ISO 830—1981）制定了中华人民共和国国家标准《集装箱名词术语》（GB 1992—1985），对集装箱定义如下：

集装箱是一种运输设备，应满足下列条件：
① 具有足够的强度，可长期反复使用。
② 适于一种或多种运输方式运送货物，途中转运时，箱内货物不需换装。
③ 具有快速装卸和搬运的装置，特别便于从一种运输方式转移到另一种运输方式。

④ 便于货物的装满和卸空。
⑤ 具有 1 立方米及其以上的内容积。

二、集装箱国际标准化

(一) 制定集装箱国际标准化的必要性

集装箱运输方式具有门到门运输、国际多式联运以及高效率运输方式的特点,这些特点决定了集装箱国际标准化的必要性,具体表现在以下几个方面。

1. 国际运输所提出的必然要求

集装箱运输是一种国际运输方式,同一种运输设备要在全球各个国家间运输、交接与周转,则其外形、结构、标志等就必须标准化,使所经过的各个国家、地区都能通过,使各个国家、地区的装卸设备、运输工具均能适应。

2. 多式联运方式所提出的必然要求

集装箱运输本质上是一种"多式联运",即在多数情况下,一个集装箱要经过两种或两种以上运输工具,完成"门到门"运输。因此,集装箱设备本身,在其外形、结构上,必须标准化,以便能方便地在船舶、火车、卡车、飞机之间实施快速换装,并且便于紧固和绑扎。

3. 集装箱运输自身的特点所提出的必然要求

在集装箱货物运输的全过程中,集装箱连同其内部装载的货物是作为一个运输单元的。各种外形、特征各异的具体货物,均被装载在集装箱内部,在实际运输过程中,面对的是具体的集装箱本身,而不是具体的货物,凭借人们的视觉、嗅觉等感官直接加以区别的特征没有了,要求集装箱具有标准化的、鲜明的外部标记。另外,在集装箱交接以及各运输方式衔接过程中,也有这方面的具体要求,以便于识别、记录与及时信息传输。

4. 集装箱运输过程安全的必然要求

集装箱是用来运输货物的,本身必须承载较大的负荷。集装箱经常需要在较为恶劣的环境下运营,如必须能承受远洋运输途中船舶的剧烈摇晃;火车、卡车启动与刹车的冲击;装卸过程中的冲击等。所以集装箱在强度上也必须有相应的标准规定,并有必要的检验和准用程序与规定。

(二) 集装箱国际标准化发展历程

集装箱国际标准化历经了一个发展过程,并出现了公司标准、地区标准、国家标准和国际标准四种集装箱标准。

最早的集装箱标准是 1933 年由欧洲铁路联盟(UIC)制定的地区标准集装箱。为了在欧洲各国早期的铁路集装箱运输中达到换装方便,提高运输效率,欧洲铁路联盟制定了集装箱标准,主要用于铁路集装箱运输。

1958 年美国标准协会集装箱委员会成立,而后制定了美国标准协会的第一个集装箱标准。1964 年,美国标准协会采用了 8 英尺×8 英尺×10 英尺、8 英尺×8 英尺×20 英尺、8 英尺×8 英尺×30 英尺、8 英尺×8 英尺×40 英尺型集装箱作为国家标准集装箱。

日本、苏联和东欧各国及某些大的公司如海陆公司、麦逊公司等也先后制定了地区性和公司使用的集装箱标准。

国际标准化组织(ISO)于 1961 年成立了有关集装箱的专门委员会——104 技术委员会(ISO/TC104),专门负责讨论与制定集装箱的国际标准,国际集装箱标准化就以 104 技术委员会为中心开展工作。

因为涉及大量不符合新国际标准的集装箱及有关设备设施的淘汰和因标准的改变而产生

的一系列新的要求等，为照顾当时的现状，最初制定的国际标准以3个系列作为基本尺寸，其中1系列基本相当于原美国制定的集装箱，用于国际运输；2系列相当于原欧洲铁路联盟制定的标准集装箱，用于欧洲；3系列则属于苏联的尺寸系列，用于苏联和东欧各国。

在各国集装箱化实际执行过程中，1系列集装箱由于通用性好，逐渐被广泛接受，最初标准中的2、3系列标准在后来举行的会议中被降格为地区标准，不再作为国际标准。现行的国际标准集装箱为第1系列。

我国在1978年8月，颁布实施了第一个集装箱国家标准GB 1413—1978《货物集装箱外部尺寸和重量系列》，后经过多次修改，该标准更名为《系列1集装箱外部尺寸和额定质量①》，具体内容与ISO第1系列集装箱的相应数据完全一致。1980年3月成立了全国集装箱标准化技术委员会，委员会成立以来，组织制定了有关集装箱国家标准和集装箱行业标准，有力地推动和更好地发展了我国集装箱专业领域内的标准化工作，对维护我国的正当权益、学习借鉴发达国家集装箱运输的经验、推动世界集装箱标准化进程、促进我国集装箱运输的发展起到了重要作用。

（三）《系列1集装箱外部尺寸和额定质量》

集装箱外部尺寸是指包括集装箱永久性附件在内，沿集装箱各边外部的最大长、宽、高尺寸。它是集装箱能否在船舶、底盘车、货车、铁路车辆之间进行换装的主要参数，是各运输部门必须掌握的一项重要技术资料。

我国根据国际标准化组织有关集装箱的标准，制定了《系列1集装箱外部尺寸和额定质量》的国家标准，目前执行的标准为GB/T 1413—1998和GB/T 1413—2008。《系列1集装箱外部尺寸和额定质量》，见表1-2-1和表1-2-2。

表1-2-1 《系列1集装箱外部尺寸和额定质量》GB/T 1413—1998

集装箱型号	长度 L		宽度 W		高度 H		额定质量（总质量）	
	mm	ft in	mm	ft	mm	ft in	kg	lb
1AAA	12 192	40′	2 438	8′	2 896	9′6″	30 480	67 200
1AA					2 591	8′6″		
1A					2 438	8′		
1AX					<2 438	<8′		
1BBB	9 125	29′11″1/4	2 438	8′	2 896	9′6″	30 480	67 200
1BB					2 591	8′6″		
1B					2 438	8′		
1BX					<2 438	<8′		
1CC	6 058	19′10″1/2	2 438	8′	2 591	8′6″	24 000	52 920
1C					2 438	8′		
1CX					<2 438	<8′		
1D	2 991	9′9″3/4	2 438	8′	2 438	8′	10 160	22 400
1DX					<2 438	<8′		

---

① 国家标准采用质量表示，但在行业具体实践中还习惯使用重量表示。因此，除表1-2-1和表1-2-2的国家标准外，本书其他地方从行业说法，仍沿用重量。

表1-2-2 《系列1集装箱外部尺寸和额定质量》GB/T 1413—2008

集装箱型号	长度 L		宽度 W		高度 H		额定质量（总质量）	
	mm	ft in	mm	ft	mm	ft in	kg	lb
1EEE	13 716	45′	2 438	8′	2 896	9′6″	30 480	67 200
1EE					2 591	8′6″		
1AAA	12 192	40′	2 438	8′	2 896	9′6″	30 480	67 200
1AA					2 591	8′6″		
1A					2 438	8′		
1AX					<2 438	<8′		
1BBB	9 125	29′11″1/4	2 438	8′	2 896	9′6″	30 480	67 200
1BB					2 591	8′6″		
1B					2 438	8′		
1BX					<2 438	<8′		
1CC	6 058	19′10″1/2	2 438	8′	2 591	8′6″	30 480	67 200
1C					2 438	8′		
1CX					<2 438	<8′		
1D	2 991	9′9″3/4	2 438	8′	2 438	8′	10 160	22 400
1DX					<2 438	<8′		

三、集装箱的类型

为了适应不同种类货物的装载要求，出现了多种类型的集装箱。集装箱的类型除了有不同尺寸外，还因其用途不同、制造材料不同等而有不同的分类方法。

（一）按照集装箱的用途进行分类

1. 通用集装箱（General Purpose Container）

通用集装箱也称为干货集装箱、杂货集装箱（图1-2-1），为风雨密性的全封闭式集装箱。具有刚性的箱顶、侧壁、端壁和箱底，至少在一面端壁上有门，可供在运输中装运尽可能多的货种。多数通用集装箱的箱壁上带有透气孔，箱内设有一定的固货装置。

通用集装箱是一种最常用的集装箱，它适合装载的货物种类非常多，用来载运除散装液体货或需要控制温度货以外的件杂货，这种箱子在使用时一般要求清洁、水密性好。对装入这种集装箱的货物要求有适当的包装，以便充分利用集装箱的箱容。

2. 封闭式通风集装箱（Closed Ventilated Container）

封闭式通风集装箱（图1-2-2）类似通用集装箱，箱壁具有与外界大气进行气流交换的装置。适用于装运有一定通风和防汗湿要求的杂货，如兽皮、水果、蔬菜等。如果将通风窗口关闭，可作为杂货集装箱使用。封闭式通风集装箱又分为自然通风集装箱和强制通风集装箱两种。

3. 开顶集装箱（Open Top Container）

开顶集装箱是没有刚性箱顶的集装箱，箱顶有软顶和硬顶两种（图1-2-3和图1-2-4）。软顶有折叠式或可拆式顶梁支撑的帆布、塑料布或涂塑布等制成的顶棚；硬顶是将箱顶改成坚固的可拆装的硬顶。其他构件与通用集装箱类似。这种集装箱适于装载大型货物和超高与超重货，如钢铁、木材、玻璃板、胶合板、一般机械。硬顶集装箱还特别适合装载机械类货物。作业时利用起重机械进行装卸作业，用吊车从顶部吊入箱内，不易损坏，而且也便于在箱内固定。

图 1-2-1　通用集装箱

图 1-2-2　封闭式通风集装箱

图 1-2-3　开顶集装箱（软顶）

图 1-2-4　开顶集装箱（硬顶）

4. 台架式集装箱（Platform Based Container Open Sided）

台架式集装箱没有刚性侧壁，也没有像通用集装箱设有承受载荷的底板和四个角柱，但箱顶、侧壁和（或）端壁可以拆除或根本不设的一种非水密集装箱（图1-2-5和图1-2-6），也叫框架箱。这种集装箱可以从前后、左右及上方进行装卸作业，适合装载一定限度超标准箱尺度的货物，如重型机械、钢材、钢管、木材等。

图 1-2-5　台架式集装箱（一）

图 1-2-6　台架式集装箱（二）

5. 平台集装箱（Platform Container）

平台集装箱（图1-2-7）平台上无上部结构，四个角柱被去除或可折叠，平台的长、宽与国家标准集装箱箱底尺寸相同，其顶部和底部均装有角件，并可使用与其他集装箱相同的紧固件和起吊装置，主要用于装载重大件货物。

图 1-2-7　平台集装箱

6. 保温集装箱（Thermal Container）

保温集装箱具有绝热的箱壁（包括端壁和侧壁）、箱门、箱底和箱顶，能阻止集装箱内外热交换的集装箱。

保温集装箱可分为无冷却和加热设备的绝热集装箱，采用冰、干冰、液化气作为冷剂的消耗式冷剂冷藏集装箱，备有制冷装置（压缩机组、吸热机组等）的机械式冷藏集装箱，备有加热装置的加热集装箱，备有冷源和热源的冷藏和加热集装箱等。

目前，国际上采用的保温集装箱是备有制冷装置（压缩机组、吸热机组等）的机械式冷藏集装箱（又称内置式冷藏集装箱）（图1-2-8）。冷藏集装箱是以运输冷冻食品为主，能保持所定温度的保温集装箱。它是专为运输如鱼、肉、新鲜水果、蔬菜等食品而特殊设计的。

图1-2-8 冷藏集装箱

7. 干散货集装箱（Dry Bulk Container）

干散货集装箱（图1-2-9）在箱顶部设有2~3个装货口，在箱门的下部设有卸货口。是一种装运无包装的固体颗粒状和粉状货物的集装箱。装货时，散货从箱顶装货口灌入，卸货时可从装货口吸出，也可与自动倾卸车配合，将集装箱倾斜顶起，货物从箱门下部的卸货口流出。适宜装载的货物有：大米、大豆、麦芽等谷物类货物；干草块、原麦片等饲料类货物；树脂、硼砂等化工原料类货物。使用集装箱装运散货，一方面提高了装卸效率；另一方面提高了货运质量，减轻了粉尘对人体和环境的侵害。

图1-2-9 干散货集装箱

8. 罐式集装箱（Tank Container）

罐式集装箱（图1-2-10）是由箱体框架和罐体两部分组成的集装箱，有单罐式和多罐式两种。罐体用于装液体货，框架用来支承和固定罐体。罐体的外壁采用保温材料以使罐体隔热，内壁一般要研磨抛光以避免液体残留于壁面。为了降低液体的黏度，罐体下部还设有加热器，罐体内温度可以通过安装在其上部的温度计观察到，罐顶设有装货口，罐底设有排出阀。装货时货物由罐顶部装货口进入，卸货时则由排货孔流出或从顶部装货孔吸出。

适宜罐式集装箱装载的货物一般有：酱油、葡萄糖、食油、肉汁等液体货；啤酒、葡萄酒等酒类；化工液体货及其他危险品液体货。

图1-2-10 罐式集装箱

9. 按货物命名的集装箱（Named Cargo Types）

专门或基本上用于装运某种货物的集装箱如汽车集装箱、动物集装箱、服装集装箱等。

（1）汽车集装箱（Car Container）

这种集装箱（图1-2-11）专门用来装运小型汽车。其结构特点是无侧壁，仅设有框架和箱底。为了防止汽车在箱内滑动，箱底专门设有绑扎设备和防滑钢板。大部分汽车集装箱被设计成上下两部分，可以装载2层小汽车。

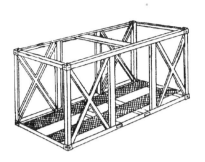

图 1-2-11 汽车集装箱

(2) 动物集装箱 (Pen Container or Live Stock Container)

这是一种专门用来装运猪、牛、鸡、鸭等活牲畜的集装箱（图 1-2-12）。为了避免阳光照射，动物集装箱的箱顶和侧壁是用玻璃纤维加强塑料制成的。另外，为了保证箱内有较新鲜的空气，侧面和端面都有用铝丝网制成的窗，以求有良好的通风。侧壁下方设有清扫口和排水口，并配有上下移动的拉门，可把垃圾清扫出去，另还装有喂食口。动物集装箱在船上一般应装在甲板上，因为甲板上空气流通，便于清扫和照顾。

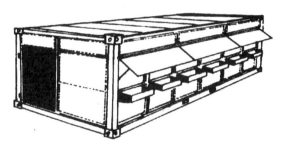

图 1-2-12 动物集装箱

(3) 服装集装箱 (Garment Container)

这种集装箱（图 1-2-13）的特点是，在箱内上侧梁上装有许多根横杆，每根横杆上垂下若干条皮带扣、尼龙带扣或绳索，成衣利用衣架上的钩直接挂在带扣或绳索上（图 1-2-14）。这种服装装载法属于无包装运输，它不仅节约了包装材料和包装费用，而且减少了人工劳动，提高了服装的运输质量。

图 1-2-13 服装集装箱

图 1-2-14 服装集装箱的带扣

10. 航空集装箱（Air Mode Container）

航空集装箱可分为空运集装箱和空陆水联运集装箱。

（1）空运集装箱（Air Container）

任何适用于空运的货运成组设备：其容积为 1 立方米及其以上；具有与航空器栓固系统相配合的栓固装置；箱底可全部冲洗并能用滚装装卸系统进行装运。

（2）空陆水联运集装箱（Air Surface Intermodal Container）

一种运输设备：其容积为 1 立方米及其以上；装有顶角件和底角件，具有与航空器栓固系统相配合的栓固装置；箱底可全部冲洗并能用滚装装卸系统进行装运。本集装箱适用于空运并可与地面运输方式（如公路、铁路及水运）相互交接联运。

（二）按照集装箱的制造材料进行分类

集装箱在运输途中，经常受到各种外力的作用和环境的影响，以及考虑到装卸机械的能力和最大限度地利用集装箱的装货能力。因而，集装箱的制造材料要有足够的刚度和强度，尽量采用重量轻、强度高、耐用及维修保养费用低的材料。从目前采用的集装箱材料看，一个集装箱往往不是由单一材料做成的，而是以某种材料为主，并在箱子的不同结构处用不同的材料。因此，按制造材料来分类是指按箱子的主体材料划分。

1. 钢制集装箱

钢制集装箱的优点是强度大，结构牢固，水密性好，能反复使用，价格低廉；主要缺点是防腐能力差，箱体笨重，相应地降低了装货能力。

2. 铝合金集装箱

铝合金集装箱的优点是自重轻，因而提高了集装箱的装载能力，且具有较强的防腐能力，弹性好；主要缺点是铝合金集装箱的造价相当高，焊接性也不如钢制集装箱，受碰撞时易损坏。

3. 不锈钢制集装箱

一般多用不锈钢制作罐式集装箱。不锈钢制集装箱的主要优点是不生锈，耐腐性好，强度高；主要缺点是价格高，投资大。

4. 玻璃钢制集装箱

用玻璃钢做成的集装箱主要优点是强度大，刚性好，具有较高的隔热、防腐和耐化学侵蚀能力，易于清洗，修理简便，维修费较低；主要缺点是自重大，造价高。

此外，集装箱还可按其所有权分为船东箱（Carrier Own Container，COC），也称为本家柜；货主箱（Shipper Own Container，SOC）和出租箱（Lender Own Container，LOC），也称为租家柜。按集装箱装货重量分重箱（有货载）和空箱（无货载）。

四、集装箱标志的识别

为便于集装箱在国际运输中的识别、管理和交接，国际标准化组织制定了《集装箱的代号、识别和标记》国际标准。我国根据国际标准，制定了我国的国家标准《集装箱代码、识别和标记》（GB/T 1836—1997），与国际标准等效。标准规定了集装箱标记的内容、标记字体的尺寸、标记的位置等。集装箱标记分为必备标记和自选标记。

（一）必备标记

1. 识别标识

识别标识在实践中称为集装箱箱号，由集装箱箱主代码、设备识别码、顺序号和校验码四个部分组成,如图 1-2-15 所示。CCLU 4197754,其中 CCL 为箱主代码,U 为设备识别码,419775 为顺序号,4 为校验码(核对数字)。

图 1-2-15　集装箱箱号

集装箱箱主代码是集装箱所有人向国际集装箱局(BIC)登记注册的 3 个大写拉丁字母,由集装箱所有人自己规定,如中海集装箱运输公司使用"CCL"。

设备识别码由 1 个大写拉丁字母表示,"U"表示常规的所有集装箱,"J"表示集装箱所配置的挂装设备,"Z"表示集装箱的拖挂车和底盘车。表 1-2-3 为部分船公司箱主代码。

表 1-2-3　部分船公司箱主代码

公司名称	箱主代码	公司名称	箱主代码
马士基航运(MAERSK)	MSKU MAEU MWCU	以星航运(ZIM)	ZIMU ZCSU
地中海航运(MSC)	MSCU	阳明海运(YML)	YMLU YMGU
法国达飞轮船(CMA-CGM)	CMAU CMCU	川崎汽船(K-LINE)	KKFU KKTU KLFU KLTU
长荣海运(EVERGREEN)	EMCU EISU	赫伯罗特(HAPAG-LLOYD)	HPLU HLXU
美国总统轮船(APL)	APLU APSU	日本邮轮(NYK LINE)	NYKU
韩进海运(HANJIN)	HJLU HJCU	太平船务(PIL)	PILU
现代商船(HYUNDAI)	HYNU HYGU HDMU	商船三井(MOSK)	MOLU MOAU

集装箱顺序号由 6 位阿拉伯数字组成,如有效数据不足 6 位,则在有效数据前用"0"补足 6 位。

集装箱校验码又称为核对数字,用来检测箱主代码、设备识别码和顺序号在集装箱数据传输或记录时的准确性,与箱主代码、设备识别码和顺序号有直接的关系。校验码可以通过箱主代码、设备识别码和顺序号计算,其计算方法如下:

① 根据箱主代码、设备识别码、顺序号,从表中得出每一个字母或数字所对应的等效数值(见表 1-2-4)。

表1-2-4 等效数值表

箱主代码、设备识别码、顺序号					
数字或字母	数字或等效数值	数字或字母	数字或等效数值	数字或字母	数字或等效数值
0	0	C	13	O	26
1	1	D	14	P	27
2	2	E	15	Q	28
3	3	F	16	R	29
4	4	G	17	S	30
5	5	H	18	T	31
6	6	I	19	U	32
7	7	J	20	V	34
8	8	K	21	W	35
9	9	L	23	X	36
A	10	M	24	Y	37
B	12	N	25	Z	38

② 将每一个等效数值分别按次序乘以 $2^0 \sim 2^9$ 的加权系数,所有乘积相加得到总和 N,假设每一个等效数值依次为 X_0,X_1,…,X_9,则总和 $N = \Sigma 2^i \cdot X_i$ ($i = 0 \sim 9$)。

③ 将总和 N 除以模数11,所得的余数即为校验码,余数10的校验码为0。

例:某集装箱的箱主代码、设备识别码和顺序号为"CCLU 419775"的整数 N 为:

$N = 2^0 \times 13 + 2^1 \times 13 + 2^2 \times 23 + 2^3 \times 32 + 2^4 \times 4 + 2^5 \times 1 + 2^6 \times 9 + 2^7 \times 7 + 2^8 \times 7 + 2^9 \times 5 = 6\ 307$

6307/11 余数为4,那么集装箱"CCLU 419775"的核对数为4。

CCLU 4197754 就是该集装箱的箱号。在集装箱货运单证中,若遇到某箱箱主代码、设备识别号和顺序号与核对数字印制不清或同一箱在两处单据上的数值有差异时,即可按上述方法校核确认。

一般集装箱所有人对所属的集装箱的箱号编码有一定的规则,用以区别同一箱主的不同集装箱。表1-2-5为中海集装箱运输公司使用的集装箱编码规则,每种集装箱的编码具有特定的意义,如前面提到的集装箱箱号为 CCLU 4197754 的集装箱就是40英尺干货箱。

表1-2-5 中海集装箱运输公司使用的集装箱编码规则

箱型尺寸	箱型尺寸	编码规则
20GP	20英尺干货箱	CCLU2XXXXXX,CCLU3XXXXXX,SHXU2XXXXXX
20HC	20英尺干货高箱	CCLU0XXXXXX
20RF	20英尺冷藏箱	CCLU1XXXXXX
20OT	20英尺开顶箱	CCLU91XXXXX
20FR	20英尺框架箱	CCLU93XXXXX
40GP	40英尺干货箱	CCLU4XXXXXX,CCLU5XXXXXX,SHXU4XXXXXX
40HC	40英尺干货高箱	CCLU6XXXXXX,CCLU75XXXXX

续表

箱型尺寸	箱型尺寸	编码规则
40RH	40英尺冷藏高箱	CCLU85XXXXX
40OT	40英尺开顶箱	CCLU92XXXXX
40FR	40英尺框架箱	CCLU94XXXXX
45HC	45英尺干货高箱	CCLU99XXXXX

2. 额定重量和自重标记

额定重量实为最大总重量，简称总重（Max Gross），是集装箱设计的最大允许总重量。自重（Tare）是集装箱空箱时的重量，包括各种集装箱在正常工作状态时应备有的附件和各种设备的重量。载重（载货重量）（Net 或 Payload）是集装箱最大容许承载的货物重量，包括集装箱在正常工作状态下所需的货物紧固设备及垫货材料等在内的重量。集装箱载重等于额定重量减去自重的差值。标记要求同时以千克（kg）和磅（lb）标示。同时，在集装箱外表还标出该集装箱的内容积，标记同时以立方米（cu. m）和立方英尺（cu. ft）标示。这些标记为集装箱合理装载货物提供依据。

Max Gross	30 480	kg
	67 200	lb
Tare	3 650	kg
	8 050	lb
Net	26 830	kg
	59 150	lb
CU. CAP	66.7	cu. m
	2 390	cu. ft

3. 空陆水联运集装箱标记

如图 1-2-16 所示，此类集装箱设计了适合于空运的系固和装卸装置，这类集装箱一般自重较轻，但其强度仅能堆码两层，上面最多可以码放两层，不准在船舶甲板上堆放。为此规定了特殊标记。

4. 登箱顶触电警告标记

登箱顶触电警告标记（图 1-2-17），一般设在罐式集装箱上和其邻近登箱顶的扶梯处，以警告登箱顶者有触电的危险。

图 1-2-16 空陆水联运集装箱标记

图 1-2-17 登箱顶触电警告标记

(二) 自选标记

1. 国家或地区代码、集装箱尺寸代码和箱型代码

国家或地区代码是集装箱登记国家或地区使用2个或3个字母表示的代码。ISO文件中提供了国家或地区代号一览表。中华人民共和国的代码为"CN"。

集装箱尺寸代码和箱型代码由4位字符组成，前两位表示尺寸，后两位表示类型，如22G1、42G1、45R1等。

尺寸代码中第一位字符表示箱长（如"2"表示20英尺箱，"4"表示40英尺箱等），第二位字符表示箱宽和箱高（如"2"表示宽8英尺，高8.5英尺的箱；"5"表示宽8英尺，高9.5英尺的箱）。ISO文件中提供了集装箱尺寸代码表，见表1-2-6、表1-2-7。

表1-2-6 尺寸代码第一字符

代码	箱长		代码	箱长	
	mm	ft in		mm	ft in
1	2 991	10′	D	7 450	
2	6 058	20′	E	7 820	
3	9 125	30′	F	8 100	
4	12 192	40′	G	12 500	41′
5	备用号		H	13 106	43′
6	备用号		K	13 600	
7	备用号		L	13 716	45′
8	备用号		M	14 630	48′
9	备用号		N	14 935	49′
A	7 150		P	16 154	
B	7 315	24′	R	备用号	
C	7 430	24′6″	…	…	

表1-2-7 尺寸代码第二字符

箱高		箱宽 2 438（mm）	2 438＜W≤2 500（mm）	＞2 500（mm）
mm	(ft in)	8ft	8ft＜W≤8ft2in	＞8ft 2in
2 438	(8 0)	0		
2 591	(8 6)	2	C	L
2 743	(9 0)	4	D	M
2 896	(9 6)	5	E	N
＞2 896	(9 6)	6	F	P
1 295	(4 3)	8		
≤1 219	(4 0)	9		

箱型代码由两位字符组成，其中第1位由一个拉丁字母表示箱型，第2位由一个数字表示该箱型的特征（如G1、R1等）。箱型代号分成总代码（Type Group Code）和细代码（Detailed Type Code）两种。总代码用于在集装箱特性尚不明确或不需要明确的场合，细代

码用于对集装箱特性要有具体标示的场合。ISO 对箱型代码的规定见表 1-2-8。

表 1-2-8　ISO 箱型代码

代码	箱型	总代码	集装箱主要特性	细代码
G	通用集装箱 ——无通风设备	GP	一端或两端开门 货物上部空间设有透气孔 一端或两端开门，加上一侧或两侧全部敞开 一端或两端开门，加上一侧或两侧部分敞开	G0 G1 G2 G3
V	通风集装箱	VH	无机械通风系统，货物上部和底部空间设通风口 备用号 箱体内部设有机械通风系统 备用号 箱体外部设有机械通风系统	V0 V1 V2 V3 V4
B	干散货集装箱 ——无压力，箱式 ——有压力，箱式	BU BK	封闭式 气密式 备用号 水平卸货，试验压力 150 千帕 水平卸货，试验压力 265 千帕 倾斜卸货，试验压力 150 千帕 倾斜卸货，试验压力 265 千帕	B0 B1 B2 B3 B4 B5 B6
S	以货物命名的集装箱	SN	牲畜集装箱 小汽车集装箱 活鱼集装箱	S0 S1 S2
R	保温集装箱 ——冷藏 ——冷藏和加热 ——自备动力的冷藏和加热集装箱	RE RT RS	机械制冷 机械制冷和加热 机械制冷 机械制冷和加热	R0 R1 R2 R3
H	保温集装箱 ——设备可拆卸的冷藏和（或）加热的集装箱 ——隔热集装箱	HR HI	设备置于箱体外部，其传热系统 $k = 0.4 W/(m^2 \cdot K)$ 设备置于箱体内部 设备置于箱体外部，其传热系统 $k = 0.7 W/(m^2 \cdot K)$ 备用号 备用号 具有隔热性能，其传热系统 $k = 0.4 W/(m^2 \cdot K)$ 具有隔热性能，其传热系统 $k = 0.7 W/(m^2 \cdot K)$	H0 H1 H2 H3 H4 H5 H6

续表

代码	箱型	总代码	集装箱主要特性	细代码
U	敞顶式集装箱	UT	一端或两端开门	U0
			一端或两端开门,加上端框架顶梁可拆卸	U1
			一端或两端开门,加上一侧或两侧开门	U2
			一端或两端开门,加上一侧或两侧开门,加上端框架顶梁可拆卸	U3
			一端或两端开门,加上一侧局部敞开和另一侧全部敞开	U4
			完全敞顶,带固定侧壁和端壁(无门)	U5
P	台架式集装箱	PL	平台集装箱	P0
	——具有不完整上部结构的台架式集装箱		有两个完整和固定的端板	P1
	固定式	PF	有固定角柱,带有活动的侧柱或可拆卸的顶梁	P2
	折叠式	PC	有折叠完整的端结构	P3
	——具有完整上部结构的台架式集装箱	PS	有折叠角柱,带有活动的侧柱或可拆卸的顶梁	P4
			顶部和端部敞开(骨架式)	P5
T	罐式集装箱	TN	最低试验压力45千帕	T0
	——用于非危险性液体货		最低试验压力150千帕	T1
			最低试验压力265千帕	T2
	——用于危险性液体货	TD	最低试验压力150千帕	T3
			最低试验压力265千帕	T4
			最低试验压力400千帕	T5
			最低试验压力600千帕	T6
			最低试验压力910千帕	T7
	——用于气体货物	TG	最低试验压力2 200千帕	T8
			最低试验压力(待定)	T9
	空/陆水联运集装	AS		A0

在ISO制定的通用集装箱标准规格中,在国际上流通最广泛并在营运组织管理中使用最多的是长度为20英尺和40英尺型的集装箱。在集装箱运输实践工作中,对集装箱类型、尺寸等的表述会使用一些俗语或英文缩写或代码,下表是集装箱类型、尺寸对应表(表1-2-9),供实际工作中参考。

表1-2-9 集装箱类型、尺寸对应表

箱型		对应类型	箱型尺寸代码
20英尺	干货箱	20GP	22G1
	干货高箱	20GH(HC,HQ)	25G1
	开顶箱	20OT	22U1
	冷藏箱	20RF	22R1
	冷高箱	20RH	25R1
	油罐箱	20TK	22T1
	框架箱	20FR	22P1

续表

箱 型		对应类型	箱型尺寸代码
40英尺	干货箱	40GP	42G1
	干货高箱	40GH（HC，HQ）	45G1
	开顶箱	40OT	42U1
	冷藏箱	40RF	42R1
	冷高箱	40RH	45R1
	油罐箱	40TK	42T1
	框架箱	40FR	42P1

2. 超高标记

凡箱高超过2.6米（8.5英尺）的集装箱均应有超高标记，如图1-2-18所示。通常在超高箱的两侧和两端都设有这类标记。

3. 国际铁路联盟标记

凡符合《国际铁路联盟条例》规定的技术条件的集装箱都可以获得此标记，如图1-2-19所示。标记方框上部的"ic"表示国际铁路联盟。标记方框下部的数字表示各铁路公司代号（"33"是中华人民共和国铁路的代号）。

图1-2-18 超高标记

图1-2-19 国际铁路联盟标识

（三）通行标记

集装箱上除必须有上述"必备标记"与"自选标记"外，还必须拥有一些允许其在各国间通行的牌照，称为"通行标记"。现有的集装箱通行标记主要有：集装箱批准牌照、安全合格牌照、防虫处理板、检验合格徽等。其中集装箱批准牌照、安全合格牌照、防虫处理板三个合并，采用永久、耐腐蚀的金属标牌（图1-2-20），牢固地安装在集装箱醒目的地方。

1. 集装箱批准牌照

为便于在各国间通行，集装箱可由海关加封运行，不必开箱检查箱内的货物。因此联合国欧洲经济委员会制订了一个《集装箱海关公约》，凡符合《集装箱海关公约》规定的集装箱，可以装上"集装箱批准牌照"，在各国间加封运输。集装箱批准牌照的金属标牌标识"APPROVAL FOR TRANSPORT UNDER CUSTOMS SEAL（在海关加封下运输的批准）"等。

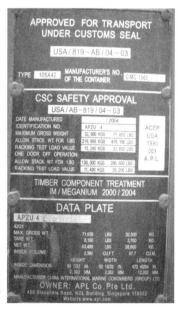

图1-2-20 金属标牌

2. 安全合格牌照

安全合格牌照表示集装箱已按照《国际集装箱安全公约》（International Convention for Safe Container，简称 CSC 公约）的规定，经有关部门试验合格，符合有关的安全要求，允许在运输运营中使用。安全合格牌照的金属标牌上标识"CSC SAFETY APPROVAL（CSC 安全合格）"等文字。在运输运营中使用的集装箱，在安全合格牌照上还必须标明维修间隔的时间。

3. 防虫处理板

对于去澳大利亚和新西兰的集装箱，防虫处理板是必备的通行标记之一。澳大利亚和新西兰两国，要求对进口的木材及其他植物，包括集装箱上所使用的木材在内，必须进行防虫处理，以防止植物及其产品的病虫害侵入国内和在国内蔓延，并以此作为允许集装箱进口的条件之一。经防虫处理的集装箱应向政府申报，由有关部门检定、认可以后发给防虫处理板，防虫处理板上应记有处理年份和处理时使用的药名。

4. 带有熏蒸设施的集装箱标记

带有熏蒸设施的集装箱标记又称"农林徽"。它一般都贴在冷藏集装箱和散货集装箱的箱门上。

当粮食、麦芽等需要进行植物检疫的货物装入集装箱内运输时，货物运到卸货地以后，为了对其进行植物检疫和消毒，在一般情况下，要将箱内卸下来的货物装入袋包内，再送到指定的熏蒸仓库去进行熏蒸，这项操作费时、费力又费钱。如果不将谷物从箱内取出，而是直接利用集装箱作为熏蒸仓库进行熏蒸，就会方便许多。但是，要使集装箱能直接进行熏蒸，必须要符合熏蒸设备标准，如果经植物检疫机构检查后符合了标准，则由植物检疫机构发给"熏蒸设备合格通知书"。取得"熏蒸设备合格通知书"的集装箱，有权在箱门上贴上农林徽，即证明该集装箱可以在箱内利用规定的药品进行熏蒸。

5. 检验合格徽

集装箱上的"安全合格牌照"，主要是确保集装箱不对人的生命安全造成威胁，但集装箱还必须确保在运输过程中不对运输工具（如船舶、货车、拖车等）的安全造成威胁。所以，国际标准化组织要求各检验机关必须对集装箱进行各种相应试验，并在试验后，在其上贴上代表该检验机关的合格徽。图 1-2-21 为美国船级社的检验合格徽。

图 1-2-21 检验合格徽

五、集装箱的结构

集装箱的结构，根据制造材料及用途不同而有不同的形式。通用集装箱各构件，如图 1-2-22 及图 1-2-23 所示。

通用集装箱是一个矩形箱体，由两部分组成：一部分是承受货物重量和冲击等外力的主要构件，其中包括角柱、上端梁、下端梁、上侧梁和下侧梁等，这些主要构件都采用高强度材料制造；另一部分主要用于保护货物日晒雨淋的外表面，包括箱顶板、侧壁、端壁和箱门等。

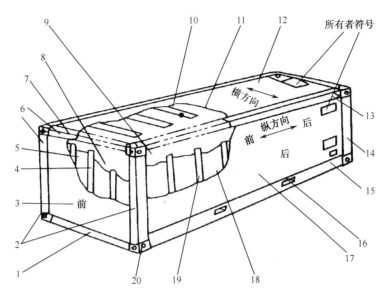

图 1-2-22　通用集装箱构件

1—下横梁；2—角柱；3—端壁；4—端柱；5—端壁板；6—端框架；7—上横梁；8—端壁内衬板；9—侧壁内衬板；10—顶梁；11—顶板；12—箱顶；13—上桁材；14—角柱；15—下桁材；16—叉槽；17—侧壁；18—侧壁板；19—侧壁柱；20—角配件

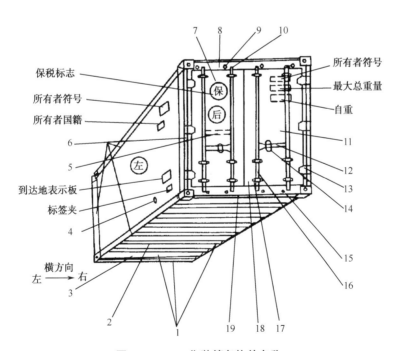

图 1-2-23　集装箱各构件名称

1—箱底结构；2—底横梁；3—箱底；4—门钩扣槽；5—箱门横构件；6—侧框架；7—门板；8—门楣；9—门锁凸轮；10—凸轮托座；11—端门；12—门铰链；13—门锁把手；14—把手锁；15—门槛；16—门锁杆；17—锁杆支架；18—门钩；19—门底缘材

六、集装箱的尺寸

三种常用干货集装箱的外尺寸和内容积：

① 20 英尺集装箱：外尺寸为 6.1 米×2.44 米×2.59 米（20 英尺×8 英尺×8 英尺 6 英寸）；内容积为 5.69 米×2.13 米×2.18 米。这种集装箱一般配装重货，配货毛重一般不允许超过 17.5 吨，能容纳货物体积为 24～26 立方米。

② 40 英尺集装箱：外尺寸为 12.2 米×2.44 米×2.59 米（40 英尺×8 英尺×8 英尺 6 英寸）；内容积为 11.8 米×2.13 米×2.18 米。这种集装箱一般配装轻泡货，配货毛重一般不允许超过 22 吨，能容纳货物体积约为 54 立方米。

③ 40 英尺加高集装箱：外尺寸为 12.2 米×2.44 米×2.9 米（40 英尺×8 英尺×9 英尺 6 英寸）；内容积为 11.8 米×2.13 米×2.72 米。这种集装箱也配装轻泡货，配货毛重同样不允许超过 22 吨，能容纳货物体积约为 68 立方米。

七、集装箱检查的内容

集装箱由于承受运输途中、装卸作业等各种载荷的作用，必须具有既能保护货物又能承受外力的足够强度。一个合格的集装箱必须能经受在较为恶劣的运营环境下对强度的要求，根据国际标准化组织的规定，集装箱的强度分为外部强度和内部强度两种。外部强度是指满载的集装箱在移动、换装时，或在舱内、场地上堆装时所受的外部载荷；内部强度是指货物装在箱内时，箱底承受的负荷，以及在装卸、运输过程中所受的外力使货物对侧壁或端壁所产生的负荷。

集装箱在装箱前，必须经过严格检查。一个有缺陷的集装箱，轻则导致货损，重则在运输、装卸过程中造成箱毁人亡事故。所以，对集装箱的检查是货物安全运输的基本条件之一。

在使用前应对集装箱进行仔细全面的检查，包括外部、内部、箱门、清洁状况、附属件及设备等。通常发货人（用箱人）和承运人（供箱人）在箱子交接时，共同对箱子进行检查，并以设备交接单（或其他书面形式）确认箱子交接时的状态。

通常，检查集装箱的主要内容为以下几个方面。

（一）外部检查

对箱子进行六面察看：确认外部是否有损伤、变形、破口等异样情况，如有即做出修理部位的标志；要求集装箱的四个角柱、六个壁、八个角要外表状态良好，板壁凹损应不大于 30 毫米，任何部件凸损不得超过角配件外端面；符合集装箱国际标准（ISO）和国际安全公约标准（CSC），具有合格检验证书。

（二）内部检查

对箱子的内侧进行六面察看：是否漏水、漏光，有无污点、水迹等。箱子所有焊接部位都应牢固，封闭好，不漏水，不漏光。

（三）箱门检查

箱门应完好、水密，能开启 270 度，栓锁完好。

（四）清洁检查

箱子内有无残留物、污染、锈蚀异味、水湿。要求箱子内部清洁、干燥、无异味、无尘污或残留物，衬板、涂料完好。

（五）附属件的检查

对货物的加固环节等状态进行检查，附属件的强度、数量满足有关规定和运输需要。

（六）箱子本身的机械设备（冷冻、通风等）完好，能正常使用

八、集装箱计算单位

目前，使用的国际标准集装箱主要是系列 1 的集装箱，其规格尺寸不同。为了便于计算集装箱数量，使集装箱箱数计算统一化，目前国际上将 20 英尺集装箱作为换算集装箱（Twenty-feet Equivalent Unit，TEU），因此 20 英尺集装箱也称为标准箱，将 40 英尺集装箱作为 2 个计算单位（2TEU），将 30 英尺集装箱作为 1.5 计算单位（1.5TEU），将 20 英尺集装箱作为 1 个计算单位（1TEU），将 10 英尺集装箱作为 0.5 个计算单位（0.5TEU），将 TEU 作为集装箱船载箱量、港口吞吐量、集装箱保有量等的计算单位。

在实践工作中还涉及自然箱和 FEU。自然箱就是以集装箱的自然数量作为计算单位；一个 FEU 是将 40 英尺集装箱作为换算单位。自然箱和 FEU 与 TEU（标准箱）不同，比如各有 1 个 10 英尺、20 英尺、30 英尺和 40 英尺集装箱，使用不同的计算单位，计算数量是不同的。用自然箱表示是 4 个，用标准箱（TEU）表示是 5 TEU，用 FEU 表示是 2.5FEU，在工作中要加以区分。

> **思考与练习**
> 1. 简述集装箱的定义。
> 2. 为什么需要制定集装箱标准？
> 3. 简述集装箱标准经历哪些阶段？
> 4. 集装箱标志有哪些？有什么作用？
> 5. 简述《系列 1 集装箱外部尺寸和额定质量》。
> 6. 集装箱检查的内容有哪些？

任务三　集装箱货物的装载

任务目标

懂得集装箱货物的分类，能根据集装箱货物选择合适的集装箱；熟悉各种集装箱货物的装载方法，特别是危险货物的装载方法和运输申报。

引　例

危险货物瞒报、非法载运案件

2012 年 8 月 8 日，上海吴淞海事处危防执法人员通过 EDI 系统发现，某集装箱船舶 10 只拟出运的外贸普通货物集装箱内货物为生石灰（主性质 8 类，UN NO.3262），货主涉嫌未向海事主管机关办理进出口危险货物申报手续。执法人员当即联系港区调度及堆场，对 10

只集装箱实施截留。执法人员对上述10只集装箱货物实施了开箱查验，箱内货物呈散装运输形态，只在箱门附近作了简单的封箱措施，完全不符合危险货物运输要求。同时，上述集装箱货主涉嫌未向海事主管机关办理进出口危险货物申报手续。执法人员按照相关检查程序对涉案集装箱实施了证据扣留，并将开展进一步调查处理。

2012年3月16日，烟台海事局从有关途径获悉，某集装箱班轮在烟台港卸货时瞒报载运危险货物，卸下的集装箱正停放在码头货柜堆场待运，违法嫌疑船已驶离烟台港。接报后，烟台海事局立即派员前往货柜堆场调查取证，并在港方及有关人员的协同下，对相关集装箱进行了开箱检查。经过技术检测，确认有4个集装箱载有"可发性聚苯乙烯"，属易燃易爆危险品，与船方申报的"塑料粒子"即普通货物不符。3月21日，该集装箱班轮再次停靠烟台港后，海事调查人员立即登轮，对有关人员及船舶证书、上一班次货物交接材料等进行调查取证。经调查确认，托运人在托运4箱货物时，擅自将易燃易爆危险货物"可发性聚苯乙烯"瞒报为普通货物"塑料粒子"，而船公司及船舶在接货时也均未对货物进行核实，以至于危险货物集装箱瞒报上船。鉴于证据确凿，违法行为属实，该案随即进入处罚程序。依据我国危险品运输相关规定，海事部门对船方、托运人分别处以最高10万元的经济处罚。

问题：装载危险货物的集装箱进行海上运输应如何办理手续？危险货物装载需要注意什么问题？

一、集装箱货物的概念及分类

（一）集装箱货物的概念

集装箱运输的对象是货物。货物是指运输部门所承运的各种原料、材料、工农业产品、商品以及其他产品的总称。货物的种类繁多，批量不一，性质及包装形式各异。集装箱运输的出现改变了传统件杂货运输的货运单位，从而有效地克服了传统运输方式所存在的各种缺陷，但不是所有的货物都可以成为集装箱货物。

集装箱货物是指以集装箱为单元积载设备而投入运输的货物。集装箱货物通常具有两个基本特点：一是能较好地利用集装箱载货重量和（或）载货容积；二是价格较高，能够承受集装箱运输较高的运价。

（二）集装箱货物的分类

为了合理安排集装箱运输组织工作，合理使用各种不同的集装箱运输方式，消除和避免各种不合理运输，使运输能力得到有效、合理的使用，并能有计划、按比例发展，充分满足国民经济各方面的运输需要，保证货物运输的安全和货物运输质量的提高，集装箱运输中有必要对集装箱货物进行科学分类。

1. 按货物性质分类

集装箱货物按货物性质分可分为普通货物和特殊货物。

（1）普通货物

普通货物也称为杂货，按货物性质不需要特殊方法保管和装卸的货物。其特点是货物批量不大，品种较多，包括医药品、小型电器、仪器、小五金、针纺织品、烟、酒、包装食品、车床、纺织机械、衣服类货物等。普通货物可以进一步细分为以下三类。

① 敏感性普通货物。

凡具有怕潮、怕异味、怕热、怕掺入杂质、怕被玷污、易碎等性质，对外界某种因素敏感的普通货物，均称为敏感性普通货物。在这类货物中，对潮湿敏感的有茶叶等；对异味敏感的有茶叶、食糖、烟叶等；对外界热量敏感的有盐汁肠衣、糖果、松香等；对掺入杂质敏感的有滑石粉（供制造化妆品用）、焦宝石、镁砂等；对污染敏感的有生丝、毛线、棉织品等；对外界压力或冲击力敏感的有玻璃制品、陶制品、石棉瓦等。

② 感染性普通货物。

凡具有潮湿、气味、扬尘、污染、自热等性质，对其他货物或货舱易于产生某种感染的普通货物，均称为感染性普通货物，也称为污染货物。在这类货物中，具有潮湿感染性的有大米、山芋渣、矿石等；具有气味感染性的有生皮、猪鬃、辣椒干、香料等；具有扬尘感染性的有水泥、炭黑、颜料等；具有污染感染性的有沥青、橡胶、五金（内部涂有防锈油遇热易渗出）等。

③ 一般普通货物。

凡性质上对装卸、运输和保管条件无特殊要求，不属于上述敏感性或感染性的其他普通货物，均属于一般普通货物，如纺织品、棉、麻、纤维制品、橡胶制品、玩具等。

（2）特殊货物

特殊货物是指在货物形态上具有特殊性，运输时需要用特殊集装箱装载的货物，包括超高、超长、超宽、超重货物以及液体或气体货物、散件货、散货、动植物检疫货、冷藏货、贵重货物、易腐货物等。

① 超尺度和超重货物（Over Size Cargo & Heavy Cargo）：这两类货物是指货物的尺度超过了国际标准集装箱的尺寸而装不下的货物或单件货物重量超过了国际标准集装箱的最大载重量的货物，如动力电缆、大型机械设备等。

② 冷藏货物（Refrigerating Cargo）：是指需要保持在常温以下进行运输的货物，如肉类食品、鸡蛋、水果、蔬菜、奶类制品等。

③ 液体、气体货物（Liquid & Gas Bulk Cargo）：是指无包装、需装在容器内进行运输的散装液体或气体货物，如酒精、酱油、葡萄糖、食用油、胶乳、天然气、液化气等。

④ 干散货物（Bulk Cargo）：是指散装在舱内无包装的货物，包括盐、谷物、麦芽、树脂、黏土等。

⑤ 活动植物（Live Stock & Plants）：是指需提供维持正常生命活动环境的货物，如猪、羊、牛、马等家禽家畜，花卉、树苗、苗木等植物。

⑥ 危险货物（Dangerous Cargo）：指具有易燃、易爆、毒害、腐蚀和放射性危害而需要安全防护的货物。危险货物分为九类：第1类，爆炸品；第2类，压缩气体和液化气体；第3类，易燃液体；第4类，易燃固体、自燃物品和遇湿易燃物品；第5类，氧化剂和有机过氧化物；第6类，毒害品和感染性物品；第7类，放射性物品；第8类，腐蚀品；第9类，杂类。

⑦ 贵重货物（Valuable Cargo）：是指单件货物价格比较昂贵的货物，如精密仪器、家用电器、手工艺品、珠宝首饰、出土文物等。

2. 按货物的包装形式分类

集装箱货物按货物的包装形式可分为箱装货、波纹纸板箱货、捆包货、袋装货、鼓桶类货、滚筒货和卷盘货、托盘货等。

(1) 箱装货

箱装货主要是指木箱装载货物，其尺寸大小不一，从 50 千克以下的包装货物到几吨重的大型机械木箱均为箱装货。通常采用木板箱、板条箱、钢丝板条箱。通常装载的货物主要有玻璃制品、电气制品、瓷器制品等。

(2) 波纹纸板箱货

波纹纸板箱货一般用于包装比较精细的和比较轻的货物，包括水果类、酒类、办公用品、工艺品、玩具等。

(3) 捆包货

捆包货一般指根据货物的品种形态需要捆包的货物，包括纤维制品、羊毛、棉花、棉布、纺织品、纸张等。

(4) 袋装货

袋装货是指装在纸袋、塑料袋、布袋、麻袋内的货物。用纸袋装载的货物有水泥、砂糖；用塑料袋载的货物有肥料、化学药品、可可、奶粉等；用麻袋装载的货物有粮食；用布袋装载的一般为粉状货物。

(5) 鼓桶类货

鼓桶类货是指货物的包装外形是圆形或鼓形的，包括油类、液体和粉末化学制品、酒精、糖浆等。按包装材质可分为铁桶、木桶、纸板桶等。

(6) 滚筒货和卷盘货

它们是按货物本身形态划分的，如塑料薄膜、钢瓶属于滚筒货；电缆、卷纸、卷钢、钢丝绳等属于卷盘货。

(7) 托盘货

托盘货是指货物本身需装在托盘上的货物。

3. 按货物适箱状况分类

(1) 适合装箱货物

适合装箱货物是指货物的尺寸、容积与重量都适合装箱。这类货物通常具有装箱效率高、不易受损坏和被盗窃的特点。适宜装箱的货物有食品、医药品、纤维制品、家用电器、缝纫机、摩托车、机械、玩具、生皮、纸浆、木工制品、橡胶制品、电缆、金属制品等货物。常见的集装箱适箱货物品名见表 1-3-1。

表 1-3-1 集装箱适箱货物品名

序号	类别	货物项目
一	交电类	机动车零配件 非机动车零配件 低压电器及元件 电冰箱 空调机 冷热风机 电风扇 排烟机 洗衣机 吸尘器 电热器 电熨斗 灯具 灯泡 灯管 小型通信设备 录像机 摄像机 电视机 录音机 收音机 收录机 音响设备 电视天线 显像管 微型电子计算机及外部设备 电子计算器 电子元器件
二	仪器仪表类	衡器 自动化仪表 电工仪表 显微镜 望远镜 分析仪器 实验仪器 教学仪器 其他仪器仪表 钟表 量具
三	小型机械类	千斤顶 电（手）动葫芦 小型泵 电工工具 风动工具 机械设备零部件 缝纫机及零配件 医疗器械 电影机械 幻灯机 投影机 复印机 照相机及照相器材 打字机 油印机

续表

序号	类别	货物项目
四	玻璃、陶瓷、建材类	玻璃仪器 玻璃器皿 保温瓶及杯（胆） 其他玻璃制品 日用瓷器 日用陶器 卫生陶瓷 轻质建筑材料 油毡 石棉布 瓷砖
五	工艺品类	玉雕、木雕等雕塑工艺品 景泰蓝、金银摆件等金属工艺品 竹、藤、草等编织工艺品 刺绣工艺品 抽纱工艺品 手工织染工艺品 地毯 壁毯 工艺陶瓷 其他手工艺品 其他工艺美术品 展览品
六	文教体育用品类	纸张 书籍 报纸 杂志 本册 图画 其他印刷品 文具 教学模型和标本 乐器 音像制品 体育用品 玩具 游艺器材
七	医药类	西药 中成药 药酒 中药材 生物制品 畜用药 其他医药品
八	烟酒、食品类	卷烟 烟草加工品 酒 无酒精饮料 固体饮料 罐头 蜂蜜 糖果 蜜饯 糕点 饼干 方便食品 挂面 粉丝 腐竹 干果 干菜 调味品 茶叶 乳制品 代乳品
九	日用品类	化妆品 牙膏 香皂 鞋油 合成洗涤剂 日用搪瓷制品 日用铝制品 日用不锈钢制品 日用塑料制品 鞋 帽 手套 提包（箱） 伞 其他日用百货
十	化工类	有衬垫的普通油漆 颜料 涂料 染料 化学试剂 食品添加剂 树脂 有机玻璃 塑料颗粒 合成橡胶 胶片 磁带 人造革 合成革 地板革 塑料地板 塑料编织布（袋） 塑料薄膜
十一	针、纺织品类	棉布 混纺布 化纤布 麻布 毛巾等棉织品 棉毛衫裤等棉织品 呢绒 毛线 毛毯 毡制品 服装 毛皮 人造毛
十二	小五金类	合页 拉手 插销 水暖零件 锁 刀剪 理发用具 钉子 螺丝等紧固件 金属切削工具 手工工具 焊条 装饰五金
十三	其他适箱类	其他适合集装箱装运的货物

（2）不适合装箱货物

不适合装箱货物是指这一类货物从技术上看包装和装箱有困难并且不经济，根据货物的性质、体积、重量、形状等不适合装箱。例如，尺寸较大超过了集装箱的内部尺寸和门框尺寸，或货物重量超过了集装箱最大载重量而无法装箱的货物，包括矿砂、砖瓦、原油、管子、大型机械设备等。

4. 按货运形态分类

在集装箱货物运输中，按货流组织不同的形态可把集装箱货物分为整箱货和拼箱货两种。

（1）整箱货（Full Container Load，FCL）

整箱货指发货人一次托运的货物数量较多，足以装满一个或多个集装箱的货载。一般由发货人自行装箱，负责填写装箱单、场站收据，并由海关加铅封。整箱货又习惯理解为一个发货人、一个收货人。

（2）拼箱货（Less than Container Load，LCL）

拼箱货指发货人一次托运的货物数量较少，不足以装满一个集装箱，即需要一个或多个发货人少量货物同装一个集装箱进行运输的货载。一般由集装箱货运站负责装箱，负责填写装箱单，并由海关加铅封。拼箱货又习惯理解为几个发货人、几个收货人。

二、适载集装箱的选择

随着集装箱运输的发展及其优越性被人们认识和承认,大量的货物采用集装箱进行运输,这些货物种类繁多,在性质、包装形式及强度、单件重量等方面都有很大差异。由于货物在箱内积载、装箱不当造成货损和装卸机械、运输工具损坏,甚至人身伤亡的事故经常发生,所以,为了保证货运质量和运输安全,必须根据货物的性质、种类、容积、重量、形状等选择适当的集装箱,同时做好货物在集装箱内的堆装、系固、隔垫等工作。

1. 适载集装箱选择考虑的因素

(1) 货物的特性

货物的性质对集装箱是否有特殊要求。

(2) 货物的密度

货物的密度(单位容积重量,千克/立方米)与集装箱的单位容重(集装箱的最大载货重量除以集装箱的容积)是否相符,以便充分利用集装箱的容积和重量,尽量使集装箱的装载做到满箱、满载。

(3) 箱容利用率

箱容利用率直接影响到集装箱内实际利用的有效容积。在实际装箱中,货物装入集装箱内时,货物与货物之间、货物与集装箱内衬板之间、货物与集装箱顶板之间以及对集装箱内货物必要的加固支撑,产生了无法利用的空隙。集装箱的箱容利用率一般取80%,装箱技术好的可以达到85%以上,有些货物如箱包类箱容利用率更高,能达到90%以上。

2. 适载集装箱的选择要点

(1) 对集装箱种类的选择

国际标准集装箱有多种不同箱型,包括干货集装箱、开顶集装箱、台架式集装箱、平台集装箱、冷藏集装箱、通风集装箱、绝热集装箱、罐式集装箱、散货集装箱、动物集装箱等,这些不同种类的集装箱是根据不同类型货物及运输的实际要求而设计制造的。通常应根据货物的种类、性质、包装形式和运输要求选择合适的集装箱。表1-3-2列出各类货物适用的箱型,供参考。

表1-3-2 各类货物适用的集装箱种类

货物分类	集装箱种类
普通货物	干货集装箱、通风集装箱
超尺度和超重货物	开顶集装箱、台架式集装箱、平台集装箱
冷藏货物	冷藏集装箱、通风集装箱、绝热集装箱
散装货物	罐式集装箱、散货集装箱
贵重货物	干货集装箱
动植物	动物集装箱、通风集装箱
危险货物	干货集装箱、台架式集装箱、冷藏集装箱

(2) 对集装箱规格尺寸的选择

国际集装箱的规格尺寸众多,各种规格的集装箱的最大载货重量、集装箱容积都有较大的差别。目前国际上使用最多的集装箱规格是1A（40英尺×8英尺×8英尺）、1AA（40英尺×8英尺×8英尺6英寸）、1C（20英尺×8英尺×8英尺）和1CC（20英尺×8英尺×8英尺6英寸）四种。应根据集装箱货物的数量、批量和货物的密度选择不同规格尺寸的集装箱。为了能充分利用集装箱的容积和装载量，一般来说，在货物数量大时，应尽量选用大规格箱；货运批量较小时，配用的集装箱规格不宜过大；货物密度较大（重货）时，选用规格不宜过大；货物密度较小（轻货）时应采用规格较大的集装箱。用货物密度和集装箱的单位容重可以衡量装箱货物是"重货"还是"轻货"。

（3）对集装箱数量的确定

在具体计算时，如果货物是重货，则用货物总重量除以集装箱的最大载货重量，得出该批货物所需集装箱的数量；如果货物是轻货，则用货物总体积除以集装箱的有效容积，求得该批货物所需集装箱的数量。如果货物密度等于箱的单位容重，则无论按重量计或容积计，均可求得需要集装箱的个数。

实际工作中，除了考虑集装箱的容积和载重是否可以容纳下所托运的货物，还要考虑尽可能地节约运费。通常船公司确定的运价表中，一个40英尺箱的运费是20英尺箱的1.7倍。如果货物装一个20英尺箱不行，而使用两个20英尺箱或一个40英尺箱都可以装下，那么，应首先选择使用一个40英尺箱。

3. 适用集装箱的选择应用实例

现以某船公司一组集装箱最大载货重量和集装箱容积数据，以20英尺、40英尺干货集装箱，列出集装箱的单位容重，见表1-3-3。

表1-3-3 集装箱的单位容重

集装箱种类	额定重量/kg	自重/kg	最大载货重量/kg	集装箱容积/m³			集装箱单位容重/（kg·m⁻³）		
				箱容利用率100%	箱容利用率90%	箱容利用率80%	箱容利用率100%	箱容利用率90%	箱容利用率80%
20英尺干货箱	24 000	2 210	21 790	33.2	29.9	26.6	656.3	729.3	820.4
40英尺干货箱	30 480	3 650	26 830	67.7	60.9	54.2	396.3	440.6	495.2
20英尺干货箱	30 480	2 992	27 490	28.0	25.2	22.4	981.8	1 098.8	1 227.2

【例1】 有一批出口五金工具，需从福州运往美国的开普敦。货主提供的资料显示，共465箱，毛重30 612千克，体积33立方米。试回答以下问题：

① 该批货物是否是适箱货物？

② 应选择的集装箱种类是什么？

③ 应选择的集装箱规格尺寸多大？

④ 选用集装箱的数量是多少？

答：

① 五金工具，从性质和状态分析为适箱货。

② 五金工具属于普通件杂货，应选择干货集装箱。

③ 该批货物密度＝重量/体积＝30 612/33＝927.6（kg/m³），由于该货物的包装形式为

箱子，箱容利用率高，取 90%。因该批货物密度 927.6 大于 440.6 和 729.3，属于高密度货，即重货，考虑使用 20 英尺干货集装箱。

④ 已知 20 英尺干货集装箱的最大载货重量为 21 790 千克，该批货物重量为 30 612 千克，所需的集装箱箱数 = 货物重量/集装箱的最大载货重量 = 30 612/21 790 = 1.4（个），取整后确定的集装箱箱数为 2 个。

最后结论：该批货物适合集装箱运输，应选择 2 个 20 英尺干货集装箱。

【例2】 有一日用品公司出口一批金属制品，需从福州运往荷兰鹿特丹。货主提供的资料显示，货物数量为 935 箱，毛重 9 334.6 千克。该批货物总共 59.66 立方米。

试回答以下问题：
① 该批货物是否是适箱货物？
② 应选择的集装箱种类是什么？
③ 应选择的集装箱规格尺寸多大？
④ 选用集装箱的数量是多少？

答：
① 日用品公司的金属制品是小五金类，从性质和状态分析为适箱货。
② 金属制品属于普通件杂货，应选择干货集装箱。
③ 该批货物密度 = 重量/体积 = 9 334.6/59.66 = 156.46（kg/m^3），由于该货物的包装形式为箱子，箱容利用率高，取 90%。因为该批货物密度 156.46 小于 440.6 和 729.3，属于低密度货，即轻泡货，考虑使用 40 英尺干货集装箱。
④ 已知该货物的总体积为 59.66 立方米，集装箱的有效内容积为 60.9 立方米，所需的集装箱箱数 = 货物总体积/集装箱有效内容积 = 59.66/60.9 = 0.98（个），取整后确定的集装箱箱数为 1 个。

最后结论：该批货物适合集装箱运输，应选择 1 个 40 英尺干货集装箱。

三、集装箱货物的装载

（一）集装箱货装箱时的一般注意事项

① 在货物装箱时，任何情况下箱内所装货物的重量不能超过集装箱的最大装载量。集装箱的最大装货重量由集装箱的总重减去集装箱的自重求得；总重和自重一般都标在集装箱的箱门上。

② 每个集装箱的单位容重是一定的，因此如箱内装载一种货物时，只要知道货物密度，就能断定是重货还是轻货。

货物密度大于箱的单位容重的是重货，装载的货物以重量计算；反之货物密度小于箱的单位容重的是轻货，装载的货物以容积计算。及时区分这两种不同的情况，对提高装箱效率是很重要的。

③ 装载时要使箱底上的负荷平衡，箱内负荷不得偏于一端或一侧，特别是要严格禁止负荷重心偏在一端的情况。

④ 要避免产生集中载荷，如装载机械设备等重货时，箱底应铺上木板等衬垫材料，尽量分散其负荷。

⑤ 用人力装货时要注意包装上有无"不可倒置""平放""竖放"等装卸指示标志。要正确使用装货工具，捆包货禁止使用手钩。

箱内所装的货物要装载整齐、紧密堆装。容易散捆和包装脆弱的货物，要使用衬垫或在货物间插入胶合板，防止货物在箱内移动。

⑥ 装载托盘货时要确切掌握集装箱的内部尺寸和货物包装的外部尺寸，以便计算装载件数，达到尽量减少弃位、多装货物的目的。

⑦ 用叉式装卸车装箱时，将受到机械的自由提升高度和门架高度的限制。在条件允许的情况下，叉车装箱可一次装载两层，但上下应留有一定的间隙。

如条件不允许一次装载两层，则在箱内装第二层时，要考虑叉式装卸车的自由提升高度和叉式装卸车门架可能起升的高度。门架起升高度，应为第一层货高减去自由提升高度，这时第二层货物才能装在第一层货物上层。另外，还应注意货物下面应铺有垫木，以便使货叉能顺利抽出。

⑧ 拼箱货在混装时应注意以下几点：

- 轻货要放在重货上面。
- 包装强度弱的货物要放在包装强度强的货物上面。
- 不同形状、不同包装的货物尽可能不装在一起。
- 液体货和清洁货要尽量在其他货物下面。
- 从包装中会渗漏出灰尘、液体、潮气、臭气等的货物，最好不要与其他货混装在一起。如不得不混装时，要用帆布、塑料薄膜或其他衬垫材料隔开。
- 带有尖角或突出部件的货物，要把尖角或突出部件保护起来，不使它损坏其他货物。

（二）常见集装箱货物装箱操作

集装箱货物的现场装箱作业，通常有三种方法：全部用人力装箱、用叉式装卸车（铲车）搬进箱内再用人力堆装和全部使用机械装箱。在这三种方法中，第三种方法最理想，装卸率最高，发生货损事故最少。但是即使全部采用机械装箱，装载时如果忽视了货物特性和包装状态，或由于操作不当等原因，也往往会发生货损事故。特别是在内陆地区装载集装箱时，由于装箱人不了解海上货运时集装箱的状态，其装载方法通常都不符合海上货运的要求，从而引起货损事故的发生。因此应熟悉常见集装箱货物的装箱操作方法。

1. 纸箱货的装箱操作

纸箱是集装箱货物中最常见的一种包装，一般用于包装比较精细的和质轻的货物。纸箱货装箱操作的注意事项如下：

① 如集装箱内装的是统一尺寸的大型纸箱，会产生空隙。当空隙为10厘米左右时，一般不需要对货物进行固定，但当空隙很大时，就需要按货物具体情况加以固定。

② 如果不同尺寸的纸箱混装，应就纸箱大小合理搭配，做到紧密堆装。

③ 拼箱的纸箱货应进行隔离。隔离时可使用纸、网、胶合板、垫货板等材料，也可以用粉笔做记号。

④ 纸箱货不足以装满一个集装箱时，应注意纸箱的堆垛高度，以满足使集装箱底面占满的要求。

⑤ 装箱要从箱里往外装，或从两侧往中间装。

⑥ 在横向产生250～300厘米的空隙时，可以利用上层货物的重量把下层货物压住，最

上层货物一定要塞满或加以固定。

⑦ 如所装的纸箱很重，在集装箱的中间层就需要适当地加以衬垫。

⑧ 箱门端留有较大的空隙时，需要利用方形木条来固定货物。

⑨ 装载小型纸箱货时，为了防止塌货，可采用纵横交叉的堆装法。

2. 木箱货的装箱操作

木箱的种类繁多，尺寸和重量各异。木箱货装载和固定时应注意的问题有：

① 装载比较重的小型木箱时，可采用骑缝装载法，使上层的木箱压在下层两木箱的接缝上，最上一层必须加以固定或塞紧。

② 装载小型木箱时，如箱门端留有较大的空隙，则必须利用木板和木条加以固定或撑紧。

③ 重心较低的重、大木箱只能装一层且不能充分利用箱底面积时，应装在集装箱的中央，底部横向必须用方形木条加以固定。

④ 对于重心高的木箱，仅靠底部固定是不够的，还必须在上面用木条撑紧。

⑤ 装载特别重的大型木箱时，经常会形成集中负荷或偏心负荷，故必须有专用的固定设施，不让货物与集装箱前后端壁接触。

⑥ 装载框箱时，通常是使用钢带拉紧，或用具有弹性的尼龙带或布带来代替钢带。

3. 托盘货的装箱操作

货板上通常装载纸箱货和袋装货。纸箱货在上下层之间可用粘贴法固定。袋装货装板后要求袋子的尺寸与货板的尺寸一致，对于比较滑的袋装货也要用粘贴法固定。

货板在装载和固定时应注意的问题有：

① 货板的尺寸如在集装箱内横向只能装一块时，则货物必须放在集装箱的中央，并用纵向垫木等加以固定。

② 装载两层以上的货物时，无论空隙是在横向还是纵向，底部都应用挡木固定，而上层托盘货还需要用跨挡木条塞紧。

③ 如货板数为奇数时，则应把最后一块货板放在中央，并用绳索通过系环拉紧。

④ 托盘货装载框架集装箱时，必须使集装箱前后、左右的重量平衡。装货后应用带子把货物拉紧，货物装完后集装箱上应加罩帆布或塑料薄膜。

⑤ 袋装的托盘货应根据袋包的尺寸，将不同尺寸的货板搭配起来，以充分利用集装箱的容积。

4. 捆包货的装箱操作

捆包货包括纸浆、板纸、羊毛、棉花、棉布、其他棉织品、纺织品、纤维制品以及废旧物料等。其平均每件重量和容积常比纸箱货和小型木箱货大。一般捆包货都用干货集装箱装载。

捆包货在装载和固定时应注意的问题有：

① 捆包货一般可横向装载或竖向装载，此时可充分利用集装箱箱容。

② 捆包货装载时一般都要用厚木板等进行衬垫。

③ 用粗布包装的捆包货，一般比较稳定而不需要加以固定。

5. 袋装货的装箱操作

袋包装的种类有麻袋、布袋、塑料袋等，主要装载的货物有粮食、咖啡、可可、废料、水泥、粉状化学药品等。通常袋包装材料的抗潮、抗水湿能力较弱，故装箱完毕后，最好在货顶部铺设塑料等防水遮盖物。袋装货在装载和固定时应注意的问题有：

① 袋装货一般容易倒塌和滑动，可用粘贴剂粘固，或在袋装货中间插入衬垫板和防滑粗纸。

② 袋包一般在中间呈鼓凸形，常用堆装方法有砌墙法和交叉法。

③ 为防止袋装货堆装过高而有塌货的危险，所以需要用系绑用具加以固定。

6. 滚筒货的装箱操作

卷纸、盘圆、电缆、钢丝绳、卷钢等卷盘货，塑料薄膜、柏油纸、钢瓶等滚筒货，以及轮胎、瓦管等均属于滚筒货。滚筒货装箱时一定要注意消除其滚动的特性，做到有效、合理的装载。

（1）卷纸的装载和固定操作

卷纸原则上应竖装，并应保证卷纸两端的截面不受污损。只要把靠近箱门口的几个卷纸与内侧的几个卷纸用钢带捆在一起，并用填充物将箱门口处的空隙填满，即可将货物固定。

（2）盘圆的装载和固定操作

盘圆是一种只能用机械装载的重货，一般在箱底只能装一层。最好使用井字形的盘圆架。大型盘圆还可以用直板系板、夹件等在集装箱箱底进行固定。

（3）电缆的装载和固定操作

电缆是绕在电缆盘上进行货运的，装载电缆盘时也应注意箱底的局部强度问题。大型电缆盘在集装箱内只能装一层，一般使用支架以防止滚动。

（4）卷钢的装载和固定操作

卷钢虽然也属于集中负荷的货物，但是热轧卷钢一般比电缆轻。装载卷钢时，一定要使货物之间互相贴紧，并装在集装箱的中央。对于重3吨左右的卷钢，除用钢丝绳或钢带通过箱内系环将卷钢系紧外，还应在卷钢之间用钢丝绳或钢带连接起来；对于重5吨左右的卷钢，还应再用方形木条加以固定。固定时通常使用钢丝绳，而不使用钢带，因为钢带容易断裂。

（5）轮胎的装载和固定操作

普通卡车用的小型轮胎竖装、横装都可以。横装时比较稳定，不需要特别加以固定。大型轮胎一般以竖装为多，应根据轮胎的直径、厚度来研究其装载方法，并加以固定。

7. 桶装货的装箱操作

桶装货一般包括各种油类、液体和粉末类的化学制品、酒精、糖浆等，其包装形式有铁桶、木桶、塑料桶、胶合板桶和纸板桶等5种。除桶口在腰部的传统鼓形木桶外，桶装货在集装箱内均以桶口向上的竖立方式堆装。

由于桶体呈圆柱形，故在箱内堆装和加固的方法均由具体尺寸决定，使其与箱型尺寸相协调。

（1）铁质桶的装载和固定操作

集装箱货运中以0.25立方米（55加仑）的铁桶最为常见。这种铁桶在集装箱内可堆装两层，每一个20英尺型集装箱内一般可装80桶。装载时要求桶与桶之间要靠近，对于桶上有凸圆的铁桶，为了使桶与桶之间的凸圆错开，每隔一行要垫一块垫高板，装载第二层时同样要垫上垫高板，而不垫垫高板的这一行也要垫上胶合板，使上层的桶装载稳定。

（2）木质桶的装载和固定操作

木桶一般呈鼓形，两端有铁箍，由于竖装时容易脱盖，故原则上要求横向装载。横装时在木桶的两端垫上木楔，木楔的高度要使桶中央能离开箱底，不让桶的腰部受力。

（3）纸板桶的装载和固定操作

纸板桶的装载方法与铁桶相似，但其强度较弱，故在装箱时应注意不能使其翻倒而产生破损。装载时必须竖装，装载层数要根据桶的强度而定，有时要有一定限制，上下层之间一定要插入胶合板做衬垫，以便使负荷分散。

8. 各种车辆的装箱操作

集装箱内装载的车辆有小轿车、小型卡车、各种叉式装卸车、推土机、压路机和小型拖拉机等。

干货集装箱只能装一辆小轿车，因此，箱内将产生很大的空隙。如果航线上有回空的冷冻集装箱或动物集装箱，则用来装小轿车比较理想，因为冷冻集装箱和动物集装箱的容积比较小，可以更有效地利用集装箱的箱容。

对于各种叉式装卸车、拖拉机、推土机及压路机等特种车辆的货运，通常采用板架集装箱来装载。

（1）小轿车和卡车的装载和固定操作

小轿车和卡车一般都采用密闭集装箱装载。固定时利用集装箱上的系环把车辆拉紧，然后再利用方形木条钉成井字形木框垫在车轮下面，防止车辆滚动，同时应在轮胎与箱底或木条接触的部分用纱布或破布加以衬垫。也可按货主要求，不垫方形木条，只用绳索拉紧即可。利用冷冻箱装箱时，可用箱底通风轨上的孔眼进行拉紧。

（2）各种叉车的装卸和固定操作

装载叉式装卸车时，通常都把货叉取下后装在箱内。装箱时，在箱底要铺设衬垫，固定时要用纱头或布将橡胶轮胎保护起来，并在车轮下垫塞木楔或方形木条，最后要利用板架集装箱箱底的系环，用钢丝绳系紧。

（3）推土机和压路机的装载和固定操作

推土机、压路机每台重量很大，一般一个板架集装箱内只能装一台，通常都采用吊车从顶部装载。装载时必须注意车辆的履带是否在集装箱下侧梁上，因为铁与铁相接触，很容易产生滑动，所以箱底一定要衬垫厚木板。

（4）拖拉机和其他车辆类货物的装载和固定操作

小型拖拉机横向装载时可使其装载量增加，但装载时也应注意集中负荷的问题，故箱底要进行衬垫，以分散其负荷，并要用方形木条、木楔以及钢丝绳等进行固定。

（三）特殊集装箱货物装箱操作

1. 超尺度和超重货物装载要求

超尺度货物是指单件长、宽、高的实际尺度超过国际标准集装箱规定尺度的货物；超重货物指单件重量超过国际标准集装箱最大载货量的货物。国际标准集装箱是有统一标准的，特别是在尺度、总重量方面都有严格的限制。集装箱运输系统中使用的装卸机械设备、运输工具（集装箱船、集卡等）也都是根据这一标准设计制造的。如果货物的尺寸、重量超出这些标准规定值，对装载和运输各环节来说，都会带来一些困难和问题。

(1) 超高货物

一般干货箱箱门有效高度是有一定范围的（20英尺箱为2 135～2 154毫米；40英尺箱为2 265～2 284毫米）。如货物高度超过这一范围，则为超高货物。超高货物必须选择开顶箱或板架箱装载。

超高货物装载集装箱时，应充分考虑运输全程中给内陆运输（铁、公路）车站、码头、装卸机械、船舶装载带来的问题。内陆运输线对通过高度都有一定的限制（各国规定不甚一致），运输时集装箱连同运输车辆的总高度一般不能超过这一限制。

集装箱船舶装载超高货箱时，只能装在舱内或甲板上的最上层。

(2) 超宽货物

超宽货物一般应采用板架箱或平台箱运输。集装箱运输允许货物横向突出（箱子）的尺度要受到集装箱船舶结构（箱格）、陆上运输线路（特别是铁路）允许宽度限制，受到使用装卸机械种类的限制（如跨运车对每边超宽量大于10厘米以上的集装箱无法作业），超宽货物装载时应给予充分考虑。

集装箱船舶装载超宽货箱时，如超宽量在150毫米以内，则可以与普通集装箱一样装在舱内或甲板上；如超宽量在150毫米以上，只能在舱面上装载，且相邻列位必须留出。

(3) 超长货物

超长货物一般应采用板架箱装载，装载时需将集装箱两端的插板取下，并铺在货物下部。超长货物的超长量有一定限制，最大不得超过306毫米（即1英尺左右）。

集装箱船舶装载超长货箱时，一般装于甲板上（排与排之间间隔较大）；装在舱内时，相邻排位需留出。

(4) 超重货物

集装箱标准（ISO）对集装箱（包括货物）总重量是有明确限制的，20英尺箱为24吨（GB/T 1413—1998）或30.48吨（GB/T 1413—2008），40英尺箱为30.48吨，所有的运输工具和装卸机械都是根据这一总重量设计的。货物装入集装箱后，总重量不能超过上述规定值，超重是绝对不允许的。

2. 干散货物装载要求

用散货集装箱运输散货可节约劳动力、包装费、装卸费。散货集装箱的箱顶上一般都设有2～3个装货口，装货时利用圆筒仓或仓库的漏斗或使用带有铲斗的起重机进行装载。散货集装箱一般采用将集装箱倾斜的方式使散货产生自流的方法卸货。在选定装载散货的集装箱时，必须考虑装货地点和卸货地点的装载和卸载的设备条件。

运输散装的化学制品时，首先要判明其是否属于危险货物。在运输谷物、饲料等散货时，应注意该货物是否有熏蒸要求。因此，在装货前应查阅进口国的动植物检疫规则。对需要进行熏蒸的货物应选用有熏蒸设备的集装箱装运。

在装运谷类和饲料等货物时，为了防止水湿而损坏货物，应选用有箱顶内衬板的集装箱装运。在装载容易飞扬的粉状散货时，应采取措施进行围圈作业。

3. 液体货物装载要求

液体货物采用集装箱运输有两种情况。一是装入其他容器（如桶）后再装入集装箱运输，在这种情况下货物装载应注意的事项与一般货物或危险货物（属危品）类似；二是散装液体货物，一般需用罐式箱运输。在这种情况下货物散装前应检查罐式集装箱本身的结构、性能和箱内能否满足货物运输要求，应具备必要的排空设备、管道及阀门，其安全阀应处于有效状态。装载时应注意货物的比重（密度）要和集装箱允许载重量与容量比值一致或接近。在装卸时如需要加温，则应考虑装货卸货地点要有必需的热源（蒸汽源或电源）。

4. 动、植物及食品装载要求

运输该类货物的集装箱一般有两类：密闭和非密封式（通风）。装载这类货物时应注意，货物应根据进口国要求经过检疫并得到进口国许可。一般要求托运人（或其代理人）事先向海事、商检、卫检、动植物检疫等管理部门申请检验并出具合格证明后方可装箱。需做动植物检疫的货物不能同普通货装在同一箱内，以免熏蒸时造成货损。

各类特殊货物装箱完毕后，应采取合适的方法进行固定并关闭箱门。如加固时使用木材，且进口国对木材有熏蒸要求（如澳大利亚、新西兰等），则必须经过熏蒸处理并在箱体外表明显处标上有关部门出具的证明。

5. 冷藏货装载时的注意事项

① 装载冷藏（冻）货的集装箱应具有供箱人提供的该箱子的检验合格证书。

② 货物装箱前，箱体应根据使用规定的温度进行预冷。货物装箱时的温度应达到规定的装箱温度。温度要求不同或气味不同的冷藏货物绝不能配入一箱。运往一些宗教（特别是伊斯兰教）国家的集装箱货，一定要严格遵守宗教禁忌配装。

③ 冷冻集装箱在装货过程中，冷冻机要停止运转。

④ 在装货前，冷冻集装箱内使用的垫木和其他衬垫材料要预冷；要选用清洁卫生的衬垫材料，以防污染货物。

⑤ 不要使用纸、板等材料作衬垫，以免堵塞通风管和通风口。

装货后箱顶与货物顶部一定要留出空隙，使冷气能有效地流通。

⑥ 必须注意冷藏货要比普通杂货更容易滑动，也容易破损，因此对货物要加以固定。固定货物时可以用网等作衬垫材料，这样不会影响冷气的循环和流通。

⑦ 严格禁止已降低鲜度或已变质发臭的货物装进箱内，以避免损坏其他正常货物。

6. 危险货物装箱时的注意事项

① 集装箱内装载的每一票危险货物必须具备《危险货物安全适运申报单》。装箱前应对货物及应办的手续、单证进行审查，不符合国际危险品运输规则规定的包装要求或未经商检、海事等部门认可或已发生货损的危险货物一律不得装箱。

② 危险货物一般应使用封闭箱运输，箱内装载的危险货物任何部分不得突出箱容。装箱完毕后应立即关门封锁。

③ 货物装箱前应调查清楚该类危险货物的特性、防灾措施和发生危险后的处理方法，作业场所要选在避免日光照射、隔离热源和火源、通风良好的地点。

④ 作业场所要有足够的面积和必要的设备，以防发生事故时，能有效地处置。

⑤ 作业时要按有关规则的规定执行。作业人员操作时应穿防护工作衣，戴防护面具和橡皮手套。

⑥ 装货前应检查所用集装箱的强度、结构，防止使用不符合装货要求的集装箱。

⑦ 不得将危险货物与其他性质与之不相容的货物拼装在同一集装箱内。当危险货物仅占箱内部分容积时，应把危险品装载在箱门附近，以便做到"最后装，最先卸"，减少发生事故的可能，以及在发生事故后能及时得到应急处理。

⑧ 装载爆炸品、氧化性物质的危险货物时，装货前箱内要仔细清扫，防止箱内因残存灰尘、垃圾等杂物而产生着火、爆炸的危险。

⑨ 要检查危险货物的容器、包装、标志是否完整，与货运文件上所载明的内容是否一致。禁止将包装有损伤、容器有泄漏的危险货物装入箱内。

⑩ 使用固定危险货物的材料时，应注意防火要求和具有足够的安全系数和强度。

⑪ 有些用纸袋、纤维板和纤维桶包装的危险货物，遇水后会引起化学反应而发生自燃、发热或产生有毒气体，故应严格进行防水检查。

⑫ 危险货物的混载问题各国有不同的规定。日本和美国规定，禁止在同一区域内装载的危险货物，或不能进行混合包装的危险货物，不能混载在同一集装箱内；英国规定，不能把属于不同等级的危险货物混载在同一集装箱内。在实际装载作业中，应尽量避免把不同的危险货物混装在一个集装箱内。

⑬ 严禁危险货物与仪器类货物混载。

⑭ 在装载时不能采用抛扔、坠落、翻倒、拖曳等方法，避免货物间的冲击和摩擦。

⑮ 危险货物在装箱前，装箱单位应事先通知海事主管机关装箱作业计划安排，何时装箱，在何地装箱；在装箱时，应有集装箱装箱单位的装箱现场检查员现场监装，装箱现场检查员应持有海事部门签发的装箱现场检查员证书。装箱现场检查员应根据《国际海运危险货物规则》的要求，对集装箱和集装箱内所装危险货物及货物在箱内的积载情况进行检查；装箱完毕后，装箱现场检查员除提供装箱单外，还应签署《集装箱装运危险货物装箱证明书》，以证明已正确装箱并符合以下规定：

- 集装箱清洁、干燥，外观上适合装货。
- 集装箱内未装入不相容的货物。
- 所有包件都经过外部破损检查，装入箱内的包件是完好的。
- 所有包件都已恰当地装入集装箱并加以牢固。
- 集装箱及其包件都有正确的标记、标志。
- 对集装箱内所装的每一票货物，已经收到其根据《国际海运危险货物规则》所要求的危险货物申报单。

海事部门会根据装箱单位的装箱计划，安排人员进行检查，必要时，海事部门可对拟装船的集装箱进行抽样开箱监督检查。出口危险品货物集装箱进入码头检查口时，须附送经海事部门审核同意后盖章的《集装箱装运危险货物装箱证明书》。

⑯ 装载危险品货物的集装箱上，至少应有4幅尺度不小于250毫米×250毫米的危险品类别标志牌贴在箱体外部4个侧面的明显位置上。装载危险货物的集装箱卸完后，应采取措施使集装箱不具备危险性并去掉原有无关的危险品标记、标志、标牌、橙色标签及海洋污染物标记。

我国对海运危险货物装箱作了具体规定，即《海运危险货物装箱安全技术要求》。

拓展阅读

2006年5月24日下午，厦门海事局在厦门港海天码头堆场对一箱号为GESU2534057的集装箱实施开箱检查，发现其中装有易燃危险液体聚氨酯树脂、硬化剂/聚异氰酸盐99%和有机复合溶剂（天那水），认定为一起危险品运输瞒报行为。

据海事工作人员透露，该集装箱申报资料显示为"印刷材料"，发货人为一家台湾的贸易公司，收货人为厦门一家涂料公司，货物件数为 257 包件，总重量达 20 230 千克。

按照有关水上危险品运输规定，所有办理集装箱船以及杂货船进出港的代理公司，均须向海事局提供船舶进出口舱单以备核查。此前厦门海事局东渡海事处在对该集装箱货轮进口舱单进行核查时，发现这箱货物存在诸多疑点，随即决定对该集装箱进行开箱检查。事后，厦门海事局依法对该危险品运输瞒报行为进行了处理。

2013 年 3 月 13 日，上海海事局洋山港海事处执法人员在对某集装箱船舶载运的集装箱货物进行核查时，发现 18 只载运汽车的集装箱存在未按规定进行危险品申报的嫌疑，遂依法实施了集中开箱检查。经现场查验和取证，涉案的 18 只集装箱全部被查实未按规定进行危险品运输申报。据了解，这批货物全部是从日本进口，经洋山港中转至洪都拉斯、智利以及哥斯达黎加的二手汽车。海事部门对该案件进行了严肃查处。

据海事部门介绍，随着集装箱运输汽车的案例日渐增多，汽车内蓄电池和油箱的损坏和泄漏也给集装箱运输带来了极大的安全隐患，一旦作为普通货物装船出运，会导致船方积载隔离不当，极易引发火灾等灾难性事故，严重影响海上运输的安全。为此，国际海事组织于 2010 年 5 月 21 日以 MSC.294（87）号决议通过了强制性的《国际海运危险货物规则》第 35-10 版修正案，该修正案于 2012 年 1 月 1 日起对我国强制生效。按照该修正案规定，用集装箱装运汽车，如果汽车油箱内存有燃油，则属于 9 类海运危险货物，同时油箱内的油量不能超过油箱容积的四分之一，且最多不能超过 250 升。

> **思考与练习**
> 1. 什么是集装箱货物？集装箱货物有什么特点？
> 2. 集装箱货物是如何分类的？
> 3. 如何选择适载集装箱？
> 4. 简述集装箱装载的一般注意事项。
> 5. 危险货物装箱时的注意事项有哪些？
> 6. 什么是《集装箱装运危险货物装箱证明书》？其有何作用？
> 7. 书中的两个案例说明什么问题？危险货物集装箱运输应如何办理手续？

任务四　集装箱码头功能及布局

思政园地：加强法制意识、防范运输风险

任务目标

熟悉集装箱码头的功能和布局；熟悉集装箱码头主要装卸机械的种类和作用；了解集装箱码头装卸工艺；熟悉集装箱码头堆场箱区划分及箱位的编码。

引　例

天津港集装箱码头有限公司

天津港集装箱码头有限公司始建于 1980 年 4 月 1 日，是我国大陆建立的第一个现代化国际集装箱专用码头，英文缩写为 TCT。TCT 码头位于天津港北疆港区内。地理位置优越，新港二号路、新港四号路均能到达，并与天津港保税区、天津经济技术开发区及京津唐高速公路紧密相连，交通便利，物流发达，是理想的货物进出口口岸。

TCT现拥有两座现代化集装箱专用码头，四个泊位。一期老码头泊位前沿水深12米，岸线总长398米，可停靠5万吨级船舶；二期新码头泊位前沿水深16米，岸线总长为825米，进出港航道水深为19.5米，可同时停靠两艘第六代集装箱船舶。

TCT总占地面积为70万平方米，前方堆场面积27万平方米，可堆码4.2万标准箱；备有3个冷藏箱场地，564个冷藏箱插座；拥有大型仓库，从事CY、CFS拼箱、拆装箱业务；码头前沿设计有7.5米宽的接卸大件专用通道，可在接卸超大、超宽、超长等异型体货物时，无须更换吊具或旋转货物即可快速装卸，确保安全；TCT备有修箱的设备和设施，具有修理、清洗、检验集装箱的服务功能。

TCT码头年设计吞吐能力160万标准箱，现拥有大型集装箱装卸桥14台、场地桥（龙门起重机）38台、拖车76台，以及大叉车、小叉车等各种专用机械设备总计170余台。近年来，为适应集装箱航运市场船舶日益超大化发展趋势的需要，先后引进了10台具有当今世界先进水平的超巴拿马型装卸桥。这种装卸桥的起重负荷为61吨，起升高度为：轨上39米、轨下15米、外伸距63米，具有"双箱操作"功能；同时还配套引进了10台起重负荷61吨，可进行"双箱作业"、堆码高度为5层集装箱的大型场地桥，具备了接卸第六代及其以上船舶的能力。

TCT码头操作管理系统采用的是比利时COSMOS公司提供的集装箱操作管理系统。该系统的船舶进出口操作流程控制、船舶装卸操作实时控制、堆场管理控制等，不但能节省人力、优化堆场空间、使堆场达到其最大堆存能力，而且还能确保码头所有操作数据的安全性和可靠性，优化码头生产能力。

先进的装卸设备、现代化的科学管理，使TCT创造了一流的装卸效率。目前，码头装卸船最高船时量达428自然箱/小时，岸桥平均作业效率为79.1自然箱/小时。

卓越的港口设施和高效率的生产服务，吸引着各大船公司在此增线开班。第四代集装箱船"珍河"轮、第五代集装箱船"鲁河"轮、第六代集装箱船"地中海法米娅"轮以及载箱量8 500TEU的"中海亚洲"轮、载箱量9 200TEU的"地中海帕梅拉"轮都是在这里举行的首航仪式。

目前，TCT已开辟20余条国际航线，通往日本、韩国、欧洲、美国、地中海、波斯湾、澳洲、新加坡等160多个国家和地区的300多个港口，并开通了环渤海内支线和沿海内贸运输。

TCT承办全集装箱船、半集装箱船、子母船的装卸运输；承办集装箱的拆箱、装箱、拼箱、堆存、衡量、冷藏、保管、租赁、检验、清洗、维修；承办公路、铁路集装箱运输和零担货物业务；承办经满洲里、二连浩特、阿拉山口三条欧亚大陆桥过境联运业务，并已开通直达西安、成都、新疆集装箱班列运输。

问题：以天津港集装箱码头为例，简述集装箱码头应具备的基本条件及其主要功能。

一、集装箱码头功能和基本要求

（一）集装箱码头的功能

集装箱码头（Container Terminal）是集装箱运输的枢纽，它向外延伸国际的远洋运输航线，向内连接国内的水路、公路、铁路等运输线路，在现代

日本神户集装箱港介绍

集装箱运输链中，是一个极其重要的节点。随着现代物流的发展，集装箱码头又成为物资流、资金流、商品流和信息流的汇集地，成为现代物流的重要平台。在现代物流链中，集装箱码头被赋予更多的功能。

1. 集装箱码头是海运与陆运的连接点，是海陆多式联运的枢纽

集装箱码头是集装箱物流链中的主要节点，将集装箱海运、集装箱铁路运输、集装箱公路运输联系了起来，是现代集装箱多式联运的枢纽和转换点。

在国际集装箱运输中，都是以海运为中心，通过码头这一连接点，将海运与两岸大陆的陆运连接起来，并通过内陆运输，实现货物从发货人直至收货人的运输过程。在集装箱多式联运中，由于海陆多式联运占有绝大部分的比例，集装箱码头不仅是海上运输和陆上运输的连接点；同时，与运输有关的货物、单证、信息以及集拼、分拨、转运存储等业务管理也在集装箱码头交叉、汇集，从而使集装箱码头成为多式联运的运输和管理的枢纽。

2. 集装箱码头是换装转运的中心

随着集装箱船舶的大型化，国际集装箱海运格局发生了根本的变化，即从原来单一的港到港运输转变为干线与支线相结合，以枢纽港中转为中心的运输，形成了"中心—辐射"的新运输格局。在这一新的运输格局中，集装箱码头，尤其是处于重要地位的大型国际集装箱码头，成为不同区域的国际货物转运中心，通过集装箱码头的装卸转运，把干线与支线有机地结合起来，从而实现大型集装箱船舶的规模效益，实现货物从始发港到目的港的快速运输。

拓展阅读

2013 年 5 月 31 日凌晨 4：00，法国达飞轮船运营的"达飞伊凡虎"（CMA CGM IVANHOE）集装箱轮靠泊福州新港，卸下从北美进口的 1 841 个集装箱货柜，并于 6 月 4 日下午由"达飞利波拉"（CMA CGM LIBRA）转运至香港等港口。这是福州新港码头自 2002 年年底开港运营以来，首次正式开始运作集装箱国际中转运输业务。

3. 集装箱码头是物流链中最重要的环节之一

现代物流把运输和与运输相关的作业构成一个从生产起点到消费终点的物流链，在这个物流链中，力求在全球寻求最佳的结合点，使综合成本最低、流通时间最短、服务质量最高。正是因为其不可替代的重要地位和作用，集装箱码头已成为现代物流中重要的环节，并为物流的运作提供了一个良好的平台。

（二）集装箱码头的特点和基本要求

1. 集装箱码头的特点

集装箱运输是一种高效率、大规模和现代化的生产方式，作为集装箱运输重要一环的集装箱码头具有以下明显的特点。

（1）码头作业的机械化、高效化

现代集装箱码头无论是岸边装卸、水平搬运、堆场作业，均已全部实现机械化，即采用大型先进的集装箱专用机械设备，进行快速、高效、连续的作业。

在集装箱船舶向大型化发展的过程中，20 世纪 80 年代中后期，还主要选用巴拿马船型的船舶，但是进入 20 世纪 90 年代超巴拿马型集装箱船舶出现，尤其是载箱能力达 6 000TEU 箱位的集装箱船舶投入营运，为此，世界各主要集装箱枢纽港又在配备和订购超巴拿马型岸边式集装箱起重机，以接纳超大型全集装箱船，提高集装箱码头的竞争能力。

拓展阅读

为了适应集装箱码头对高效率的超巴拿马型岸边式集装箱起重机的需求，2004 年，上海振华重工公司（ZPMC）成功开发了世界上第一个一次性可吊起两个 40 英尺箱（或 4 个 20 英尺集装箱），即双 40 英尺箱岸桥，它可以提高生产率至少 50%，目前已登陆上海港外高桥码头、洋山港码头、宁波港、深圳盐田、赤湾港、大铲湾、南沙、阿联酋迪拜港等，并在迪拜港和上海港外高桥码头，分别创下了 104 标箱/小时和 110 标箱/小时的世界装卸纪录（常规 40～50 标箱）。2007 年 ZPMC 开发的可吊三个 40 英尺箱的岸边集装箱起重机在深圳妈湾码头投入使用，与双 40 英尺箱岸桥相比，其装卸效率可提高 15%～20%。

由于使用了先进的大型集装箱专用设备，集装箱码头装卸高效化。青岛前湾集装箱码头有限责任公司在 2003 年 4 月 27 日，创造了单船每小时 339 箱自然箱的世界纪录，同年 9 月，又将这个纪录提高到了每小时 381 箱，2008 年 12 月 25 日，又创出 498 自然箱/小时的集装箱船舶效率纪录。

（2）码头生产管理的计算机化、信息化

随着计算机技术和通信技术的快速发展，集装箱码头在生产作业管理中，大多已实现计算机管理，采用先进的计算机生产管理系统，对集装箱码头各项生产作业管理进行有效的组织、计划、指挥、控制，大大提高了作业效率，避免了复杂和重复的人工作业。

近年来，世界集装箱码头的信息化水平提高很快。借助互联网，EDI 技术已被广泛应用于集装箱码头，即在集装箱码头的计算机生产管理系统中，通过 EDI 与货主、货代、船公司、船代、外理以及"一关三检"等口岸管理机构实现快速而高效的信息沟通和信息交换，这样，一些重要的运输单证，如舱单、船图、装箱单等就可实现无纸化。码头生产管理的另一个趋势是智能化和自动化。几年前，国外一些先进的集装箱码头，如鹿特丹、新加坡等，已实现了堆场作业和检查口作业的自动化。我国沿海部分集装箱码头已实现了第二代自动道口，即通过 RFID 系统（射频技术）对集装箱的信息进行自动读入。

（3）码头设施的大型化、深水化

随着集装箱船舶的大型化，集装箱码头尤其是大型集装箱码头纷纷改建、扩建和新建泊位，以接纳更大的集装箱船舶靠泊和装卸。目前，世界各集装箱大港均拥有或在建 -14 米以上的深水泊位，例如，香港、新加坡、高雄、釜山、鹿特丹、洛杉矶、长滩等市，均能接纳 5 000 TEU 以上的集装箱船舶，有的还计划建造 -20 米以上的超级深水码头。

洋山深水港　洋山深水港
介绍 1　　介绍 2

拓展阅读

2005 年年底，上海洋山深水港一期工程建成，标志着上海没有深水港和我国没有国际枢纽港的历史的终结。洋山深水港航道与码头前沿的水深均超过 15 米，可以通行目前世界上最大的集装箱船。2005 年 11 月，新建成的上海洋山深水港一期工程成功试靠 10 000 TEU 的集装箱船舶，创造了上海和我国集装箱港口的历史。2013 年 7 月 19 日全球最大的集装箱船"马士基·迈克–凯尼·穆勒"号首航抵达上海洋山港。"马士基·迈克–凯尼·穆勒"号是马士基航运订造的 20 艘 3E 级船舶中的第一艘,由大宇造船海洋株式会社(DSME)在韩国制造。3E 级船舶长 400 米,宽 59 米,载重 165 000 吨,运力达 18 000 个标准集装箱,是当今世界上最大的集装箱船。可以说,我国的集装箱码头在深水化方面已经赶上世界先进水平,在大型化方面已经开始领先。

2. 集装箱码头的基本要求

集装箱码头主要作业对象是集装箱船舶,围绕船舶作业这一核心,集装箱码头的基本要求如下:

(1) 具有供集装箱船舶安全进出港的水域和方便装卸的泊位

集装箱船进出港的水域包括航道、掉头区、锚地等,水域不仅要求足够的水深,同时要求足够的宽度或面积,以供集装箱船安全进出港。集装箱码头的泊位是集装箱船舶停靠和作业的主要场所,泊位水深应能满足挂靠的最大集装箱船的吃水要求。通常,3 000~4 000 TEU 集装箱船的吃水为 12.5 米,5 000 TEU 以上集装箱船吃水为 14 米,集装箱深水泊位前沿的水深应能适应这一要求。同时,一个码头泊位的总长(泊位数),应能满足各航线集装箱船的挂靠频率,而且每一泊位的长度也应视集装箱船舶的大小而定。目前,3 000~4 000 TEU 集装箱船要求的泊位长度为 300 米,5 000 TEU 以上的集装箱船舶的标准泊位长度为 350 米,6 000 TEU 以上的集装箱船舶的标准泊位长度为 360 米。

(2) 具有一定数量和技术性能良好的集装箱专用机械设备

目前,我国集装箱码头绝大多数采用集装箱装卸桥龙门吊装卸工艺系统,该工艺系统也为世界各国集装箱码头所采用。这种装卸工艺系统各机种的分工配合是:由集装箱装卸桥承担岸边船舶的集装箱装卸,由集装箱牵引车承担岸边到堆场的集装箱水平搬运,由轮胎式龙门吊承担堆场集装箱的堆取和搬移。集装箱码头不仅要配备数量足够和技术性能良好的集装箱专用机械,还应满足这三个主要作业环节的能力配比,从而保证码头作业连续、高效地进行。

(3) 具有宽敞的堆场和必要堆场设施

堆场占有集装箱码头主要面积,这是因为堆场在集装箱码头中居有十分重要的地位:供出口集装箱暂时存堆,以便发货人报关和码头配载后装船出运;供进口集装箱暂时堆放,以便收货人报关后提运;此外,堆场也是对所有进入码头的集装箱进行调度管理的作业场所。

随着集装箱船舶的大型化和集装箱码头作业的高效化,对集装箱码头堆场的面积要求也更高,例如一个 350 米的标准泊位,其配套的堆场面积要求大致为 350 米×500 米 = 175 000 平方米。除足够的堆场面积外,集装箱码头还要为堆场作业配备必要的作业区域和设备设施,如集装箱牵引车道区域、龙门吊行走线路区域、夜间作业的照明设施、冷藏箱区的供电系统堆场区域、危险品箱的堆箱区域和喷淋降湿设备,以及洗箱熏箱的相关区域和排污系统设施,等等。

(4) 具有必要的装拆箱设备和能力

目前,我国集装箱运输中绝大部分采用 CY—CY 交接方式,这使集装箱码头的装拆箱功能被弱化,但由于运输服务的多样化以及国际商品的小批量、多品种化,CFS—CFS 交接方式仍不断出现,特别是一些货主的原因,要求码头代装箱、代拆箱,集装箱码头仍应保留必要的装拆箱的设施和能力,以满足集装箱运输市场的要求。

集装箱码头内装拆箱,主要在集装箱货运站(CFS)内进行。早年,我国集装箱多式联运能力非常弱，集装箱的交接方式多为CFS—CFS方式，集装箱码头内的CFS十分繁忙。现在，上海、深圳等经济发达地区，集装箱的交接方式已多为CY—CY方式，集装箱码头内CFS的作用已大大下降。但在一些经济较不发达的地区，码头内CFS的作用仍然很重要。码头内装拆箱的设施主要包括货物仓库、装拆箱作业堆场和装卸箱作业机械等。

（5）具有完善的计算机生产管理系统

集装箱码头机械化、高效化、大规模的作业特点，要求必须配备与之相适应的完善的计算机生产管理系统，采用先进的管理手段和管理方法，充分发挥集装箱码头的最佳效益，同时为货主、船公司提供良好、及时和周到的服务。

由于集装箱这一运输方式高度抽象了货物的物理和化学特点，所以必须通过计算机系统，进行完善的信息管理。现代集装箱码头无一例外地将计算机生产管理系统作为码头建设的重点，其原因：一是满足当前生产需要，对集装箱码头的装卸操作进行实时控制；二是根据国际集装箱运输发展新趋势、新特点、新工艺、新技术不断提升和完善系统功能。

（6）具有通畅的集疏运条件

在集装箱运输系统中，集装箱码头处于一个重要节点的位置，通过这个节点完成集装箱从发货地到收货地的运输全过程。因此，集装箱码头除本身的硬件、软件技术外，还应与内陆集疏运连成一个有机系统，通过公路、铁路、内河，甚至航空等多种运输方式，把分散在内地各处的集装箱汇集到码头装船出口，同时通过内陆集疏运系统将大量卸下的进口集装箱运送到目的地。从国外先进的集装箱运输经验看，内陆集疏运条件是否良好，是影响集装箱码头发展的一个极其重要的因素。

（7）具有现代化集装箱运输专业人才

人是生产力中最活跃、最有决定性影响的因素，对现代化集装箱码头更是如此。先进的管理模式和管理手段，高效的集装箱专用机械和设备，科学的作业程序和方法，无一不需要与之相应的现代化集装箱专业人才。没有国际集装箱运输的专业知识和业务技能，就无法对先进的集装箱运输进行有效的管理，也就不能发挥集装箱码头应有的重要作用。

二、集装箱码头的选址条件和基本布局

（一）集装箱码头的选址条件

集装箱码头的选址是否合理，直接关系到建成投产后的经营效益。在集装箱码头的选址过程中，应考虑以下几方面的条件。

1. 经济条件

集装箱码头的设立，应使船公司、港口当局和货主都能从中得到相应的经济利益。这就要求集装箱码头应靠近货物的产地和销售地，或有广阔的经济腹地。一般来说，集装箱码头的地点应选择在具有广大经济腹地的出海口，以吸引经济圈内的进出口货运量。这就要求在决定码头位置前，要进行周密的货流调查，以确保集装箱码头有大量、长期的稳定货源，在现在和将来都能保持相对的稳定。

2. 港口条件

港口条件主要是指集装箱船出入港口的航道、水深等条件。选择集装箱码头时，要保证码头水深、航道宽度等都能与集装箱船相适应，使船舶能方便进出，最好还能使船舶进出港不受潮水的影响。船舶的大型化发展趋势，对港口条件提出了更高的要求，如果港口条件与

此不相适应，就会阻碍该港的发展。

3. 地理条件

集装箱码头需要有保管、堆存集装箱，装卸搬运机械及各种集装箱货物的场地，因此应有足够的营运面积。同时，还要留有扩建的余地，在将来航线、船只增加时，以保证能进行相应的扩建和新建。

在考虑集装箱码头面积时，除了堆存场地的面积外，还应注意各种装卸、搬运机械的移动和回转所需要的面积。此外，集装箱码头的地基也应经过特殊处理，以便能较好地承受集装箱的堆存和机械作业的压力。

4. 气候条件

为保证码头上集装箱的保管和堆存的安全性，集装箱船舶靠泊的安全性，避免集装箱及箱内货物受到损害，在选定集装箱码头地址时，必须详细了解该地区的气候条件，有无冻期、雾期、季风强度和方向、潮汐等都会对码头作业和船舶靠离造成影响。如大风会把堆场上堆码层数较高的集装箱刮倒，而高潮的潮水上岸又会使集装箱浸入海水，这些都可能使集装箱及箱内货物受到损坏。因此，集装箱码头地址最好能设在背风隐蔽的海湾。

5. 集疏运条件

集装箱运输的货物抵离港口均需借助其他运输方式，因此必须考虑集装箱码头与后方集疏运方式的相互衔接问题。集装箱码头选址时，应选择公路、铁路与水路比较发达的区段，从而保证大型集装箱船到港后能在短时间内集疏大量的集装箱，缩短船舶在港时间。

6. 环境条件

现代化的集装箱码头是国际物流的节点，因此要求它所在地区的交通、金融、通信、信息等服务业相当发达。因此，集装箱码头的设立应以经济发达的大城市做依托，才能更好地为货主、船公司服务，以达到更多地吸引货源、开辟航线、实现高效益经营的目的。

（二）集装箱码头的基本布局

集装箱码头是以高度机械化和大规模生产方式作业的，要求有很高的生产作业效率，因此集装箱码头的布局与传统的件杂货码头有着根本的不同，即要求集装箱码头的布局围绕船舶作业为核心，将码头与船舶连接成一个有机整体，从而实现高效的、有条不紊的连续作业。为达到这一要求，集装箱码头通常应具备基本的设施和进行合理的布局。集装箱码头基本布局如图 1-4-1 所示。

图 1-4-1　集装箱码头基本布局

1. 泊位

泊位是供集装箱船舶停靠和作业的场所，其建造一般因地质和水深之需。集装箱码头通常采用顺岸式，其优点是建造成本相对较低，从岸线到堆场距离较近，装卸船作业也较方便，同时对多个泊位的码头来说，还可以因装卸量的不同便于装卸桥在泊位间移动。

集装箱码头泊位长度一般为300米，前沿水深一般应满足设计船型的吃水要求，一般为12米以上。如福州新港国际集装箱码头目前共有1～5号泊位，泊位长度总长1650米，码头水深在14～17.5米。

泊位除足够的水深和泊位岸线长度外，还应设系缆桩和碰垫，由于集装箱船的船型较大，甲板箱较多，横向受风面积大，所以集装箱泊位的系缆桩要求有很高的强度，碰垫也多采用性能优良的橡胶制成。

2. 码头前沿

码头前沿是指泊位岸线至堆场的这部分区域，主要供布置岸边式集装箱起重机及其轨道和集装箱牵引车通道，如福州新港国际集装箱码头配备了超巴拿马型岸边式集装箱起重机16台。

集装箱码头前沿的宽度通常由三个部分组成，如图1－4－2所示。

① 从岸线至第一条轨道。这部分的面积主要供船舶系解缆作业、放置舷梯以及设置装卸桥供电系统、船舶供水系统以及照明系统，其宽度为2～3米。

② 岸边式集装箱起重机轨距。这部分面积主要用于安装岸边式集装箱起重机和布置集装箱牵引车的车道。轨距视岸边式集装箱起重机的大小而定，一般为15～30米。轨距内的车道宽度视装卸工艺而定，底盘车工艺和龙门吊工艺每车道宽3.5米（2.5米车宽＋1米余量），由于岸边式集装箱起重机在结构上有一部分空出在轨距之间，故16米轨距可布置3条车道，30米轨距可布置7条车道。

③ 第二根轨道至堆场的距离。这部分面积是装卸时辅助作业和车辆90度转弯进入堆场之用，其宽度为10～25米。

3. 堆场

堆场是集装箱码头堆放集装箱的场地，为提高码头作业效率，堆场又可分为前方堆场和后方堆场两个部分，如图1－4－3所示。

图1－4－2　集装箱码头前沿

图1－4－3　集装箱码头堆场

（1）前方堆场

前方堆场位于码头前沿与后方堆场之间，主要用于出口集装箱或进口集装箱的临时堆放。其作用是在集装箱船舶到港前，按装船计划将出口集装箱集中堆放；卸船时按卸船计划将进口的集装箱临时堆放，以加快装卸船的作业效率。通常在前方堆场上按集装箱的尺寸预先在场地上用白线或黄线画出箱位，编上"场箱位号"，用于临时堆放集装箱。

(2) 后方堆场

后方堆场又称集装箱堆场，紧靠前方堆场，是进行集装箱交接、堆放和保管各种重箱、空箱以及安全检查箱的场所，是码头堆放集装箱的主要场所。按箱务管理和堆场作业要求，后方堆场通常还进一步分为重箱箱区、空箱箱区、冷藏箱箱区、特种箱箱区以及危险品箱箱区等。

集装箱码头堆场的主要作用是作为进口集装箱的短期堆放场所和出口集装箱的货物集中的场所，因此集装箱在码头堆场上不能长期堆存，否则就可能引起码头堆场的堵塞。通常码头企业会提供给进口集装箱一个很短的免费堆存期，如货主超过免费堆存期还没有提货，码头就会将集装箱疏运到港外的营业性堆场去。

4. 控制室

控制室又称中心控制室，简称"中控"，是集装箱码头各项生产作业的中枢，集指挥、监督、协调、控制于一体，是集装箱码头独有的重要的业务部门。由于现代集装箱码头多用计算机系统进行管理，控制室计算机与各部门、各作业现场以各装箱搬运机械的计算机终端通过有线或无线连接，成为码头各项作业信息的汇集和处理中心。对于尚未实现实时控制的集装箱码头，控制室可设在码头建筑的最高层，以便中控人员能环视整个码头的作业状况。

5. 道口

检查口俗称"道口"，又称闸口。是公路集装箱进出码头的必经之处，也是划分集装箱责任的分界点，同时还是处理进出口集装箱有关业务的重要部分，如箱体检验与交接、单证的审核与签发签收、进箱和提箱的堆场位置确定、进出码头集装箱的信息记录等。检查口设在码头的后方靠大门处，按业务需要可分为进场检查口和出场检查口，其集装箱牵引车车道数视集装箱码头的规模而定，如图 1-4-4 所示。

图 1-4-4 集装箱道口

6. 集装箱货运站（Container Freight Station，CFS）

集装箱货运站主要用于装箱和拆箱，承担集装箱码头的辅助功能。集装箱货运站通常设于码头的后方，其侧面靠近码头外接公路或铁路的区域，以方便货主的散件接运，同时又不对整个码头的主要作业造成影响。

7. 维修车间

维修车间是集装箱码头对集装箱专用机械设备以及集装箱进行检修和保养的部门。由于集装箱码头的特点，需要使专用机械设备经常保持良好的状态，以保证集装箱码头作业效率的充分发挥。

8. 集装箱清洗场

集装箱清洗场主要任务是对集装箱污物进行清扫、冲洗，以保证空箱符合使用要求。清洗场一般设在后方并配备多种清洗设施。

9. 码头办公楼

集装箱码头办公楼是集装箱码头行政、业务管理的大本营。目前已基本上实现了管理电子计算机化，最终目的是达到管理的自动化。

三、集装箱码头装卸机械与装卸工艺

（一）集装箱码头装卸机械

为了有效地提高集装箱码头的装卸效率，加速船、车、箱的周转，缩短其在港停留时间，集装箱码头必须配备高效专用机械设备，以实现装卸作业机械化。整个集装箱码头机械化系统包括装卸船的集装箱起重机械、集装箱码头的水平搬运机械、集装箱码头堆场作业机械及其他集装箱装卸机械等。

1. 装卸船的集装箱起重机械——岸边式集装箱起重机

现代化集装箱码头安装了码头前沿的岸边式集装箱起重机，如图1-4-5所示。岸边式集装箱起重机是一种用于集装箱船装卸作业高架移动式巨型起重机械，是现代化集装箱码头高效专业化装卸机械。该机械的上部设有向海侧外伸的活动式悬臂和向陆侧后伸的悬臂和平衡装置。当进行装卸船舶作业时，可以将海侧外伸悬臂放平，当装卸作业完毕时，再将悬臂吊起。为了便于船舶靠离码头，起重机海侧外伸悬臂可以仰俯。另外，起重机还装有集装箱专用吊具。

在装卸集装箱船作业时，岸边式集装箱起重机可沿着码头前沿的轨道往复行走，而起重机上的小车则沿着伸出的悬臂前后移动，并采用吊具将集装箱抓住，进行吊上和吊下作业。

图1-4-5 岸边式集装箱起重机

岸边式集装箱起重机主要技术参数包括起重量、速度、外伸悬臂仰俯时间、轨距、前伸距（外伸距）、后伸距（内伸距）、门架净高、轮压、装卸效率等。表1-4-1是我国上海振华港机（集团）公司生产的双40英尺集装箱起重机的主要技术参数。

表 1-4-1 双 40 英尺集装箱起重机的主要技术参数

参数名称		单位	参数
起重量	双吊具下	t	80
	单吊具下（吊两个 20 英尺箱）	t	61
	吊钩横梁下（单套起升机构）	t	71
速度	主起升	m/min	180
	起升满载	m/min	90
	小车	m/min	240
	大车	m/min	50
	仰俯时间	min	6.2
	前伸距	m	65
	后伸距	m	22
	轨距	m	30
起升高度	轨上	m	44.5
	轨下	m	16.8
	装卸效率	TEU/h	104

2. 集装箱码头的水平搬运机械

将岸边式集装箱起重机从船上卸到码头前沿的集装箱转移到码头堆场时，可采用集装箱牵引车和挂车、集装箱跨运车、集装箱叉车、集装箱正面吊运机等多种水平搬运机械。但一个集装箱码头采用一种水平搬运机械为宜。营运实践表明，年吞吐量在 50 000TEU 以上的集装箱码头，采用集装箱牵引车和挂车或集装箱跨运车的比较多。年吞吐量在 50 000TEU 以下的集装箱码头或多用途码头，多采用集装箱叉车或集装箱正面吊运机。

（1）集装箱牵引车和挂车（图 1-4-6 和图 1-4-7）

现代化集装箱码头前沿距离堆场较远，因此多选用集装箱牵引车和挂车来承担水平运输作业。其主要特点是，适用于 20 英尺和 40 英尺集装箱装运，在集装箱挂车上装有转锁插头，以便于集装箱的角配件紧固，避免受震使集装箱翻落。它运行效率高，设备简单，价格较便宜，营运成本低。

图 1-4-6 集装箱牵引车和挂车（一）

图 1-4-7 集装箱牵引车和挂车（二）

集装箱堆场水平搬运用牵引车的特点是：牵引力大，牵引鞍座为低台式，行驶速度较慢。集装箱码头堆场用的半挂车，它的集装箱固定装置比公路用挂车简单。其外形尺寸可不受国家对车辆限界规定的限制，堆场用的集装箱半挂车主要有平板式和骨架式两种。

骨架式半挂车又称底盘车，由底盘骨架构成，前后四角装有固定集装箱的角件。其自重轻，便于维修，被码头普遍采用。骨架式半挂车按其结构型式又可分为直架式和鹅颈式两种。直架式半挂车适合装运平底结构的集装箱；鹅颈式半挂车是专门为运输高度的集装箱而设计的，是目前码头使用最多的一种半挂车。由于多数国家将车辆高度限界规定在3.8米内，为使8英尺6英寸（2591毫米）高度的集装箱装在半挂车上的高度不超过3.80米，故将2591毫米高的集装箱的底部一端设计成凹槽型，而半挂车车架的鹅颈部分正好插入集装箱底部的凹槽中，并且在吊装40英尺集装箱时起到导向作用。

（2）集装箱跨运车（图1-4-8）

集装箱跨运车是用于码头前沿至堆场之间搬运集装箱的一种专用机械。集装箱跨运车在码头作业中具有以下性能特点：以门形车架跨在集装箱上，由装有集装箱吊具的液压升降系统将集装箱吊起，进行水平搬运；在堆场上可将集装箱堆码两三层高；具有更大的机动性，它既可在码头前沿与堆场之间单独进行搬运作业，也可与门式起重机和底盘车配合作业。该机的最大特点是机动性好，可一机多用，既可做码头前沿至堆场的水平运输，又可做堆场的堆码、搬运和装卸车作业。

图1-4-8 集装箱跨运车

3. 集装箱码头堆场作业机械

集装箱码头堆场作业，主要是集装箱堆码和翻箱作业。现代化的集装箱码头，其堆场作业多采用集装箱龙门起重机。集装箱龙门起重机可分为轮胎式和轨道式。

（1）轮胎式集装箱龙门起重机（Rubber-tyred Gantry Crane）

轮胎式集装箱龙门起重机（RTG）是最常见的集装箱堆场作业机械，它主要用于集装箱码头堆场的堆码及装卸底盘车作业，如图1-4-9所示。它由前后两片门框和底梁组成的门架，支承在充气轮胎上，其运行操纵采用机械液压装置或无线电感应系统，可在堆场上保持直线行走，也可以做90度直角转向，从一个堆场转移到另一个堆场。还可通过装有集装箱吊具的行走小车沿着门框横梁上的轨道行走，可从底盘车上装卸集装箱和进行堆码作业。

图1-4-9 轮胎式集装箱龙门起重机

该机主要特点是机动灵活,可从一个堆场转移到另一个堆场作业,可堆 3~4 层集装箱,提高了堆场面积利用率,并易于实现自动化作业。轮胎式集装箱龙门起重机需经常转场,在转场时轮胎要转过 90 度。这时轮胎在原地转动,在大的轮压下(通常大于 25 吨),轮胎的原地转向不只加大胎面磨损,也对轮胎内部的密封层和帘布层带来很大的应力,从而导致了轮胎的寿命降低。因此,主要缺点是自重大、轮压大、轮胎易磨损、造价也较高。为了延长轮胎式集装箱龙门起重机轮胎的使用寿命,新一代轮胎式集装箱龙门起重机使用大车转向液压顶升装置(图 1-4-10)。需转向时,油缸自动将整台轮胎式集装箱龙门起重机顶起,从而减小了轮胎的损伤,大大延长了轮胎的使用寿命。轮胎式龙门起重机适用于吞吐量较大的集装箱码头。

图 1-4-10　转向液压顶升装置

（2）轨道式龙门起重机（Rail Mounted Gantry Crane）

轨道式龙门起重机（RMG）是集装箱码头堆场进行堆码和装卸集装箱的专用机械,也可用于装卸铁路集装箱车辆和汽车列车。它由两片双悬臂的门架组成,两侧门腿用下横梁连接,支承在行走轮台上,可在轨道上行走。该机可堆 5~6 层集装箱,可跨多列集装箱及跨一个车道,因而,堆存能力高,堆场面积利用率高。它结构简单,操作容易,便于维修保养,易于实现单机自动化控制。主要缺点是因为要沿轨道运行,故灵活性较差;由于跨距大,对底层箱提取困难,常用于陆域不足且吞吐量大的集装箱码头。

4. 其他集装箱装卸机械

（1）集装箱叉车

集装箱叉车是集装箱码头常用的一种装卸搬运机械。集装箱叉车配备有供不同装卸条件使用的各种属具,如配有标准货叉的集装箱叉车（图 1-4-11）、配有从侧部起吊吊具的集装箱叉车（图 1-4-12）以及配有从顶部起吊的专用吊具的集装箱叉车（图 1-4-13）。根据作业对象,将集装箱叉车分为空箱叉车和重箱叉车。

图 1-4-11　集装箱叉车（一）

标准货叉集装箱叉车属于空箱叉车,主要用于装卸堆码 20 英尺的空集装箱,采用货叉插入 20 英尺集装箱叉槽举升,通常可将空箱堆码到 3~4 层。

侧部起吊集装箱叉车,又称为集装箱空箱堆高机,用于装卸堆码各种型号的空集装箱,通常可将空箱堆码到 5~7 层。

顶部起吊集装箱叉车属于重箱叉车,主要用于装卸堆码各种型号的重箱集装箱。该叉车所配备的集装箱吊具的框架四角装有 4 个与国际标准集装箱上部角配件相配合的旋转旋锁,以便可靠地起吊集装箱，通常可将重箱堆码到 5 层。

图 1-4-12　集装箱叉车（二）

图 1-4-13　集装箱叉车（三）

为保证集装箱作业的安全，必须根据集装箱箱型尺寸、额定重量、实际载重量、吊具的重量、所需堆码的层数等选取与之相适应的集装箱叉车。

集装箱叉车的主要优点是：作为装卸、搬运、堆码集装箱的一种专用机械，既适用于重箱作业，又适用于空箱作业；集装箱叉车购置费用较低，机动性强，使用范围广泛。其缺点是：作业通道的宽度需 14 米，占用通道面积大；集装箱只能按两列堆放，堆场利用率低；满载时前轴负荷和轮压较大，对堆场通道的承载能力要求高；液压部件多，完好率低，维修费用高；前方视线较差，驾驶操作人员容易疲劳，对集装箱的损坏率较高；只能用于短距离的搬运，合理搬运距离在 50 米左右。

（2）集装箱正面吊运机

集装箱正面吊运机是由集装箱叉车发展而来的一种集装箱专用装卸机械（图 1-4-14 和图 1-4-15）。集装箱正面吊运机的吊具可伸缩、在水平方向上左右旋转 120 度，吊臂为伸缩式的箱形结构，通过液压可俯仰伸缩，其上仰角度在 54～60 度，伸缩臂外伸时吊臂总长度可达 11～13 米，能方便地装卸各种规格的集装箱。吊运机前方没有门架，所以操作人员能获得最佳的视线。集装箱正面吊运机通过其吊臂，可在负载并行走时完成俯仰和伸缩的联合动作，这样既缩短了作业循环周期，又方便了操作，从而大大提高了作业效率。

图 1-4-14　集装箱正面吊运机（一）

图 1-4-15　集装箱正面吊运机（二）

该机主要优点是：机动性强，可一机多用，既可进行重箱堆码作业，又可以进行跨箱作业，也可进行短距离水平搬运（一般在50米以内）和装车作业，也适用于空箱作业。一般可将重箱堆码4~5层箱高，适用于集装箱码头，尤其在专门的集装箱堆场。

(3) 集装箱货运站使用的拆装箱机械

在集装箱货运站进行装拆箱作业，常用的机械主要有提升式低门架叉车、传动式装箱机、斜坡跳板和手推式搬运车等。

① 拆装箱叉车。

拆装箱叉车（图1-4-16和图1-4-17）主要用于集装箱的拆、装箱作业。选择拆装箱叉车应考虑集装箱箱内作业条件的限制。一般选择1.5~3.0吨低门架叉车。

图1-4-16 拆装箱叉车（一）　　　　图1-4-17 拆装箱叉车（二）

② 集装箱装箱机。

它是一种可伸缩的平面输送机械，外伸长度可达10米，一端伸入集装箱内，一端在集装箱门外。既可是皮带机，也可是链板机。在输送的两端都可以进行装货或卸货。

③ 斜坡跳板。

为使拆装箱叉车能安全顺利地进入底盘车上的集装箱内作业，专门设计了一种斜坡跳板的辅助设备。它结构简单，可根据作业需要进行设计制造。

④ 手推搬运车。

它属于人力或半人力的拆装箱搬运方式。在拆装箱作业量不大的货运站可采用这种作业办法。

(二) 集装箱码头装卸工艺

集装箱码头装卸工艺是指集装箱港口企业在生产过程中实现集装箱位移的方法或程序。集装箱装卸工艺决定码头装卸机械配备、码头的装卸生产作业组织、劳动定额和劳动生产率。码头经济效益综合评价也是以集装箱装卸工艺运行效果为基础的。

随着集装箱运输的发展及全球"集装箱化"的比重不断提高，船舶大型化及集装箱码头装卸作业高效化的势头相当明显，这就要求集装箱码头装卸工艺系统现代化和最优化。目前采用的集装箱码头装卸工艺主要有底盘车工艺系统、跨运车工艺系统、叉车工艺系统、正面吊运机工艺系统、龙门起重机工艺系统和混合工艺系统。

1. 底盘车工艺系统

本系统码头前沿装卸船由集装箱装卸桥作业。卸船时，由岸桥直接将集装箱卸到底盘车上，再由牵引车拖至堆场停放；装船时，由牵引车把装有集装箱的底盘车拖至堆场，装船时再拖至码头前沿装船。底盘车也可进行陆上水平运输。整个系统如图1-4-18所示。

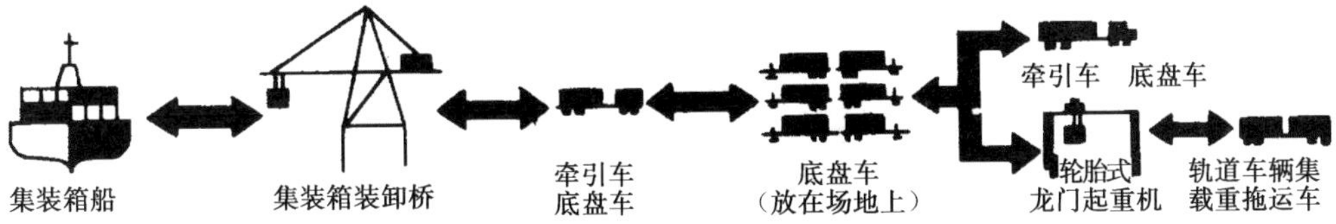

图 1-4-18 底盘车工艺系统示意图

这种方式在堆场上不需要其他辅助装卸机械,并把水平搬运与堆场堆码作业合二为一,最适合"门到门"运输。但这种方式要求较大堆场,所需底盘车数量大,投资大。在运量高峰期间,由于集装箱不能直接堆码,很可能会出现底盘车不足,而造成作业间断。

2. 跨运车工艺系统

本系统是一综合系统,码头前沿由集装箱装卸桥装卸船,水平运输、堆场堆码及装卸车均由跨运车完成,如图 1-4-19 所示。

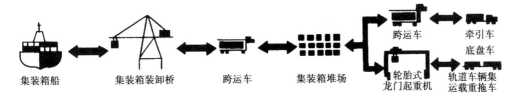

图 1-4-19 跨运车工艺系统示意图

跨运车系统的主要优点是:跨运车一机可以完成多项作业,减少机械配备,便于现场生产组织管理;跨运车机动灵活,作业中箱角对位快,可充分发挥装卸桥效率;跨运车既可搬运又可堆码,减少作业环节,作业效率高;相对底盘车系统,由于跨运车可堆码 2～3 个箱高,堆场利用较好。该系统的主要缺点是:机械结构复杂,液压部件多,且易损坏漏油,维护工作量大且技术要求高;初始投资大,堆场建造费用高。

3. 叉车工艺系统

本系统码头前沿采用岸桥装卸船舶,码头前沿与堆场间水平运输、堆场堆码箱和装卸车由叉车承担。

本系统的优点是:叉车通用性强,可适用多种作业,在机械寿命期内可以得到充分利用;司机和维修人员容易培训,存在的技术问题较少;相对大型机械,叉车价格便宜,初始投资少,装卸成本低。其缺点是:单机作业,效率较低;由于绝大多数 40 英尺集装箱不设叉槽,叉车不能作业,作业范围受到限制;叉车对堆场和路面要求高;作业中叉车叉齿对准叉槽较困难,易造成箱损、货损。

叉车系统主要适用于吞吐量小的小型码头。在较大集装箱码头,叉车只进行货运站摆重箱、回空箱作业,或在堆场装卸车。

4. 正面吊运机工艺系统

本系统码头前沿采用岸桥装卸船舶,码头前沿与堆场之间水平搬运、堆场堆码箱及装卸车作业由正面吊运机完成。

正面吊运机可以完成搬运、堆码、装卸车作业,减少了码头机械配备,便于机械维修保养。正面吊又可分为吊臂式、直臂式和靠臂式 3 种。前两种均设有吊具、吊臂、直臂,其中直臂可以升降、倾斜一定跨度，可以跨箱作业，一般可吊装 4 层箱高，有的可达 5 层箱高。相对叉车系统，它堆场利用率高，且作业灵活、方便，减少箱损、货损，并可一机多用。靠臂式正面吊运机，不设吊具，而靠直臂上端部的拆扣件抓取箱体上部内侧两个角配件，依靠直臂作业依托，进行堆码作业，这种正面吊运机只适用于 20 英尺集装箱。

正面吊运机的主要缺点是：正面吊运机只能跨越 1~2 个集装箱作业，作业范围小；作业中需较宽敞通道，堆场利用率较低，且对堆场、路面要求较高；单机作业效率低，需配备的机械台数较多，若多台机械同时作业，互相干扰，影响作业效率；正面吊造价较高；正面吊水平搬运作业，易发生故障。

正面吊运机系统，目前应用还不广泛，但在大中型集装箱码头，特别是在货运站堆场，进行摆重箱和回空箱作业中，其作用优于叉车系统。

5. 龙门起重机工艺系统

龙门起重机工艺系统按其行走方式的不同，可分为轮胎式龙门起重机工艺系统和轨道式龙门起重机工艺系统。

（1）轮胎式龙门起重机工艺系统

本系统装卸船由岸桥完成，轮胎式龙门起重机承担堆场堆码和装卸车作业，水平搬运则由集装箱底盘车完成，如图 1-4-20 所示。轮胎式龙门起重机可堆码集装箱 3~4 层高，一般可横跨 6 列集装箱和 1 列火车。轮胎式龙门起重机可以从一个堆存区移到另一个堆存区。

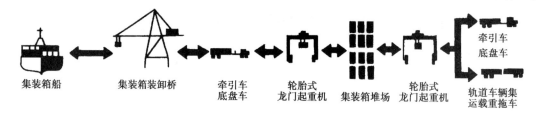

图 1-4-20 轮胎式龙门起重机工艺系统示意图

轮胎式龙门起重机工艺系统的优点是：可以有效地利用堆场；堆场建设费用相对较低；设备操作相对简单，设备维修和管理技术成熟；可采用直线行走自动控制装置实现行走轨迹自动控制；与计算机系统相连接，易于实现堆场作业自动化。该系统的缺点是：相对跨运车系统，灵活性不够，提箱作业比较困难，有时需倒箱作业。根据作业规范要求，1 台岸桥需配 4 台轮胎式龙门起重机，如再考虑维修，则需配 6 台，初始投资大；轮胎式龙门起重机，均采用内燃动力系统，设备维修量及能源消耗较大。

（2）轨道式龙门起重机工艺系统

轨道式龙门起重机工艺系统，如图 1-4-21 所示，跨距比轮胎式龙门起重机工艺系统更大，可横跨 14 列集装箱或更多，可堆码 4~5 层高集装箱。

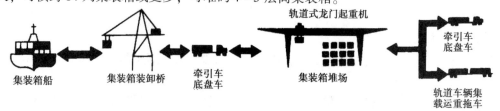

图 1-4-21 轨道式龙门起重机工艺系统示意图

此系统的优点是：堆场利用率高；机械结构相对简单，较易维修，作业可靠；电力驱动，节约能源，减少污染；可采用计算机控制，易于实现堆场作业自动化。其缺点是：由于只能沿轨道运行，作业范围受限制，机动性差；由于跨度大，装卸车、倒箱作业较困难；初始投资大且受电力供应影响。轨道式龙门起重机工艺系统，适用于堆场面积有限、电力供应有保证、集装箱吞吐量较大的码头。

6. 混合工艺系统

一些码头从经济性和装卸效能的角度出发，针对上述各系统存在的优缺点，结合自身情况，采用混合系统装卸工艺。第一个采用混合系统装卸工艺的鹿特丹港欧洲集装箱码头，具体采用的是跨运车—轨道式龙门起重机工艺系统。其主要特点是：

① 采用岸壁集装箱装卸桥装卸船。

② 进口集装箱的水平搬运、堆场堆码集装箱（可堆码3层箱高）和装卸车作业由跨运车完成。

③ 出口集装箱堆场到码头前沿水平搬运，由底盘车承担，堆场堆码集装箱及装卸车作业由轨道式龙门起重机完成。

混合工艺系统能够充分发挥各类系统装卸工艺的优点，扬长避短，使整个系统更加合理和不断完善。采用混合工艺系统必须具备高质量、高效运作的集装箱码头管理系统和信息系统。

四、集装箱码头堆场箱区划分及箱位编码方式

（一）集装箱码头堆场箱区的划分

集装箱码头堆场，不仅起到提供集装箱装卸场地作用，同时还起着集装箱储存、保管、交接和集疏运作用。对集装箱码头堆场基本要求：堆场分区合理，装卸便捷；保持周转通畅，有相对充裕的堆存能力和周转率；保证船舶正常装卸、准时靠离泊；集装箱进出有序，查找方便迅速，箱体动态跟踪信息准确实时等。同时，在安全方面，还要达到箱体堆放牢固，具有一定的防风、防洪、防汛、防盗的要求。合理安排箱区和箱位，不仅能减少翻箱率，减少桥吊等箱的时间，提高码头装卸速度，而且还能最大限度地提高码头堆场利用率和通过能力，降低码头生产成本。

一般来说，集装箱码头堆场可按集装箱的不同性质进行箱区的划分，堆场箱区可分为进口箱区、出口箱区、中转箱区、特种箱区、空箱区等。

1. 进口箱区

进口箱区主要是指进口重箱的存放周转场，以卸船存放、保管交付为用途，同时考虑到疏港作业的需要。在做整体布局规划时，一般不宜安排在码头前沿堆场，而应安排在码头中部或稍后的堆场，离前沿有合理距离。这样，一方面可以尽可能缩短卸船的水平运送距离，保障卸船的高效率；另一方面也考虑到疏港作业的需要，可以避免提货的集卡大量聚集前方堆场，可以减轻前沿堆场、道路、作业机械的压力。

2. 出口箱区

出口箱区主要指出口重箱的存放周转场，也叫"编组场"。和进口箱场相反，为方便出口重箱的集港，以及保障装船的高效率，出口箱区多安排在靠近码头前沿的前方堆场。编制集装箱进场计划时，一般是按航线、航班来安排相对集中的场位。同时，作为装船的编组

场，为更好地提高装船效率，在安排集装箱的摆放时，应按重量等级、出口目的港、箱门同向等不同的要求，进行具体严格的计划，以符合船舶配载的逆顺序要求。

3. 中转箱区

中转箱一般指以船—船交接为主的集装箱，中转箱在码头停留时间通常很短，并且不需要通过道口进出码头。为保障船舶的顺利装卸，有条件的码头，应设立专门的中转箱区作为缓冲区，位置可以在进口箱区与出口箱区之间，以方便卸船与装船时机械的综合利用。如果条件有所限制，可考虑在出口箱区辟出专区作为中转箱区。中转箱区应有一定的机动性，可以随时按照箱量的变化而调整，以适应码头的实际生产需要。

4. 特种箱区

这里所说的特种箱，指的是冷藏箱、危险品箱，装有超高或超长、超宽货物的框架集装箱或装有特殊货类的集装箱。此类集装箱有些需要配备特殊的堆场专用设施设备，有些需要特别的场地空间，甚至需要专人、专门技术管理，因此，特种箱区经常被按不同的箱类、货类划分为不同的堆场区域。

最常见的特种箱区有冷藏箱区、危险品箱区。冷藏箱区应配有专用的供电设备，如电源插座，插座可按箱子的叠放高度设计成层级式的插座架，供管理人员插、拔插头之用，同时供管理人员定时检查箱子制冷控温的设备运行状况，实施管理行为。

危险品箱区则一般配有喷淋装置及消防设施、防护围栏、执勤专岗等，满足高温季节降温、应急消防等管理要求。

以上两类箱区，由于设备设施专用，所以多为固定区域，专区专人专管。

放超高、超长、超宽等超限箱以及罐式集装箱的场区则一般没有设施上的特别要求，但堆叠时箱与箱之间需要有足够的距离空间，且必须保证不会因箱子的层叠或靠近而造成货物的碰擦受损，因此，箱子往往不能层叠，不能按正常标准箱的堆叠距离堆放。同时，在装卸该类箱子时，还需动用专门的起吊工具和变换吊索具，吊机通常不能直接按正常的起吊模式操作。因此，此类特种箱场的特点就是占用堆场地面面积较大，箱位的划分极具灵活性，可供随时调整。

5. 空箱区

空箱堆场一般安排在码头后方，堆场箱位可以宽于重箱堆场，堆箱高度可高于重箱堆场。由于码头通常难以实际掌控空箱存放的时间，为节省场地，最大限度地利用堆场资源，方便管理，空箱堆场可以按箱属堆存，但这样做的缺点是发箱时如果要挑指定用箱，往往需要大量的翻箱作业，消耗机械资源。空箱堆场在规划时，应该尽可能地控制箱位，不宜过宽，有条件的话预留通道，可以让机械双向取箱。

空箱在存放上，并不以进出口作为分区和管理的主要依据，除了应按不同箱属公司、不同箱型区别堆放外，还要按完好箱、污损箱分别堆放。

在安排码头堆场箱区时，原则上各箱区堆放哪一类箱是相对固定的，但也可以根据码头进出口箱的情况、实际堆存情况、船舶到港情况和船公司用箱情况等，适当调整各箱区的比例。如当某一期间内进口箱量大于出口箱量，码头箱务管理人员可将部分出口箱区调整为进口箱区；而当船舶集中到码头，出口重箱箱量又大大增加时，码头箱务管理人员可将部分进口箱区或部分空箱箱区调整为出口箱区。码头箱务管理人员应灵活使用该办法，特别是在船舶集中到港，进出口箱有较大的不平衡时，该办法可以在原有条件下最大限度地提高码头堆场的使用率和码头堆场的通过能力。

（二）集装箱码头堆场箱区的箱位编码方式

集装箱堆放在码头堆场，一般在场地上都要按照集装箱的箱型、尺寸预先画出标准区域，并用一组代码来表示其在堆场内的物理位置，这个位置就是堆场位置，即称"场箱位"，它是组成集装箱堆场的最小单元。在场箱位线端部标出编号，这种号码称作"场箱位号"。在一定区域或范围的箱位编上号码，这种号码又称作"场位号"。场位与场位之间留出适当间距，作为场地装卸机械和运输车辆通道，通道间距的大小，要视装卸工艺而决定。目前，我国绝大部分集装箱码头采用的是轮胎式龙门吊装卸工艺，该工艺系统相对应的是六列加一通道堆箱规则，即每个箱区的宽度为六列箱宽度再加上1条集卡车车道宽度。堆高层数视龙门吊的作业高度而定。目前，我国沿海港口基本采用堆4~5层高的堆箱规则。

场箱位由箱区、位（贝）、排、层组成，如图1-4-22、图1-4-23所示。

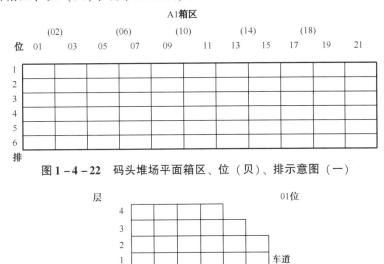

图1-4-22 码头堆场平面箱区、位（贝）、排示意图（一）

图1-4-23 码头堆场平面位（贝）、排、层示意图（二）

（1）箱区

箱区的编码分为两种：一种是用一个英文字母表示；另一种是由一个英文字母和一位阿拉伯数字组成，其中英文字母表示码头的泊位号，阿拉伯数字表示堆场从海侧到陆侧后方堆场的顺序号。国内码头普遍用一位字母和一位数字组合作为箱区的编码。

（2）位（贝）

一个箱区由若干个位组成，位（贝）的编码一般用两位阿拉伯数字表示，与集装箱船舶箱位（行）号表示类同，用奇数01，03，05，07，…表示20英尺箱的位（贝），用偶数02，06，10，14，…表示40英尺箱或45英尺箱的位（贝）。位（贝）数与堆场箱区的长度有关，而箱区的长度往往与泊位的长度或纵深相对应。

（3）排

用一位阿拉伯数字表示。排数宽度应视轮胎式龙门吊的跨度而定，一般轮胎式龙门吊的跨度为23.47米，其宽度可允许同时并排摆放6个TEU，这样箱区的排数就是六排。因此分别用数字1~6表示。

（4）层

用一位阿拉伯数字表示。堆箱层数视轮胎吊的高度而定。不同类型的轮胎吊系统，堆垛高度不相同，一般是 4 层或 5 层。

因此，集装箱的场箱位一般由"五位"或"六位"表示，如"A0333"表示该箱在 A 箱区 03 位（贝）第 3 排第 3 层；"A10333"则表示 A1 箱区 03 位（贝）第 3 排第 3 层。

当船舶装卸及陆域收发箱作业时，码头堆场业务员便可根据船舶配载图、堆场积载图、装卸船顺序表、场地收提箱顺序表等，并根据堆场箱位号上集装箱的堆存情况，编制生产计划。而堆场理货和场地机械司机，也可以根据这些编号，按照生产指令，到达指定的场位和箱位，正常有序进行生产作业。

（三）集装箱码头堆场的堆垛规则

① 重箱、空箱应分开场区堆放。
② 20 英尺、40 英尺、45 英尺分开箱位堆放。但如果确需混放时，20 英尺不能堆垛在 40 英尺、45 英尺箱顶上，但一个 40 英尺可以堆垛在两个纵向直放的 20 英尺上，要求上下箱子的角件接触处对应吻合。
③ 进口箱和出口箱、中转箱分场区堆放。
④ 重箱的堆垛高度应按堆场额定载荷测算推出，箱子总重量不能超过额定载荷。
⑤ 进出口重箱应尽可能按提单号集中在一个箱位。
⑥ 出口重箱按装船顺序在场区内分目的港、重量等级安排在同一排位、同一箱位。
⑦ 不同进出口航次的集装箱尽可能不放在同一箱位上。
⑧ 空箱分别按不同箱属公司、不同箱型尺码堆放，完好箱、污损箱分开堆放。

五、集装箱码头发展趋势

随着集装箱运输的发展，集装箱船舶向大型化不断迈进，也对集装箱码头设施和装卸服务提出新的要求。集装箱码头将在设施和服务方面出现以下改进。

"集装箱智慧物流平台"试运行

1. 泊位深水化

集装箱船舶大型化趋势带来的首要问题是深水港的建设。为满足船舶大型化的需求，世界各大港口都在加快规划建设新的集装箱码头或改建现有码头，以期通过扩大港口规模、浚深航道和港口水域，添置集装箱装卸作业设备，提高码头管理水平等举措，达到增强港口竞争力，吸引大型集装箱船舶挂靠的目的。

2. 装卸设备大型化，装卸工艺系统化

集装箱码头自出现之日起，就随着集装箱船舶大型化的发展而不断改进，装卸工艺也随之有了很大改进。集装箱船舶装卸桥随着船舶的大型化而大型化，码头布置日益规模化，码头向装卸工艺系统集成化和自动化方向前进。

以装卸桥为例，随着集装箱船载箱能力的提高，外伸距从装卸小巴拿马型船舶的 36 米增加到能装卸标准巴拿马型船的 44 米；1992—1993 年又出现了外伸距为 48 米的装卸桥，用于装卸宽度达 18 行集装箱的超巴拿马型集装箱船；继而，外伸距 60 米以上用于装卸超大型船舶的装卸桥很快被研发出来，如今这一伸距最大已达 67.5 米。

3. 港口集疏运设施现代化

现代化的港口应具有与港外地区、内陆腹地相连接的高标准公路、铁路和水路网络，使内陆货物的集散畅通无阻，形成四通八达的综合物流系统。

4. 码头泊位高效化

港口的发展方向，正从粗放型向集约型转变，各港务部门越来越重视提高港口内涵的扩大再生产。港口的发展将从追求泊位数量的增长向提高泊位效率的质量过渡。因此，专业化泊位将增加，泊位的科技进步贡献率将提高，从而使泊位的装卸效率和综合通过能力上升。

5. 港口生产信息化

港口作为交通运输的枢纽，既是货物集散中心，同时也是一个信息中心。信息技术提高了港口生产效率，保障了港口生产的安全。在信息充分的情况下，港口资源能得到最佳合理组合。信息技术的应用提高了港口服务的质量，促进了港口的专业化发展。

拓展阅读　全球最大的自动化码头上海港洋山深水港四期开港

2017年12月10日上午，全球规模最大的自动化码头——上海洋山深水港四期码头正式开港投入试生产，是全球单体最大的全自动码头，也是全球综合自动化程度最高的码头。

中国制造2025

洋山深水港是世界最大的海岛型人工深水港，也是上海国际航运中心建设的战略和枢纽型工程。洋山港工程一至三期现已完工，共有16个7万~15万吨级深水集装箱泊位，年集装箱吞吐量超过1 500万TEU的生产能力。10日开港的洋山港四期码头自2014年开始建设，可布置7个大型集装箱深水泊位，设计年通过能力初期为400万标准箱，远期为630万标准箱。目前，已完成调试的首批10台桥吊、40台轨道吊、50台自动导引车（AGV）将投入开港试生产。根据规划，洋山四期最终将配置26台桥吊、120台轨道吊、130台AGV。规模如此之大的自动化码头一次性建成投运堪称史无前例。

洋山四期也被称为"魔鬼码头"。这座无人的"魔鬼码头"相对于传统的集装箱码头，最大的特点是实现了码头集装箱装卸、水平运输、堆场装卸环节的全过程智能化的操作。整个码头和堆场内将不再有人，不仅岸桥不需要人驾驶，连集装箱卡车也不再需要，直接由自动运行的无人驾驶AGV小车把集装箱运到堆场，堆场的桥吊也是无人操作。原先的码头操作员全部转移到监控室，对着电脑屏幕就能完成全部作业。

在不远的将来，四期全自动化码头将达到40箱/小时，远超人工码头的作业效率，减少人工70%。此外，自动化码头还能24小时不间断作业，保证操作工人人身安全，工作环境也得到极大改善，而且电力驱动，节能环保。上港集团自主研发的码头智能生产管理控制系统（TOS系统）和振华重工自主研发的智能控制系统（ECS系统），两者组成了洋山四期码头的"大脑"与"神经"，指挥全自动化码头。这两套系统的研制与应用，让国内全自动化码头真正用上"中国芯"。

（文章来源：中国交通建设集团有限公司、中国建筑工程总公司）

拓展阅读　青岛港集装箱码头用高科技"大脑"玩转无人作业

青岛新前湾集装箱码头有限责任公司全自动化集装箱码头在2017年5月11日正式投入商业运营，是亚洲第一个真正意义的全自动码头。青岛港全自动化集装箱码头总共规划了6个泊位，分三期建设，目前一期建设的两个泊位已投产运作，运转效果良好；二期建设已于2018年6月启动，计划历时一年半建成，预计在今年底投产。此外，三期的两个泊位建设也已同步启动。目前，青岛港自动化码头的平均单机效率已达到36.1自然箱/小时，并达到了43.23集装箱/小时的最高世界纪录。

青岛港介绍　　亚洲首个全自动化集装箱码头在青岛港投用

据了解，青岛港全自动化码头采用物联网感知、通信导航、模糊控制、信息网络、大数据云计算和安全防范等技术，融合了码头操作系统 TOS、设备控制系统 ECS、闸口控制系统 GOS、电子数据交换系统 EDI 和网站预约查询系统"五大系统",自主构建起全球领先的智能生产控制系统,为码头赋予了一颗会思考的"大脑"。后台指挥室系统具备自动配载、智能设备调度、自动堆场管理及自动闸口、业务处理等功能,可以统筹协调上百个生产要素,作出生产计划策略及作业任务序列。

自动化码头的引领者

两年来,青岛港自动化码头团队不断优化升级生产系统,软件系统累计完成升级 80 次,优化功能 847 项,新增双吊具卸箱、轨道吊重进重出、闸口车队智能管理等功能,不断优化 AGV 路径智能算法,增加 AGV 大距离斜行和 U 形弯路径,持续升级自动化码头的信息系统,完善设备技术性能、提升码头生产效率。目前,青岛港自动化集装箱码头已完成了基于 5G 连接的自动岸桥吊车的控制操作,实现了通过无线网络抓取和运输集装箱。这是全球首例在实际生产环境下的 5G 远程吊车操作。

青岛港当前正在加快构建智慧港口建设顶层设计,打造数字时代智能生产新样板,共建共享共用港航物流生态圈,打造一个更加智能、更加注重用户体验的世界一流海洋港口。

(根据光明网青岛黎梦竹记者 2019 年 7 月 17 日文章整理)

> **思考与练习**
> 1. 什么是集装箱码头?集装箱码头有何功能?
> 2. 简述集装箱码头的特点。
> 3. 简述集装箱码头的基本要求。
> 4. 简述集装箱码头的基本布局。
> 5. 简述集装箱码头装卸机械的种类和作用。
> 6. 简述集装箱码头的装卸工艺。
> 7. 简述集装箱码头箱区的分类。
> 8. 简述集装箱码头堆场箱区的箱位编码方式。
> 9. 简述集装箱码头发展趋势。

思政园地:中国制造的重大意义

任务五　集装箱班轮公司和运输航线

任务目标

熟悉集装箱班轮公司的基本情况;熟悉海上集装箱运输航线的类型;熟悉集装箱班轮公司船期表的有关内容以及对班轮公司的管理。

引　例

美国海陆公司——开辟集装箱海上运输的先驱者

集装箱海上运输,是指采用集装箱船舶将装载的集装箱货物经由海上从一个港口至另一个港口的运输。美国海陆公司是开辟海上集装箱运输的先驱。该公司原来是经营陆上卡车运输的企业,1956 年 4 月改装了航行于纽约—休斯敦航线 T2 型油船"马科斯顿"号,在该油船的甲板上设计了平台架，用于装载集装箱，开展海上集装箱运输。3个月营运实践证明，每吨货物的装卸费可从5.83美元降至0.15美元，仅是原来的1/37。

由于采用海上集装箱船舶运输取得了很好的营运效果，海陆公司便下定决心扩大海上集装箱运输规模。他们又将C-2型货船改装成配备有集装箱吊机的拖车船，将集装箱装载在拖车上进行运输。1957年10月，该公司向波多黎各派船，开展集装箱运输，其优越性充分体现了出来。为此该公司的名称更名为海陆联运公司（Sea-Land Service, Inc.）。1961年5月，海陆公司又开辟和经营纽约—洛杉矶航线以及纽约—圣弗兰西斯科航线的集装箱运输。该航运公司经营美国东、西海岸的集装箱运输船舶，是经由巴拿马运河的。

海陆公司决定扩大海上集装箱运输规模，并采用全集装箱船运输。经由巴拿马运河营运于北美东、西两岸航线上的第一艘集装箱船，是"伊丽莎白港"号集装箱船。这艘集装箱船装载了35英尺的集装箱475个，并将这些集装箱放置于装载在船上的拖车上，从纽约港开出到达太平洋岸航行了18天，在太平洋岸港口只花了一天时间就将这艘船舶的集装箱卸载完毕，随后这艘集装箱船驶向东海岸，取得了良好的经济效益。接着，海陆公司又开辟了美国东海岸至阿拉斯加集装箱线。在巩固和发展美国海上集装箱上，1966年4月海陆公司冲出国门，开辟了美国至欧洲的北大西洋国际集装箱航线。从此，海上国际集装箱运输影响超出国界，世界各主要海运国家和地区相继开办了海上国际集装箱运输业务。

问题一：为什么说美国海陆公司是开辟集装箱海上运输的先驱者？
问题二：简述集装箱海上运输的发展。

一、全球主要集装箱班轮公司基本情况

（一）全球集装箱班轮公司排名情况

船舶大型化主要是为了减少海上航行的单位舱位成本，因此各集装箱班轮公司在船舶大型化方面竞争激烈。在这方面，马士基一直引领着整个集装箱航运业的发展，马士基每一次采取影响业界的重大行动都是为了保卫和扩大其市场份额。各集装箱班轮公司为提高企业的竞争力，也不断提高自己公司船队的运力水平，运力排行榜体现了各集装箱班轮公司的实力。

根据法国航运咨询网站Alpaliner的数据，截至2019年7月1日，世界集装箱班轮公司前三强的依次是马士基航运、地中海航运、中远海运集团，这三大班轮公司总运力占市场份额的45.4%。位列排行榜第四至第十的分别是达飞轮船、赫伯罗特、海洋网联、长荣海运、阳明海运、现代商船、太平船务；位列第十一至二十位的分别是以星航运、万海航运、高丽海运、伊朗国航、安通控股、中谷物流、新加坡X-press、海丰国际、森罗商船、德翔航运。全球集装箱班轮公司船队运力20强排行榜见表1-5-1。

表1-5-1 全球集装箱班轮公司船队运力20强排行榜

排名	承运人中文名称	承运人英文名称	承运人简称	国家/地区
1	马士基航运有限公司	MAERSK（SEALAND）SHIPPING CO., LTD.	马士基航运（MAERSK）	丹麦
2	地中海航运公司	MEDITERRANEAN SHIPPING COMPANY S. A.	地中海航运（MSC）	瑞士

续表

排名	承运人中文名称	承运人英文名称	承运人简称	国家/地区
3	中远海运集装箱运输有限公司	COSCO SHIPPING LINES CO., LTD.	中远海运集运（COSCO SHIPPING）	中国
4	法国达飞海运集团	CMA CGM S. A.	达飞（CMA）	法国
5	赫伯罗特货柜航运公司	HAPAG – LLOYD CONTAINER LINE	赫伯罗特（HAPAG – LLOYD）	德国
6	海洋网联船务有限公司	OCEAN NETWORK EXPRESS	ONE	日本
7	长荣海运股份有限公司	EVERGREEN MARINE CORP. (TAIWAN) LTD.	长荣（EVERGREEN）	中国台湾
8	阳明海运股份有限公司	YANG MING MARINE TRANSPORT CORP.	阳明海运（YANG MING）	中国台湾
9	现代商船株式会社	HYUNDAI MERCHANT MARINE CO., LTD.	现代商船（HMM）	韩国
10	太平船务有限公司	PACIFIC INTERNATIONAL LINES (PTE) LTD.	太平船务（PIL）	新加坡
11	以星综合航运有限公司	ZIM INTEGRATED SHIPPING SERVICES LTD.	以星航运（ZIM）	以色列
12	万海航运股份有限公司	WAN HAI LINES LTD.	万海航运（WAN HAI）	中国台湾
13	高丽海运株式会社	KOREA MARINE TRANSPORT CO., LTD.	高丽海运（KMTC）	韩国
14	伊朗伊斯兰共和国航运公司	ISLAMIC REPUBLIC OF IRAN SHIPPING LINES	伊朗国航（IRISL）	伊朗
15	安通控股股份有限公司	ANTONG HOLDINGS CO., LTD.	安通控股（QASC）	中国
16	中谷物流股份有限公司	ZHONGGU LOGISTICS CORP.	中谷物流	中国
17	X – Press Feeders Group	X – Press Feeders Group	新加坡 X – press	新加坡
18	海丰国际控股有限公司	SITC INTERNATIONAL HOLDINGS CO., LTD.	海丰国际（SITC）	中国
19	韩国森罗商船株式会社	SM LINE CORP	森罗商船（SM Line）	韩国
20	德翔航运有限公司	T. S. LINES LTD.	德翔航运（TS Lines）	中国台湾

（二）主要集装箱班轮公司基本情况

1. 马士基航运（MAERSK）

马士基航运（MAERSK）成立于 1928 年，是 A. P. 穆勒 – 马士基集团旗下的一个最大的子公司，也是世界上最大的集装箱航运公司，集团总部位于丹麦首都哥本哈根，其公司的Logo如图1-5-1所示。

1999年7月，A. P. 穆勒集团和美国CSX达成协议，马士基斥资8亿美元收购CSX集团（美国）的下属成员、全球排名第二位的海陆国际集装箱运输公司（Sea-land），称马士基航运公司，奠定了马士基航运排名第一的地位。

2005年5月，马士基航运又以2.3亿欧元的价格并购了当时全球排名第三的班轮公司P&O Nedlloyd（铁行渣华），成就了全球航运业有史以来最大的一次收购案，在航运业内外引起了很大的震撼。目前，公司运力为4 149 513 TEU，占世界集装箱航运市场的18%，是航运业无可比拟的"巨无霸"。

2. 地中海航运公司（MSC）

地中海航运公司成立于1970年，总部设在瑞士日内瓦，其公司Logo如图1-5-2所示。20世纪70年代，地中海航运公司专注发展非洲及地中海之间的航运服务。至1985年，其业务拓展到欧洲，其后更开办泛大西洋航线。地中海航运公司在20世纪90年代踏足远东地区，并且迅速在远东地区航线领域占有重要的地位。1999年，地中海航运公司的泛太平洋航线正式起航。如今，它的航线业务遍布世界各地。目前，公司运力为3 424 440 TEU，占世界集装箱航运市场的14.8%。

图1-5-1 马士基公司

图1-5-2 地中海航运公司

3. 中远海运集装箱运输有限公司（COSCO SHIPPING）

中远海运集装箱运输有限公司，简称中远海运集运，是一家专门从事国际、国内集装箱班轮运输及其相关产业服务的企业。总部设在中国上海。它的前身是1997年11月11日成立的"中远集装箱运输有限公司"。中远海运集运隶属于中国远洋海运集团有限公司，由原中远集团旗下"中远集运"整合原中海集团旗下"中海集运"的集装箱业务及其服务网络组建而成。新集运于2016年3月1日正式运营。公司Logo如图1-5-3所示。

重组后的中远海运集运经营规模进一步扩大，行业地位进一步巩固，服务网络进一步完善。截至2018年年底，公司共经营362条航线，其中228条国际航线（含国际支线）、47条中国沿海航线及87条珠江三角洲和长江支线。公司所经营的船舶，在全球约100个国家和地区的329个港口挂靠。

图1-5-3 中远海运集运

按照经营需要，中远海运集运在中国大陆设大连、天津、青岛、上海、宁波、厦门、华南、海南、武汉等9个口岸分部；在欧洲、北美、东南亚、西亚、南美、澳洲、日本、韩国、非洲设 9 个海外分部。境内、境外营销服务网点 400 余家。目前，公司运力为 2 906 211 TEU，占世界集装箱航运市场的 12.6%，集装箱船队规模世界排名第三、亚洲第一。

4. 法国达飞海运集团（CMA – CGM）

达飞海运集团始建于 1978 年，总部设在法国马赛，其集团 Logo 如图 1 – 5 – 4 所示。经营初期主要承接黑海地区业务，进入 20 世纪 90 年代后期，达飞集团不仅开通地中海至北欧、红海、东南亚、东亚的直达航线，还分别于 1996 年、1999 年成功收购了法国最大的国营船公司——法国国家航运公司（CGM）和澳大利亚国家航运公司（ANL），正式更名为"CMA – CGM"。目前，公司运力为 2 689 355 TEU，占世界集装箱航运市场的 11.6%。

图 1 – 5 – 4　达飞海运集团

5. 赫伯罗特货柜航运公司（HAPAG-LLOYD）

赫伯罗特货柜航运公司是德国一家从事运输及物流业务的股份公司，总部设于汉堡。它成立于 1970 年，由两家在 19 世纪便开始运营的公司合并而成：1847 年创建的赫伯和 1856 年创建的罗特。赫伯罗特在 1998 年被途易收购，并在 2002 年成为其全资子公司，公司 Logo 如图 1 – 5 – 5 所示。目前，公司运力为 1 688 609 TEU，占世界集装箱航运市场的 7.3%。

6. 海洋网联船务有限公司（ONE）

海洋网联船务有限公司成立于 2017 年 7 月，是由商船三井（MOSK）、日本邮轮（NYK）以及川崎汽船（K – LINE）这三家日本船商整合而成，2018 年 4 月 1 日正式运营。公司 Logo 如图 1 – 5 – 6 所示。自 2017 年 4 月起，商船三井、日本邮轮以及川崎汽船，就与阳明海运、赫伯罗特组成"THE ALLIANCE"联盟，提升航线覆盖率。而海洋网联成立后将继续为该联盟提供服务，并且还将拓展亚洲、拉丁美洲和非洲地区的运输。海洋网联还将进一步扩大亚洲、北美洲、欧洲、地中海和中东的港口数量，并计划增加直航服务的覆盖面。目前，公司运力为 1 539 835 TEU，占世界集装箱航运市场的 6.7%。

图 1 – 5 – 5　赫伯罗特　　　　　　　　　图 1 – 5 – 6　海洋网联船务

7. 长荣海运股份有限公司（EVERGREEN）

长荣海运，创立1968年9月1日，总部位于中国台北。公司Logo如图1-5-7所示。公司成立之初，仅以一艘20年船龄的杂货船刻苦经营，虽创业维艰，但始终坚持经营定期航线货运服务。长荣海运取得了令人惊讶的优异成绩，一度位列世界第二大集装箱运输公司。目前，公司运力为1 286 105 TEU，占世界集装箱航运市场的5.6%。

8. 阳明海运股份有限公司（YANG MING）

阳明海运，成立于1972年12月28日，总公司设立于中国台湾基隆。公司Logo如图1-5-8所示。国际定期集装箱运输航线网遍及亚洲、欧洲、美洲、大洋洲、非洲。目前，公司运力为647 474 TEU，占世界集装箱航运市场的5.6%。

图1-5-7 长荣海运

图1-5-8 阳明海运

9. 现代商船株式会社（HMM）

现代商船，成立于1976年，总部位于韩国首尔，是韩国最大的集装箱运输公司，也是世界上顶级海运公司之一。现代商船拥有超过100艘先进的船舶、各种物流设施、跨越世界各地的港口网络以及业界领先的IT系统，引领着全球的航运市场。2019年5月20日，现代商船宣布将在全球范围内推出全新的企业形象系统，传递成为全球顶级航运公司的新承诺。公司Logo如图1-5-9所示。

10. 太平船务有限公司（PIL）

太平船务有限公司由张允中先生于1967年在新加坡成立，公司Logo如图1-5-10所示。公司成立之初，以经营区域性的散杂货运输为主，从1983年起，首次推出了集装箱运输服务，现已由一家散货运输公司发展成为亚洲最大的船公司之一，跻身全球集装箱班轮公司综合实力20强之列。

图1-5-9 现代商船

图1-5-10 太平船务

二、集装箱班轮公司开辟的海运航线

海运航线表示船舶在两个或多个港口之间从事货物运输的线路。海运航线按其不同的要求分为国际大洋航线、地区性的国际航线和沿海航线。自1956年4月美国海陆公司开辟纽约—休斯敦集装箱航线至今，海上集装箱船舶运输航线已经有近60年的历史。由于国际集装箱运输的迅速发展，集装箱运输航线也逐渐成为全球性的国际航线，为了适应多种集装箱运输的需要，集装箱航线的类型也变得多样化。世界上主要的集装箱运输航线已达40多条，集装箱运输的航线可分为干线运输航线、支线运输航线、环球航线以及陆桥运输等。

（一）干线运输

干线运输指用大型集装箱船舶，在集装箱枢纽港之间载运集装箱的远距离（跨越海洋）运输，是海上集装箱运输的主体。其主要特点是：运程长，船舶大型化、高速化，适箱货源量大且较稳定；航线上的集装箱港口码头配备有数量足够的超巴拿马型集装箱装卸桥及其他配套的高效机械设施，集装箱码头管理现代化。

目前，世界主要集装箱运输干线有远东—北美航线、远东—地中海和欧洲航线、北美—欧洲和地中海航线三大航线，构成全球范围集装箱运输网络的主干线。

1. 远东—北美航线

远东—北美航线实际上可分为两条航线，即一条为远东—北美西岸航线，另一条为远东—北美东岸、海湾航线。

（1）远东—北美西岸航线

远东—北美航线指东南亚国家、中国、东北亚国家各港，沿大圆航线横渡北太平洋至美、加西海岸各港。该航线随季节也有波动，一般夏季偏北、冬季南移，以避北太平洋的海雾和风暴。本航线是战后货运量增长最快、货运量最大的航线之一。

远东—北美西岸航线主要由远东—加利福尼亚航线和远东—西雅图、温哥华航线组成。其涉及港口主要有亚洲的高雄、釜山、上海、香港、东京、神户、横滨等港口，和北美西岸的长滩、洛杉矶、西雅图、塔科马、奥克兰和温哥华港。

长荣海运开辟了China—South U. S. West Coast—China Service（CPS）航线，航线挂靠：青岛（QINGDAO）—连云港（LIANYUNGANG）—上海（SHANGHAI）—宁波（NINGBO）—釜山（PUSAN）—洛杉矶（LOSANGELES）—奥克兰（OAKLAND）。

中海集运开辟了美西一线（AAS），航线挂靠：高雄—厦门—香港—盐田—洛杉矶—奥克兰—高雄。

（2）远东—北美东岸、海湾航线

此航线不仅要横渡北太平洋，还越过巴拿马运河，因此一般偏南，横渡大洋的距离也较长，本航线也是太平洋货运量最大的航线之一。

中海集运开辟了美东四线（AAE4），航线挂靠：釜山—青岛—上海—宁波—查尔斯顿—纽约—釜山。

2. 远东—地中海和欧洲航线

远东—欧洲、地中海航线，也被称为欧地线。该航线大多是经马六甲海峡往西，经苏伊士运河至地中海、西北欧的运输，也可分为远东—欧洲和远东—地中海两条航线。本航线是一条远程航线，多数采用大型高速集装箱船运营，航线货运也较繁忙。

（1）远东—欧洲航线

远东—欧洲航线是 1879 年由英国 4 家船公司开辟的世界最古老的定期航线。欧洲地区涉及的主要港口有：荷兰的鹿特丹港，德国的汉堡港、不来梅港，比利时的安特卫普港和英国的费利克斯托港。

中海集运开辟了欧洲二线（AEX2）航线，航线挂靠：青岛—上海—宁波—厦门—盐田—丹戎帕拉帕斯—巴生—汉堡—鹿特丹—安特卫普—丹戎帕拉帕斯—青岛。

（2）远东—地中海两条航线

远东—地中海航线是 1972 年 10 月开始集装箱运输的，其地中海地区主要涉及的港口有位于西班牙南部的阿尔赫西拉斯、意大利的焦亚陶罗和位于地中海的中央、马耳他岛的南端的马尔萨什洛克港。

中海集运开辟了地中海一线（AMX1）航线，航线挂靠：青岛—上海—宁波—蛇口—巴生—塞德港—拉斯佩齐亚—热那亚—巴塞罗那—福斯—瓦伦西亚—塞德港—吉达—豪尔法坎—巴生。

3. 北美—欧洲、地中海航线

北美—欧洲、地中海航线，也被称为跨大西洋航线。该航线实际包括三条航线：北美东岸、海湾—欧洲航线，北美东岸、海湾—地中海航线和北美西岸—欧洲、地中海航线。

中海集运开辟了大西洋一线（MAX），往返北美和欧洲、地中海，航线挂靠：海法—里窝那—热那亚—塔拉戈纳—哈利法克斯—纽约—萨凡纳—金斯敦—萨维那—纽约—哈利法克斯—塔拉戈纳—海法。

（二）支线运输

支线运输是指用小型集装箱船，在内河、沿海等地小港口之间以及与集装箱枢纽港之间载运集装箱的短程运输方式。对于集装箱支线运输，它起到集装箱集散运输的作用，可节约港口投资和开支，保证干线运输有充足的货源，可减少大型船舶的挂港次数，节省了运输时间。因此，在全球集装箱化的进程中，发展支线运输网络，建设配套的支线船队，也是极为重要的环节。

如美国总统轮船公司使用装载 3 500 TEU 的船舶"Apl Denver"在中国北方港口大连、天津新港与韩国釜山港之间开展专门的支线运输。

（三）环球运输

环球运输类似干线运输，即用大型集装箱船舶，在集装箱枢纽港之间载运集装箱的环绕地球运输方式。

环球航线分东行线和西行线两条航线，都从东亚开始出发。西行线为：太平洋—印度洋—苏伊士运河—地中海—大西洋—巴拿马运河—太平洋，东行线则反向而行。每隔 7 天对开一班，航次时间为 80 天。

（四）陆桥运输

陆桥运输是指一种利用横跨大陆的铁路，把海与海连接起来的一种集装箱运输方式，它也是多式联运中的一种方式。陆桥运输的主要优点在于缩短了运输距离，节省运输时间，因而具有较大的吸引力。大陆桥运输起始于20世纪50年代初期。世界著名的陆桥运输线有北美大陆桥、北美小陆桥、北美微陆桥、西伯利亚大陆桥、新亚欧大陆桥、南亚大陆桥以及南美大陆桥等（该部分的详细内容多式联运有关内容叙述）

全球集装箱班轮公司开辟的集装箱海运航线，除了上述主要干线，还开辟了其他的航线，如中海集运开辟的航线就包括了美洲线、欧洲线、地中海线、大西洋航线、非洲线、澳洲线、中东线以及内贸航线。中海集装箱班轮航线发展到目前已拥有内外贸干支线80余条，航线服务范围覆盖整个中国沿海、亚洲、欧洲、美洲、非洲、波斯湾等全球各主要贸易区域。内贸航线自1997年3月开辟以来，经过11年的迅速发展，现投入的内贸集装箱运输船舶40余艘，总箱位超过8万TEU，市场占有率常年保持在40%以上。

三、集装箱班轮公司班轮船期表

（一）班轮船期表的作用和主要内容

班轮船期表（Shipment Link Sailing Schedules）是班轮运输营运组织工作中的一项重要内容。班轮公司制定并颁布班轮船期表的作用主要是：为了招揽航线途径港口的货载，既为满足货主的要求，又体现海运服务的质量；有利于船舶、港口和货物及时衔接，以便船舶有可能在挂靠港口的短暂时间内取得尽可能高的工作效率；有利于提高船公司航线经营的计划质量。

班轮船期表主要内容包括：航线，船名，航次编号，始发港、中途港、终点港的港名，到达和驶离各港的时间，其他有关注意事项等。表1-5-2是长荣海运根据所开辟的China - South U. S. West Coast - China Service（CPS）航线制定的班轮船期表。

表1-5-2 长荣海运航运班轮船期表

China - South U. S. West Coast - China Service（CPS）

		QINGDAO	LIANYUN-GANG	SHANGHAI	NINGBO	PUSAN	LOSANG-ELES	OAKLAND
CSCL ZEEBRUGGE 0081E	ARR DEP	07/01 07/02	07/03 07/03	07/06 07/07	07/08 07/08	07/10 07/10	07/20 07/23	07/24 07/25
XIN HONGKONG 0080E	ARR DEP	07/09 07/11	07/10 07/11	07/13 07/14	07/15 07/16	07/17 07/17	07/27 07/30	07/31 08/01
CSCL PUSAN 0095E	ARR DEP	07/15 07/16	07/16 07/17	07/19 07/21	07/22 07/23	07/24 07/25	08/03 08/06	08/07 08/09
NORTHERN JUSTICE 0002E	ARR DEP	07/22 07/23	07/24 07/24	07/26 07/28	07/29 07/29	07/31 07/31	08/10 08/13	08/14 08/15
XIN LOSANGELES 0095E	ARR DEP	07/29 07/30	07/30 07/31	08/02 08/03	08/05 08/05	08/07 08/07	08/17 08/20	08/21 08/22

续表

		QINGDAO	LIANYUN-GANG	SHANGHAI	NINGBO	PUSAN	LOS ANGELES	OAKLAND
CSCL LEHAVRE 0088E	ARR DEP	08/05 08/06	08/06 08/07	08/09 08/11	08/11 08/12	08/13 08/13	08/24 08/27	08/28 08/29
CSCL ZEEBRUGGE 0083E	ARR DEP	08/12 08/13	08/14 08/14	08/16 08/17	08/18 08/19	08/20 08/21	08/31 09/03	09/04 09/05
XIN YAZHOU 0080E	ARR DEP	08/20 08/20	08/21 08/21	08/23 08/25	08/25 08/26	08/27 08/28	09/07 09/10	09/11 09/12
XIN OUZHOU 0078E	ARR DEP	08/26 08/27	08/27 08/28	08/30 08/31	09/01 09/02	09/02 09/03	09/13 09/13	09/17 09/17
NORTHERN JUSTICE 0004E	ARR DEP	09/02 09/03	09/03 09/04	09/05 09/05	09/07 09/07	09/09 09/09	09/20 09/20	09/24 09/24
XIN MEIZHOU 0090E	ARR DEP	09/09 09/09	09/09 09/09	09/13 09/14	09/14 09/14	09/16 09/16	09/27 09/27	10/02 10/03
CSCL LEHAVRE 0090E	ARR DEP	09/16 09/16	09/16 09/16	09/20 09/21	09/21 09/21	09/23 09/23	10/05 10/08	10/09 10/10
XIN DAYANG ZHOU 0066E	ARR DEP	09/23 09/23	09/23 09/23	09/27 09/28	09/28 09/28	09/30 09/30	10/12 10/15	10/16 10/17
XIN YAZHOU 0082E	ARR DEP	09/30 09/30	09/30 09/30	10/04 10/06	10/06 10/07	10/08 10/09	10/19 10/22	10/23 10/24
XIN OUZHOU 0080E	ARR DEP	10/07 10/08	10/08 10/09	10/11 10/13	10/13 10/14	10/15 10/16	10/26 10/29	10/30 10/31
NORTHERN JUSTICE 0006E	ARR DEP	10/14 10/15	10/15 10/16	10/18 10/20	10/20 10/21	10/22 10/23	11/02 11/05	11/06 11/07
XIN MEIZHOU 0092E	ARR DEP	10/21 10/22	10/22 10/23	10/25 10/27	10/27 10/28	10/29 10/30	11/09 11/12	11/13 11/14
CSCL LEHAVRE 0092E	ARR DEP	10/28 10/29	10/29 10/30	11/01 11/03	11/03 11/04	11/05 11/06	11/16 11/19	11/20 11/21
XIN DAYANG ZHOU 0068E	ARR DEP	11/04 11/05	11/05 11/06	11/08 11/10	11/10 11/11	11/12 11/13	11/23 11/26	11/27 11/28

(二) 班轮船期表获得的途径

班轮公司船期表的具体信息可以通过各班轮公司的网站、船舶代理公司的网站、班轮公司船舶挂靠港口的集装箱码头公司网站获得，还可以从我国的《中国远洋航务公报》（*CHINA SHIPPING BULLETIN*），《航运交易公报》（*SHIPPING EXCHANGE BULLETIN*），《中国航务周刊》（*CHINA SHIPINING GAZETTE*）等报刊得到，因为班轮公司在各地的营业机构或船舶代理公司都会定期刊登班轮船期表。

(三) 班轮船期表的特点

各班轮公司根据具体情况，编制公布的船期表是有所差异的。通常，近洋班轮航线因航程短且挂港少，船公司能较好地掌握航区和挂靠港的条件以及港口装卸效率等实际状况，可以编制出时间准确的船期表，船舶可以严格按船期表规定时间运行。远洋班轮运输由于航线长、挂港多、航区气象海况复杂，船公司难以掌握航区、挂靠港、船舶在航线上运行可能发生的各种情况，在编制船期表时对船舶运行的时间必然会留有余地。由于集装箱运输具有速度快、装卸效率高、码头作业基本上不受天气影响等优点，因此集装箱班轮航线可以编制较为精确的船期表。

四、集装箱班轮公司的运输特点和管理要点

(一) 集装箱班轮公司的运输特点

根据班轮公司的运输能力，特别是船舶运力的情况，可分为从事远洋干线的集装箱班轮运输公司、从事近洋航线的集装箱班轮运输公司、从事沿海和内河支线的集装箱班轮运输公司。集装箱班轮公司运输的特点主要如下。

① 班轮运输最基本的特点是"四固定"，即具有固定航线、固定港口、固定船期和相对固定的运价。

从事班轮运输的船舶都是按照预先公布的船期营运的，货主可以依据船期表在预知抵离港时间（ETA、ETD）的基础上，组织安排货源。从事班轮运输的船舶又是在固定的航线上挂靠既定港口，从事货物运输服务的。此外，由于班轮运输是为众多货主提供服务，承运货物的种类繁多，因此承运人不可能随时就某一商品单独制定运价，因此班轮运输的船舶具有相对固定的运价且将保持一定时间。

② 承运人与货主之间在货物装船之前通常不书面签订具有详细条款的运输合同。除通常由承运人代理人签发提单外，还可以根据需要签发海运单。这些单证上记有详细的有关承运人、托运人或收货人的责任以及权利和义务的条款。

③ 在集装箱班轮运输中，通常承运人是在装货港集装箱堆场接收货物，并在卸货港集装箱堆场交付货物。拼箱货则有集拼经营人在装货港集装箱货运站接收货物，并在卸货港集装箱货运站交付货物。

④ 集装箱班轮公司一般负责包括装货、卸货和理舱在内的作业和费用，由于运输条款通常为CY/CY（堆场/堆场），所以班轮公司还理应负担堆场至船边或船边至堆场搬运作业的费用。

⑤ 承运人与货主之间不规定装卸时间，也不计算滞期费和速遣费。在堆场或货运站交接货物的情况下，会约定交接时间，而不规定装卸船时间；在船边交货或提取货物时，也仅约定托运人或收货人需按照船舶的装卸速度交货或提取货物，否则，货方应赔偿船方因降低装卸速度或中断装卸作业所造成的损失。

(二) 集装箱班轮公司的管理要点

1. 集装箱班轮公司经营资格

根据《中华人民共和国国际海运条例》规定，国际船舶运输经营者（包括集装箱班轮公司）经营进出中国港口的国际班轮运输业务，应当依照本条例的规定取得国际班轮运输

经营资格。未取得国际班轮运输经营资格的，不得从事国际班轮运输经营活动，不得对外公布班期、接受订舱。经营国际班轮运输业务，应当向国务院交通主管部门提出申请，并附送下列材料：

① 国际船舶运输经营者的名称、注册地、营业执照副本、主要出资人。
② 经营者的主要管理人员的姓名及其身份证明。
③ 运营船舶资料。
④ 拟开航的航线、班期及沿途停泊港口。
⑤ 运价本。
⑥ 提单、客票或者多式联运单证。

2. 集装箱班轮公司管理规定

① 取得国际班轮运输经营资格的国际船舶运输经营者，应当自取得资格之日起 180 日内开航；因不可抗力并经国务院交通主管部门同意，可以延期 90 日。逾期未开航的，国际班轮运输经营资格自期满之日起丧失。

② 新开、停开国际班轮运输航线，或者变更国际班轮运输船舶、班期的，应当提前 15 日予以公告，并应当自行为发生之日起 15 日内向国务院交通主管部门备案。

③ 经营国际班轮运输业务的国际船舶运输经营者的运价，应当按照规定格式向国务院交通主管部门备案。国务院交通主管部门应当指定专门机构受理运价备案。国际船舶运输经营者应当执行生效的备案运价。

④ 国际船舶运输经营者在与无船承运业务经营者订立协议运价时，应当确认无船承运业务经营者已依照本条例规定办理提单登记并交纳保证金。

⑤ 从事国际班轮运输的国际船舶运输经营者之间订立涉及中国港口的班轮公会协议、运营协议、运价协议等，应当自协议订立之日起 15 日内将协议副本向国务院交通主管部门备案。

⑥ 国际船舶运输经营者有下列情形之一的，应当在情形发生之日起 15 日内，向国务院交通主管部门备案：
- 终止经营。
- 减少运营船舶。
- 变更提单、客票或者多式联运单证。
- 在境外设立分支机构或者子公司经营国际船舶运输业务。
- 拥有的船舶在境外注册，悬挂外国旗。
- 国际船舶运输经营者增加运营船舶的，增加的运营船舶必须符合国家规定的安全技术标准，并应当于投入运营前 15 日内向国务院交通主管部门备案。国务院交通主管部门应当自收到备案材料之日起 3 日内出具备案证明文件。
- 国际船舶运输经营者之间的兼并、收购，其兼并、收购协议应当报国务院交通主管部门审核同意。
- 经营国际船舶运输业务在中国境内收取、代为收取运费以及其他相关费用，应当向付款人出具中国税务机关统一印制的发票。
- 外国国际船舶运输经营者不得经营中国港口之间的船舶运输业务，也不得利用租用的中国籍船舶或者舱位，或者以互换舱位等方式变相经营中国港口之间的船舶运输业务。

> 思考与练习
> 1. 简述世界二十大集装箱班轮公司。
> 2. 集装箱班轮公司开辟的航线种类有哪些?
> 3. 什么是班轮船期表? 班轮船期表的作用和主要内容是什么?
> 4. 集装箱班轮运输有哪些特点?
> 5. 简述集装箱班轮公司的管理要点。

任务六　集装箱船舶及配积载

任务目标

熟悉集装箱船舶的分类；熟悉集装箱船舶的特点；熟悉集装箱船舶的配积载的过程，看懂集装箱船舶配积载图。

引　例

全球最大集装箱船舶的记录不断被刷新

第十名："马士基·迈克－凯尼·穆勒"（MAERSK MC-KINNEY MOLLER）马士基第一代3E级集装箱船，18 340TEU。

2013年7月，全球航运巨头马士基航运公司的"马士基·迈克－凯尼·穆勒"号集装箱船正式出航。这是该轮7月15日开始下水后的首次航行，从韩国釜山港出发，投入亚欧航线的商业运营，首航上海洋山港，刷新了整个上海港靠泊世界超大型集装箱船运载箱量纪录。该轮船长398米，船宽58米，18 340TEU。被称为马士基第一代3E级集装箱船。3E级代表该系列船舶的三大特点：规模经济（Economy of scale）、能源效率（Energy efficiency）以及环境绩效（Environmentally improved），是当时世界上成本效益最高、能源最节省和对环境最友好的集装箱船系列。"马士基·迈克－凯尼·穆勒"号将在亚欧航线投入运营，挂靠港口依次为上海—宁波—盐田—香港—新加坡—马来西亚—丹克尔—鹿特丹—不来梅—格但斯克—奥胡斯—哥德堡。

第九名："巴尔赞"（Barzan）阿拉伯轮船集装箱船，18 800TEU。

2015年4月29日，韩国木浦现代三湖重工举办"巴尔赞"号命名仪式。"巴尔赞"号是阿拉伯联合国家轮船公司（UASC）订造的六艘18 800 TEU系列集装箱船的首制船，该系列的其余五艘姐妹船获得DNV GL的GAS READY船级符号。该船是阿拉伯轮船旗下船队中运力最大的船舶，船长400米，型宽58.68米，型深30.6米，设计吃水16米。部署在O3联盟亚欧线运营，航线沿途停靠青岛—上海—宁波—盐田—巴生港—鹿特丹—汉堡—费利克斯托。

第八名："中海环球"（CSCL GLOBE）中海集运集装箱船，19 100TEU。

2014年12月8日，集装箱船19 100TEU型"中海环球"轮首航上海。据了解，"中海环球"轮是中海集装箱运输股份有限公司向韩国现代船厂订造的5艘19 100TEU型集装箱船舶中的首制船，5艘船舶分别命名为"中海环球""中海北冰洋""中海大西洋""中海太平洋""中海印度洋"。该轮全长400米、宽近60米，设计吃水14.5米，服务航速23节。航线是天津、青岛、上海、宁波、盐田，到东南亚后，最终远航北欧。

第七名："地中海奥斯卡"（MSC OSCAR）地中海航运集装箱船，19 224TEU。

2015年1月8日，大宇造船海洋在玉浦造船厂举行了19 224TEU级集装箱船系列中第一艘船"地中海奥斯卡"号命名仪式。中国交通银行在2013年共计在大宇造船海洋订造了3艘19 224TEU集装箱船，"地中海奥斯卡"号为该系列集装箱船中的首艘，已经获得地中海航运长期租约合同。该船可装载19 224个集装箱，船长395.4米，宽59米。"地中海奥斯卡"轮在马士基航运和地中海航运共同打造的"2M联盟"亚欧线投用，所经港口包括釜山、青岛、上海、宁波、鹿特丹、安特卫普和其他港口。

第六名："地中海 戴安娜号"（MSC DIANA）地中海航运集装箱船，19 472TEU。

地中海航运公司的"地中海戴安娜"号长度为399.9米，宽度为58.8米，吃水深度为30.2米。这艘集装箱船的自重为197 708吨，载重量为19 472 TEU。该船于2016年由三星重工业建造，目前在利比里亚旗下登记并航行。"地中海戴安娜"系列总共有6艘，分别为"MSC DIANA""MSC INGY""MSC ELOANE""MSC MIRJAM""MSC LEANNE"，三星重工造，它们的船东为挪威的Ocean Yield ASA与Quantum Pacific Shipping合资公司。6艘船舶都长租给MSC15年。

第五名："商船三井成就"（MOL Triumph）商船三井集装箱船，20 170TEU。

2017年4月3日，当时全球最大、最先进的20170 TEU级集装箱船舶——"商船三井成就"轮顺利靠泊天津港太平洋国际集装箱码头。这是第一艘超20 000TEU的集装箱船，是该轮下水正式投入商业运营后在中国港口的首航。"商船三井成就"轮船长近400米、宽58米、高71米，能源效率、规模经济和环保性能处于世界顶尖水平。该航线从天津港出发，途径国内主要沿海港口后，驶往新加坡、苏伊士、丹吉尔、英国南安普顿、德国汉堡、荷兰鹿特丹、法国勒阿佛尔、迪拜等国内外主要港口，航线辐射东南亚、联通欧洲，为"21世纪海上丝绸之路"打通了一条海运运输通道。

第四名："马德里马士基"（MADRID MAERSK）马士基集装箱船，20 568TEU。

2017年4月27日，"马德里马士基"轮首航天津港，这是马士基航运首艘投入运营的第二代3E级集装箱船，长度为399米，宽度为58.8米，理论载箱量20 568 TEU，是目前投入运营的全球最大集装箱船。天津港是"马德里马士基"轮首航靠泊的第一个港口。"马德里马士基"轮是马士基航运订造的11艘第二批3E级集装箱船的第一艘，"马德里马士基"轮及其同型船将被投放到亚欧航线服务网络中。

第三名："中远海运宇宙"（COSCO SHIPPING UNIVERSE）是目前国内自主设计建造的最大集装箱船，21 237TEU。

2018年6月12日，由中船七○八所研发设计，上海江南长兴重工有限责任公司建造的21 000TEU级首制船"中远海运宇宙"号正式命名交付。"中远海运宇宙"号是七○八所为中国远洋海运集团有限公司设计的，是目前国内自主设计建造的最大集装箱船，拥有完全自主知识产权。该船总长399.9米，型宽58.6米，型深33.5米，总高72米，相当于24层楼高，最大箱位21 237TEU。综合装载性能优异，舱内可装载12层集装箱，货舱及甲板面均可载运危险品，甲板面可载运 1 000 只 40 尺冷藏集装箱，设有专用 45 尺箱位。该系列船共 6 艘，均取得 LR 和 CCS 双船级，该轮技术先进、性能优良、节能环保、高度智能，代表着中国造船的最高水平。命名交付后，该轮将成为"海上丝绸之路"的新使者和新名片，投入远东至欧洲精品航线（AEU3 线）运营，助力中远海运全球服务网络持续完善、优化。

第二名："东方香港"（OOCL HONGKONG）东方海外集装箱船，21 413TEU。

2018 年 5 月 12 日，东方海外宣布，其最新的一艘集装箱货轮"东方香港"号，在三星重工韩国的巨济岛船厂举行命名典礼。"东方香港"号是东方海外同一系列六艘新船中第一艘交付的船舶，长 400 米，宽 58.8 米，载重量 21 413TEU。"东方香港"号运营在"海洋联盟"的亚欧线上，其挂港次序为：上海港—宁波港—厦门港—盐田港—新加坡港—经苏伊士运河—费利克斯托港—鹿特丹港—格但斯克港—威廉港港—费利克斯托港—经苏伊士运河—新加坡港—盐田港—上海港，航运周期为 77 天。

第一名："地中海古尔松"（MSC Gulsun）地中海航运集装箱船，23 756TEU。

2019 年 7 月 8 日，23 000TEU 级集装箱船舶"地中海古尔松轮"靠泊天津港，新一代世界最大集装箱船舶记录再次更新。"地中海古尔松轮"是地中海航运在 2017 年 9 月向三星重工订购的 6 艘 23 000 TEU 级船舶中交付的第一艘。该轮船舶总长 400 米，船宽 62 米，高 33.2 米，可装载 23 756 TEU，吃水 8.5 米，载重量 197 500 吨，总吨位 210 000 吨，悬挂巴拿马国旗。该集装箱船共有 24 贝、24 列，舱盖上下各 12 层，共计 24 层。这样的布置使得该轮相较于其他超大型集装箱船能够多出大约 1 500 个集装箱的箱位。"地中海古尔松"号将执行代号为"Silk/AE10"的航线任务，从天津新港开始陆续挂靠我国青岛港、宁波港、上海港、盐田港等港口，后经新加坡前往欧洲，最后挂靠波兰的格但斯克港。

（以上是根据网络资料整理，以最大载箱量计算，同系列船以第一艘交付为准。）

一、集装箱船舶的种类和结构特点

（一）集装箱船舶的种类

集装箱运输发展到今天，装载集装箱的运输船舶类型比较多，一般可根据集装箱船型、集装箱船的装卸方式以及集装箱船营运特点的不同进行分类。

1. 按船型分类

根据集装箱船型的不同，一般可分为全集装箱船、半集装箱船和兼用集装箱船等。

（1）全集装箱船（Full-container Ship）

它是一种专门用于海上安全、经济、快速和有效地大量运输集装箱而设计和建造的专用船舶。这种运输船舶的全部船舱和甲板都用于装载集装箱（包括无舱盖的敞口集装箱船），如图 1-6-1 所示。

（2）半集装箱船（Semi-container Ship）

这种集装箱船的主要特点是，将船其中的一部分货舱设计成为永久性装载集装箱的专用货舱，其他船舱为装载其他货物的货舱。半集装箱船的集装箱专用舱，也设有导箱轨，以便将集装箱固定住。集装箱专用舱通常被布置在最适合装载集装箱的船体中央部位。半集装箱船又被称为分载型船，如图 1-6-2 所示。

图 1-6-1 全集装箱船

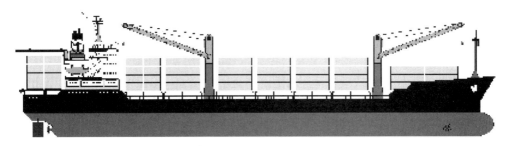

图 1-6-2 半集装箱船

(3) 兼用集装箱船 (Convertible Container Ship)

这种运输船舶的主要特点是，船舶的所有船舱既可装运普通货物，又可以装运集装箱。它是当今世界上为数甚多的多用途船，如图 1-6-3 所示。

图 1-6-3 兼用集装箱船

在这种船舶的船舱内和甲板上都配备有可进行拆卸的用来紧固集装箱的设备。这些设备的尺寸和结构形式可根据装运集装箱的要求而定。它的船体结构和舱口布置与全集装箱船相似，所不同的是在这种船舶的货舱内一般都不设置永久性的格栅装置。为了适应一些港口没有配备重型装卸集装箱和重件货物的需要,在船上还配备有一定数量的起重机。

2. 按装卸方式分类

按集装箱船的装卸方式,一般可分为吊上吊下型船、开上开下型船和载驳船。

(1) 吊上吊下型船(Lift On/Lift Off Ship)

这种运输船舶,是采用船上或码头前沿的岸边式集装箱起重机,将集装箱从船上卸下或从码头前沿将集装箱装上船舶的一种运输船舶。全集装箱船、半集装箱船和兼用集装箱船,都属于这一类型船。

(2) 开上开下型船(Roll On/Roll Off Ship)

它又称"滚上滚下"型船,这种运输船舶通称为滚装船。它是通过船上的首门、尾门或舷门装运集装箱、车辆和货物的一种运输船舶。

船体上设置了纵通全船的上甲板和车辆甲板。上甲板平整,不设货舱舱口,也没有起货机设备,它的上甲板还可装载 2~3 层集装箱,车辆甲板的层数较多,一般都有 3~4 层甲板。船上还设置了装卸跳板,按其在船上布置的位置,可分为尾跳板、首跳板和舷跳板,其采用最多的是尾跳板。当滚装船装运集装箱时,一般采用由牵引车和挂车组成的装运系统,这种装运系统一次可装运 4~6 只集装箱,装载货物的重量可达 100~200 吨。

滚装式集装箱船较吊装式集装箱船的优点是通用性较大,不仅可以装载集装箱和各种车辆,还可装运其他超大件货物;装卸货可不间断地进行流水作业,效率高,而且不受码头装卸设备的限制。其主要的缺点是舱容利用率低,船舶造价较高。滚装船多用于近洋或沿海、短航线运输,特别是在采用水陆联运方式时能收到较好的经济效果。

(3) 载驳船(Barge Carrier)

载驳船又称子母船,这种运输船舶的装载和运输方法是,先把货物装载在标准规格尺寸的驳船(子驳)里,把这些驳船作为货运单元再装载到母船上去,母船到达中转港后,把驳船卸下来,再用拖轮把驳船运往内河目的港。在载驳船上载运的子驳,与一般的内河和沿海的货驳船不同,这些子驳是具有一定规格尺度和一定重量的长方形浮动货箱。由于载驳船可以装运集装箱,所以又把它列入集装箱船的范畴内。

采用载驳船方式可以加快母船的周转,简化对码头设施的要求。载驳船比较适合于江海联运的情况。世界上的载驳船有好几种类型,其中又以"拉希""西比""巴卡"型载驳船为主。

3. 按船舶载箱能力分类

按航行于远洋干线集装箱船舶的载箱能力及船舶的主要技术参数的不同,可将集装箱船舶分为第一代、第二代、第三代、第四代、第五代和第六代。这种分类方法,反映了海上国际集装箱运输发展历史阶段的概况,见表 1-6-1。

表 1-6-1 集装箱船舶按代分类表

集装箱分代	第一代	第二代	第三代	第四代	第五代	第六代
载箱能力/TEU	700~1 000	1 000~2 000	2 000~3 000	3 000~4 000	>4 000	>6 000
载重量/吨	10 000	15 000~2 0000	30 000	40 000~50 000	50 000~75 000	81 488
船舶尺度/米	150	175~225	240~275	275~295	280~300	318
船宽/米	22	22~30	32	32	32.2~39.4	42.8
吃水/米	8~9	9.5~10.5	10.5~12	11.5~12.5	11.5~13.5	14

4. 根据集装箱船舶的尺度分类

根据集装箱船舶尺度的情况,将集装箱的船宽按是否能通过巴拿马运河分成四类:第一类为巴拿马型船,这类船舶的船宽在巴拿马运河32.2米的限制范围内;第二类为巴拿马极限型船,这类船舶载箱量为3 000～4 000TEU,船宽32.2米;第三类为超巴拿马船,这类船舶载箱量大于4 000TEU,船宽大于32.2米;第四类为超大型船,这类船舶载箱量大于6 000TEU,船宽远大于32.2米。引例中所列举的各集装箱船舶具体数据见表1-6-2。

表1-6-2 集装箱船舶按船宽分类表

集装箱分类	巴拿马型船	巴拿马极限型船	超巴拿马船	超大型船
船宽/米	<32.2	32.2	>32.2	>32.2
对应代别	第一代、第二代、第三代	第四代	第五代	第六代
载箱能力/TEU	<3 000	3 000～4 000	>4 000	>6 000

随着全球经济的发展,世界贸易活动以及货运量的大幅增加,越来越多的超大型船只投入运营,巴拿马运河现有通航条件已不能适应发展的需要。巴拿马运河船闸的原宽度和长度分别只有33.5米和305米,允许通过船只的最大级别是巴拿马限制级,而那些超大型的船只因体积过大而无法通过巴拿马运河船闸。

为使运河在世界贸易活动中继续保持竞争力,巴拿马政府于2006年4月24日正式提出了总投资为52.5亿美元的运河扩建计划。扩建后的巴拿马运河两端各修建了一个三级提升的船闸和配套设施。新建船闸的宽度为55米,长度为427米,超巴拿马级船只可以顺利通过。

(二) 全集装箱船舶的特点

目前,在海上集装箱运输航线上,特别是集装箱干线运输的航线上主要是使用全集装箱船舶。全集装箱船舶与普通杂货船在船体结构方面有明显的不同,这种船舶具有以下主要特点。

1. 外形的特点

在普通杂货船上,均设有吊杆或起货设备;在全集装箱船上,一般不配备起重机械,在其甲板上面只装载着排列整齐的集装箱。在船舶的总体布置上,全集装箱船的驾驶室和机舱几乎全都布置在船舶的尾部或偏尾部。

2. 在船舶的结构上,集装箱船为格栅结构

这种运输船舶所有的货船均为永久性的装载集装箱的专用舱。为了防止集装箱在船舶内发生向前、后、左、右的方向移动或倒塌,在货舱内设有垂直方向的箱格,可把集装箱固定住。在每一个箱格中,可装载同一规格的标准集装箱4～7层。在超大型全集装箱船的货舱内,可装载9层集装箱。

3. 采用单层甲板设计

为了使全集装箱船的甲板可装载多层集装箱,这种船的甲板采用单层纵通平直的甲板,以及双层底和双层船壳的结构。船甲板和舱盖板均设有系固集装箱的装置。

4. 舱口宽大、方整

由于形状方整的集装箱只限于在舱口的范围垂直装载,所以对船舱的设计也要求方整。而且集装箱船的舱口也比普通杂货船的舱口大得多。在一般的情况下,普通杂货船的舱口的宽度只占船舶宽度的40%～60%,而集装箱船的舱口宽度则占70%～80%,其舱口长度也占船舶长度的70%～80%。这是因为船舶的舱口越大,舱容的利用率就越高,装载集装箱的数量就越多。

5. 在船上安装超高速的大功率主机

全集装箱船舶装载的大部分货物为价值高的商品，需要快速运送，所以要求全集装箱船的航速都比普通杂货船的船速高，因此，需要安装功率大的主机。在20世纪70年代初，集装箱船的航速达到33节，其主机功率也达到88 260千瓦（12万马力）。近年来，航行于远洋干线的集装箱船，它们的航速一般为24～26节。如"艾玛·马士基"轮机舱有着世界上最大的14缸船用柴油机，其功率达到109 000马力①。

6. 在船体的性能上

全集装箱船舶船体线形较尖瘦，外形狭长，船宽以及甲板面积较大，全集装箱船的船体都比较肥大。这是为了使船舶尽可能多装载集装箱，并且要有比较好的稳定性。为防止波浪对甲板上集装箱的直接冲击，船体还设置了较高的船舷，在船首部位设置了挡浪壁。

二、集装箱船舶的配积载

（一）集装箱船舶配积载的含义和作用

1. 集装箱船舶配积载的含义

集装箱船舶配积载是指把预定装载出口的集装箱，按船舶的运输要求和码头的作业要求而制订的具体装载计划。所制订的具体装载计划采用积载图予以具体体现，集装箱船舶配积载图可分为计划积载图（包括集装箱预配图和集装箱实配图）和实际积载图（也称为最终积载图）。

集装箱船舶的配积载工作必须满足船舶的运输要求，这是因为现代集装箱船舶载箱量很大，尤其是甲板载有大量集装箱，货物价值又较高。这使得集装箱船舶的安全要求更高，因此必须严格按照船舶的技术规范，科学合理地分配每一个集装箱在船舶上的具体位置，以保证船舶的航行安全和货物的安全。

集装箱船舶的配积载工作还必须满足集装箱码头的作业要求。现代集装箱码头配置了大量集装箱专用机械设备，设定了专门的集装箱装卸工艺，具有连续、高效、大规模的生产特点，必须按照码头作业要求，科学安排，使码头能合理、有序和有效地组织生产作业。

2. 集装箱船舶配积载的作用

集装箱船舶配积载是集装箱海上运输的重要工作，也是整个码头作业系统中的重要一环。配积载工作质量的高低，直接关系到船舶运输安全、集装箱班轮的船期、码头装船作业的质量和效率等，因此集装箱船舶配积载工作十分重要。具体作用有：

① 满足船舶稳性、吃水差、负荷强度等技术规范，保证船舶的安全航行。
② 满足不同货物的装载要求，保证货物运输的安全质量。
③ 充分利用船舶的运输能力，提高船舶的箱位利用率。
④ 合理安排堆场进箱计划，减少翻箱倒箱，提高堆场的利用率。
⑤ 有效组织码头装船、卸船作业和现场理货，提高生产作业效率。
⑥ 码头装船作业签证的原始依据和吞吐量实绩的统计资料。
⑦ 港口有关部门编制船舶卸箱或中途加载计划的主要依据。

（二）集装箱船舶配积载基本要求

1. 充分利用集装箱船舶的箱位容量

集装箱船舶箱位分布情况，主要是指集装箱船舶标准箱容量在甲板上和货舱内的分配

---

① 1马力 = 0.735 498 7千瓦。

量,即在甲板上和货舱内各有多少标准箱箱位,以及存于甲板上和货舱内 20 英尺和 40 英尺集装箱箱位的分配情况。由于集装箱船货舱容积利用率比较低,所以为了充分利用集装箱的装载能力,需在甲板上堆装一定数量的集装箱,一般为总箱位数的 20%~50%,可堆装数层箱。但为了保证集装箱船舶稳性的要求,货舱内装载的集装箱的重量一般应大于全船装箱总重的 60% 左右。

2. 保证集装箱船舶具有适度的稳性

由于集装箱船舶有近一半箱位是配在甲板上,满载时重心高度较高,为保证航行时的稳性,需加一定数量的压载水,但是航行时集装箱船的初稳性高度又不能过大,否则船舶横摇周期过短,使甲板集装箱受到很大的加速度,将对集装箱本身的强度及坚固、绑扎设备带来不利的影响,甚至使集装箱移动,所以,初稳性高度应保持在一定合理的范围内。为此,在配积载时,应把重箱装在舱底,轻箱及结构强的集装箱装在甲板上,以保证船舶的稳性及集装箱的稳固。

3. 保持集装箱船舶具有适当的吃水差

船舶是不允许有首倾的,因为这会造成螺旋桨产生空泡;但也不宜有过大的尾倾,因为这会增加船舶的吃水,减少装载量,而且还会影响航速。因此集装箱船应具有适当的吃水差,以保证具有良好的操纵性。在集装箱船舶积载时应注意集装箱重量在船舶纵向上的分配。在船首附近的箱位,由于船舶线形和驾驶视线良好的要求,应尽可能减少首部甲板上的装箱层数,形成首部箱位少,加上集装箱船一般采用尾机型,尾部较重,为防尾部吃水过大,或避免用较多的压载水来调整吃水差,预配时应将较重的集装箱配置在船首的箱位上。在预配船舶进出吃水受限港口的船舶货载时,更应注意集装箱的纵向分布,以减少使用压载水来调整吃水差,从而减少船舶的总排水量和平均吃水,使船舶顺利进出吃水受限港口。

4. 保证集装箱船舶的纵向强度

集装箱船大多为尾机型船,且油舱、淡水舱一般也集中在尾部,所以船舶在开航时如首部箱量满载,容易产生中拱。而且集装箱船都是大舱口,船舶纵向强度本来就弱,如果配载不当,在风浪中容易断裂。为了使船舶具有良好的纵向强度,抵消船舶的中拱变形,配载时要适当地在船中多配重箱。

5. 保证集装箱船舶的局部强度

集装箱船舶积载时应注意堆积负荷,即集装箱船舶的舱底、甲板和舱盖上所允许集装箱堆积的最大重量,此数值可以从船舶资料中查取,要求在集装箱船舶的舱内、甲板和舱盖上,每列集装箱的重量均不应超过其允许的堆积负荷,否则将影响船舶的结构强度。近年来,集装箱装货后的总重量越来越大,容易出现超负荷现象,尤其在甲板和舱盖上更易超负荷,因此,必要时应减少集装箱的堆积层数,以防损伤船体结构。

6. 尽量满足装卸要求,避免中途港倒箱

集装箱船一般途中均需要靠多个中途港,箱位配置应满足卸箱的先后顺序,避免中途港倒箱,影响装卸效率及延长船舶在港停留时间,甚至延误船期;箱位配置还应考虑便于装卸作业,避免同一卸港的集装箱过分集中,以提高装卸效率。因此配载时必须注意港序,避免中途港倒箱。

7. 满足特殊集装箱的积载要求

对于冷藏箱,应根据其冷却方式选择适合的位置,要考虑冷藏箱电源插座和临近插座的位置，不能随意配置；对于危险货物箱，应配置远离热源、机舱及船员生活区，严格按照《国际海运危险规则》执行；对于超长和超宽箱，预配甲板上，为了减少箱位浪费，应充分考虑集装箱在横向或纵向的间距，相对集中，合理安排箱位；对于超高箱，预配时，不论配置在甲板上还是在舱内，均应配在最上层。超高箱如配在舱内，其超高的尺寸应小于该舱内舱盖底与最高一层集装箱的间隙，否则，应减少集装箱的层数。此外，对于动物集装箱及装运水果、蔬菜的通风集装箱，均应配置在甲板上，平台箱只能配于舱内最高一层或甲板上最高一层，它的上面不能堆装任何集装箱。

8. 装卸作业中要保持船舶左右平衡

全集装箱船都采用箱格结构，故在装卸中不能产生过大的横倾，一般如横倾大于3度，集装箱进出箱格时就会产生困难。因此，在配载时要注意不要把同一港口的集装箱集中配于一侧，应左右对称，以免在装卸过程中使船舶出现过大的横倾，影响船舶作业。

9. 注意平衡舱时，消灭重点舱

对于箱量特别多的港口的集装箱，应分舱装载，不要集中装在一个舱内，以免造成重点舱，延长船舶在港装卸时间。在分舱配载时还要注意到几台装卸桥同时作业的可能性。

（三）集装箱在船上积载位置的表示方法

为了保证船舶的航行安全和货物的安全，在制订装载计划时，应该科学合理地分配每一个集装箱在船舶的位置。集装箱船上堆放集装箱的位置称为集装箱箱位号，通常也称为贝位号。统一集装箱的箱位号是为了准确地表示每一集装箱在船上的装箱位置，以便于计算机管理和有关人员正确辨认。集装箱船上每一装箱位置按国际统一的代码编号方法表示。

目前，集装箱船箱位行号是采用 ISO/TC104 委员会规定的方法进行编号。集装箱在船上的位置是用三维坐标（纵向坐标、横向坐标和垂向坐标）来确定的，它是以集装箱在船上呈纵向布置为前提，每一箱位号坐标以六位数字表示，其中最前两位表示行号，中间两位表示列号，最后两位表示层号。行号、列号和层号的每组代码不足10者在前一位置零。

1. 行号（Bay No.）

作为集装箱箱位的纵向坐标，沿着船舶的纵向，自船首向船尾。装20英尺箱的箱位上依次以01、03、05、07、…奇数表示。当纵向两个连续20英尺箱位上被用于装载40英尺集装箱时，则该40英尺集装箱箱位的行号以介于所占的两个20英尺箱位奇数行号之间的一个偶数表示，如02、06、10、14、…，如图1-6-4所示。

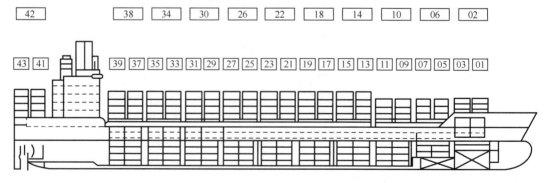

图1-6-4 集装箱船的行号编号

2. 列号（Row No. or Slot No.）

作为集装箱箱位的横向坐标。以船舶纵中剖面为基准，自船中向右舷以01、03、05、07、…奇数表示，向左舷以02、04、06、08、…偶数表示，如图1-6-5所示。若船舶纵中剖面上存在一列，则该列列号取为00。

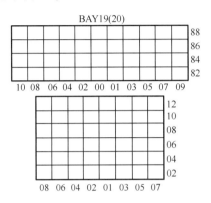

图1-6-5 集装箱船的列、层号编号

3. 层号（Tier No.）

作为集装箱箱位的垂向坐标。舱内以全船舱内最低层作为起始层，自下而上以02、04、06、08、…偶数表示。舱面也以全船舱面最低层作为起始层，自下而上以82、84、86、88、…偶数表示，如图1-6-5所示。

通过对集装箱船舶集装箱位置的编制，集装箱船舶每一装箱位置，都对应于唯一的以六位数字表示的箱位坐标；反之，一定范围内的某一箱位坐标，必定对应于船上一个特定而唯一的装箱位置。

三、集装箱船舶配积载过程和配积载图

（一）集装箱船舶配积载过程

在实践工作中，集装箱船舶配积载工作涉及多个部门，包括集装箱船公司、集装箱码头装卸公司、船舶代理、理货公司等，需考虑的情况和因素涉及许多方面，关系到船舶航行安全和货运质量，关系到船舶装载能力的充分利用，关系到运输效率和经济效益，因此，在集装箱船舶配积载过程的各个阶段，各相关部门应积极配合，按照一定的步骤实施。一般情况下，集装箱船舶配积载过程如下。

① 由集装箱船公司配载中心根据船舶航次订舱情况，编制集装箱装货清单、预配清单和船舶某航次在某挂靠港的集装箱预配图。

② 船公司将预配图直接送给集装箱码头装卸公司，或者用传真、电传或EDI等方式发送给船舶代理，再由船舶代理转交给集装箱码头装卸公司。

③ 集装箱码头装卸公司根据船公司（或船舶代理）提供的出口集装箱装货清单及预配清单、集装箱预配图，结合码头进箱堆存实际情况，编制出口集装箱实配图。

④ 集装箱船舶靠泊后，集装箱装卸公司将实配图交给船方审核，经船方认真审核确认后，复印若干份于装船开工前交有关职能部门。

⑤ 集装箱码头按审核后的实配图进行装船，集装箱装船完毕后，由理货公司的理货员

按船舶实际装箱情况，编制最终配积载图。

（二）集装箱配积载图的种类和作用

集装箱配积载过程所涉及的配积载图可分为预配图、实配图和最终配积载图，其中预配图、实配图属于计划积载图，最终配积载图属于实际积载图。

1. 预配图

集装箱预配图是由船公司（或其代理人）编制的，是根据船舶航次订舱情况、集装箱船舶积载能力和航行条件等，按不同卸货港到达顺序以及集装箱装货清单上拟配的集装箱数量，编制而成的全船行箱位总图，是将集装箱船上每一个20英尺箱的行箱位横剖面图自船首到船尾按顺序排列而成的总剖面图。

预配图绘制后，应认真审核每个卸港的箱量与订舱单是否相符、每个卸港的箱区分布是否合理、特殊箱的配位是否符合要求等内容。经审核无误后，然后将此图直接送给集装箱码头装卸公司，或者用传真、电传或 EDI 等方式发送给船舶代理，再由船舶代理转交给集装箱码头装卸公司，由集装箱码头装卸公司编制实配图。

预配图包括预配字母图、预配重量图和特殊箱位图。

（1）预配字母图，表示不同的卸货港

在每个箱位内采用不同的颜色标绘或使用英文字母来表示不同的卸货港。

（2）预配重量图，表示集装箱总重

在每个箱位内以数字表示以吨为单位的集装箱总重。

（3）特殊箱位图，表示集装箱的性质

在相应的箱位内采用不同的符号表示集装箱内所装载货物的性质。

2. 实配图

集装箱实配图是集装箱码头装卸公司编制的。集装箱装卸公司收到预配图后，根据船公司（或其代理人）提供的出口集装箱装货清单及预配清单、集装箱预配图，结合码头进箱堆存实际情况，编制出口集装箱实配图。集装箱码头装卸公司编制的实配图经船方审核确认，经船上大副签字后，复印若干份于集装箱装船前交有关部门作为集装箱装船作业的正式文件。

集装箱实配图由全船行箱位总图（封面图）和每行一张的行箱位图组成，如图1-6-6、图1-6-7所示。

（1）封面图（Master Plan）

封面图又叫总图，表明集装箱纵向配积载情况。封面总图与预配图不同，在集装箱实配图的封面图上，通常只标注集装箱的卸港和特殊箱标记。从封面图中可以表明船舶本航次的卸货港情况、各行位装箱的基本情况以及本航次载箱数量等。

图1-6-6是某一集装箱船舶全船行箱位总图（封面图）。该轮是福州港到台湾高雄港的集装箱班轮，装货港为福州港青州港区（CNFOC），卸货港为台湾高雄港的五个船东码头：现代商船（TWHDA）、韩进（TWHJN）、马士基（TWMSK）、东方海外（TWOOL）、阳明（TWYML），在全船行箱位总图（封面图）上分别用 HD、HJ、MK、OO、YM 表示。如在01行（01BAY）的舱内安排四个东方海外（OO）的箱子；在05行（05BAY）的舱内安排三个韩进（HJ）的箱子；在06（07）行［06（07）BAY］的甲板上安排三个韩进（HJ）的箱子，舱内安排9个韩进（HJ）的箱子，三个马士基（MK）的箱子；在09行（09BAY）的舱内安排三个现代商船（HD）的箱子；在17行（17BAY）的舱内安排三个阳明（YM）的箱子。

项目一 集装箱运输基础知识

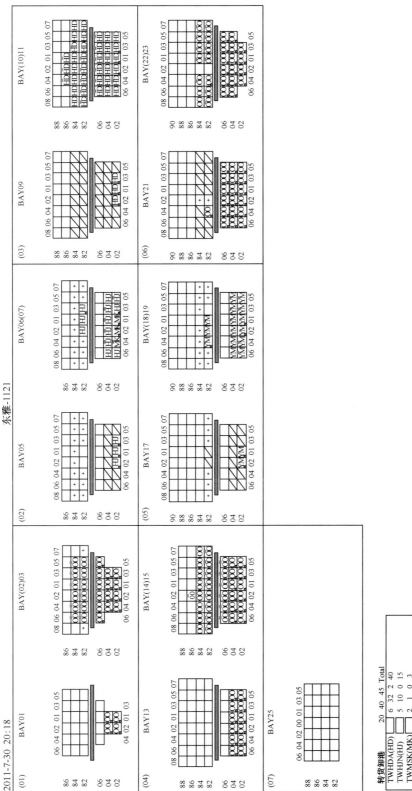

图1-6-6 行箱位总图

	(17.1) 0.0 08	(18.0) 0.0 06	(48.9) 0.0 04	(59.6) 0.0 02	(38.5) 0.0 01	(17.6) 0.0 03	(29.5) 0.0 05	(15.9) 0.0 07	(245.1) (0.0)
88									(0.0) 0.0
86			TWHDA CNFOC HMMU902893-0 45HQ HMM 11.8	TWHDA CNFOC HMMU902458-0 45HQ HMM 23.9 TWHDA	TWHDA CNFOC HDMU666114-4 40HQ HMM 8.9 TWHDA				(44.6) 0.0
84	TWHDA CNFOC HDMU461437-5 40GP HMM 8.4 TWHDA	TWHDA CNFOC HDMU446656-0 40GP HMM 9.0 TWHDA	TWHDA CNFOC HDMU434347-9 40GP HMM 20.7 TWHDA	TWHDA CNFOC HDMU468632-8 40GP HMM 16.3 TWHDA	TWHDA CNFOC HDMU473469-0 40GP HMM 8.3 TWHDA	TWHDA CNFOC HDMU677148-1 40HQ HMM 9.4 TWHDA	TWHDA CNFOC HDMU466457-1 40GP HMM 21.1 TWHDA	TWHDA CNFOC BMOU302454-3 40GP HMM 7.4 TWHDA	(100.6) 0.0
82	TWHDA CNFOC HDMU686935-4 40HQ HMM 8.7 TWHDA	TWHDA CNFOC CAXU963724-6 40GP HMM 9.0 TWHDA	TWHDA CNFOC HDMU678974-7 40HQ HMM 16.4 TWHDA	TWHDA CNFOC FCIU894805-0 40HQ HMM 19.4 TWHDA	TWHDA CNFOC HDMU667351-0 40HQ HMM 21.3 TWHDA	TWHDA CNFOC HDMU457396-0 40GP HMM 8.2 TWHDA	TWHDA CNFOC TTNU485041-7 40GP HMM 8.4 TWHDA	TWHDA CNFOC XINU404983-8 40GP HMM 8.5 TWHDA	(99.9) 0.0
06		TWHDA CNFOC FCIU893972-0 40HQ HMM 9.9 TWHDA	TWHDA CNFOC FSCU639799-6 40HQ HMM 10.0 TWHDA	TWHDA CNFOC HDMU646231-1 40HQ HMM 10.2 TWHDA	TWHDA CNFOC HDMU642177-6 40HQ HMM 9.3 TWHDA	TWHDA CNFOC HDMU685581-2 40HQ HMM 9.5 TWHDA	TWHDA CNFOC HDMU617730-9 40HQ HMM 10.5 TWHDA		(59.4) 0.0
04		TWHDA CNFOC TCLU419654-3 40GP HMM 8.4 TWHDA	TWHDA CNFOC HDMU442224-3 40GP HMM 8.8 TWHDA	TWHDA CNFOC HDMU447350-7 40GP HMM 8.9 TWHDA	TWHDA CNFOC CAXU723717-4 40GP HMM 12.1 TWHDA	TWHDA CNFOC HDMU445932-4 40GP HMM 10.4 TWHDA	TWHDA CNFOC HDMU467577-1 40GP HMM 8.5 TWHDA		(57.1) 0.0
02		TWHDA CNFOC HDMU434237-0 40GP HMM 8.6 TWHDA	TWHDA CNFOC TCNU876962-0 40HQ HMM 21.7 TWHDA	TWHDA CNFOC HDMU267617-2 20GP HMM 7.2 TWHDA	TWHDA CNFOC HDMU258992-5 20GP HMM 8.8 TWHDA	TWHDA CNFOC HDMU231684-9 20GP HMM 4.7 TWHDA	TWHDA CNFOC HDMU439999-2 40GP HMM 8.0 TWHDA		(38.3) 20.7
		06 (26.9) 0.0	04 (40.5) 0.0	02 (19.1) 7.2	01 (21.4) 8.8	03 (19.9) 4.7	05 (27.0) 0.0		(154.8) (20.7)

图 1-6-7 行号 10（11）行箱位图

（2）行箱位图（Bay Plan）

行箱位图是船舶某一装 20 英尺箱的行箱位横剖面图，表明集装箱横向积载情况。它是对集装箱船行箱位总图上某一行箱位横剖面图的放大。在该图上可以标注和查取某一特定行所装每一集装箱的详细数据。该图每行位一张，如图 1-6-8 所示。在每一个行箱位的方格内，标注相应的内容，下面就集装箱箱位号 100186 说明行箱位图的内容。

TWHDA	CNFOC
HDMU	666114-4
40HQ	HMM
8.9	TWHDA

图 1-6-8 箱位号 100186 的箱位图

100186：集装箱箱位号，表示是一个位于 10 行右舷第一列甲板第三层的 40 英尺集装箱。

TWHDA：卸货港为台湾现代商船码头。

CNFOC：装货港为福州港青州港区。

HDMU：集装箱箱主代号。

666114-4：集装箱顺序和核对数字。

40HQ：40 英尺高柜。

HMM：船东为现代商船。

8.9：集装箱总重为8.9吨。

3. 最终配积载图（Final Bay Plan）

最终配积载图是由现场理货员在集装箱装船结束后，根据船舶实际装箱情况及每只集装箱在船上的箱位，编制最终配积载图。在实际装船过程中，根据集装箱实配图制订的集装箱装船计划会因某些原因需要作一些修改。因此集装箱船舶现场理货员对每一装船集装箱箱号、所配箱位等均有记录。

最终配积载图包括集装箱最终封面图、最终行箱位图。最终封面图和最终行箱位图标注格式及内容与实配封面图、实配行箱位图基本相同。最终行箱位总图和各行箱位图由船舶代理通过某种通信手段送交船舶各有关的挂靠港，它是港口有关部门编制船舶卸箱或中途加载计划的主要依据。

集装箱船舶最终配积载文件包括集装箱最终封面图、最终行箱位图、船舶稳性及吃水差计算表和出口集装箱统计报表等。

船舶稳性、船舶受力、吃水和吃水差由大副根据实际装载条件进行核算。出口集装箱统计报表是用于统计实船装载的不同装港和卸港、不同箱状态（重箱、空箱、冷藏箱和危险货箱）、不同箱型（20英尺和40英尺箱）的数量和重量以及各卸港和航次装船集装箱的合计数量和重量。其形式见表1-6-3。

表1-6-3 出口集装箱统计报表

船名 EAST　　　　　　　　　出口航次 1221　　　　　　　　　日期 2011-07-30

卸货港	20GP	20RF	40GP	40HQ	40RH	45HQ	总计
TWHDA	6 54.5	0 0	18 190.0	14 172.4	0 0	2 35.7	40 454.4
TWHJN	5 46.0	0 0	5 64.0	5 65.6	0 0	0 0	15 175.6
TWMSK	2 41.4	0 0	0 0	1 26.2	0 0	0 0	3 67.6
TWOOL	73 1 286.5	1 12.3	18 537.2	31 547.7	2 26.2	1 14.8	126 2 134.7
TWYML	5 61.0	0 0	4 36.0	7 98.5	1 21.2	0 0	17 261.7
合计	91 1 489.4	1 12.3	45 537.2	58 912.2	3 47.4	3 50.5	201 3 049.0

思考与练习

1. 简述集装箱船舶分类情况。
2. 全集装箱船舶的特点有哪些？
3. 什么是集装箱船舶配积载？有何作用？
4. 简述集装箱船舶配积载的基本要求。
5. 集装箱在船上的积载位置是如何表示的？
6. 简述集装箱配积载的种类和作用。

项目二

集装箱货物交接方式与集装箱海运进出口业务

任务一 集装箱货物交接方式与海运进出口流程

任务目标

熟悉集装箱货物交接的几种方式；熟悉整箱货进出口流程；熟悉拼箱货进出口流程。

引 例

整箱货运输中的隐藏损害

上海某公司从国外进口 6 个集装箱的废铜，进口提单上注明"CY—CY""SLAC"字样。该公司从码头堆场将箱子拉到拆箱地点，打开箱门发现箱内装的是废钢铁。在收到这批货 6 个月后，该公司才向国外发货人提出索赔，理由是提单加注"SLAC"，发货人明知装卸的是废钢铁，而提单货物内容加注的却是废铜。国外发货人事后两个月向该公司出具了两份证书：一份是该国海关出具的"海关监装证书"；另一份是公证行出具的"装箱证明书"。这两份证书分别证明货主实际装载出口的货物确系废铜，而且数量与单证记载相符。作为收货人有理由怀疑发货人从中做手脚，但不能怀疑发货人与海关、公证行一起出具假证明。发货人出具有效证书并明确表示不承担责任。该公司向承运人提出赔偿要求，但船公司同样拒赔。理由：一是进口提单上记载 CY—CY 条款，收货人在码头堆场提货时，只要对箱子外表状况、关封没有提出任何异议，承运人责任即告终止；二是收货人在将箱子拉出堆场时，设备交接单上没有任何批注，这表明承运人已履行完整交货责任。该案由于收货人无法举证确定责任方，最终只能自行承担损失。

问题：案例中，进口提单上注明"CY—CY""SLAC"字样，表示什么意思？该案由于收货人无法举证确定责任方，最终只能自行承担损失，为什么？

一、集装箱货物的交接方式

传统的件杂货运输中是以货物的运输包装为运输单元的。在集装箱运输中，标准化的集装箱成为基本运输单元,全程运输出现了统一组织的变化,实现了"门到门"的运输。集装箱运输需要根据集装箱货物的交接形态、交接地点而采用不同的交接方式。集装箱货物的交接方式具有鲜明的特点。

(一) 集装箱货物的交接形态

在集装箱运输中,集装箱货物的交接形态有两种:整箱货交接与拼箱货交接。

1. 整箱货(FCL)交接

整箱货(FCL)交接是指发货人、收货人与承运人交接的货物是一个(或多个)装满货物的集装箱。发货人自行装箱并办好加封等手续,承运人接受的货物是外表状态良好、铅封完整的集装箱;货物运抵目的地时,承运人将同样的集装箱交付收货人,收货人自行将货物从箱中掏出。

在整箱货交接的情况下,承运人接受的仅是外表状况良好、铅封完整的集装箱,对里面所装的货物一无所知,所以,承运人通常在提单中加注 SLAC、SLCAS 或 STC 条款。其中,SLAC 是 Shipper's Load and Count,即发货人自装箱、计数条款;SLCAS 是 Shipper's Load Count and Seal,即发货人自装箱、计数、铅封条款;STC 是 Said to Contain,即承运人不知条款。提单中订有这些条款,是为了保护承运人的利益,最大限度达到免除责任的目的。

2. 拼箱货(LCL)交接

拼箱货(LCL)交接一般发生在发货人一次托运的货物数量较少,不足以装满一个集装箱,而针对这些货物的贸易合同又要求使用集装箱运输,为了减少运费,承运人根据流向相同的原则将一个或多个发货人少量货物装入同一个集装箱进行运输。这一般意味着承运人以货物原来的形态从各发货人手中接收货物,由承运人组织装箱运输,运到合适的地点时,承运人将货物从箱中掏出后,以原来的形态向各收货人交付。拼箱货的交接、装拆箱可在码头集装箱货运站、内陆货运站或中转站等地进行。

(二) 集装箱货物的交接地点

在集装箱运输中,集装箱货物的交接地点一般有三类,即发、收货人的工厂或仓库(Door),集装箱码头堆场(CY)和集装箱货运站(CFS)。

1. 发货人或收货人的工厂或仓库交接(Door 交接)

发货人或收货人的工厂或仓库(门)交接是指集装箱运输经营人在发货人的工厂或仓库接收货物或在收货人的工厂或仓库交付货物。门交接的集装箱货物都是整箱交接。一般意味发货人或收货人自行装(拆)箱。运输经营人负责自接收货物地点到交付货物地点的全程运输。

2. 集装箱码头堆场交接(CY 交接)

集装箱运输中的集装箱货物码头堆场交接(CY 交接),一般意味着发货人应自行负责装箱及集装箱到发货港码头堆场的运输,承运人(集装箱运输经营人)或其代表在码头堆场接收货物,责任开始。货物运达卸货港后,承运人在码头堆场上向收货人交付货物,责任终止。由收货人自行负责集装箱货物到最终目的地的运输和掏箱。

在集装箱码头堆场交接的货物都是整箱交接。在有些资料中和有些情况下,"CY 交接"一词的含义要更广泛一些,除在码头堆场交接外,还包括在内陆地区的集装箱内陆货运站堆场的交接(即内陆 CY 交接)。在内陆 CY 交接情况下,与货主交接货物的集装箱运输经营人一般是联运经营人,他还要负责从接收货物的堆场到码头堆场间的运输。集装箱货物内陆CY交接也是整箱交接。

3. 集装箱货运站交接（CFS 交接）

集装箱货运站（CFS）一般包括集装箱码头的货运站、集装箱内陆货运站或中转站。CFS 货物交接一般是拼箱交接。因此 CFS 交接一般意味着发货人自行负责将货物送到集装箱货运站,集装箱经营人或其代理人在 CFS 以原来形态接收货物并负责安排装箱,然后组织海上运输或陆海联运。货物运到目的地货运站后,运输经营人或其代理人负责拆箱并以货物原来形态向收货人交付。收货人自行负责提货后的事宜。

（三）集装箱货物的交接方式

在集装箱运输中,根据实际交接地点不同,集装箱货物的交接有多种方式。在不同的交接方式中,集装箱运输经营人与货方承担的责任、义务不同,集装箱运输经营人的运输组织的内容、范围也不同。

1. 门到门（Door to Door）交接方式

门到门交接方式是指集装箱运输经营人由发货人的工厂或仓库接收货物,负责将货物运至收货人的工厂或仓库交付。在这种交付方式下,货物的交接形态都是整箱交接。

在目前的集装箱货运实践中,集装箱多式联运经营者从事货运业务时主要使用此交接方式。

2. 场到场（CY to CY）交接方式

场到场的交接方式指集装箱运输经营人在装货港的码头堆场或其内陆堆场接收货物（整箱货）,并负责运至卸货港码头堆场或其内陆堆场,在堆场向收货人交付（整箱货）。

在目前的集装箱货运实践中,集装箱班轮公司从事货运业务时主要使用此交接方式。

3. 站到站（CFS to CFS）交接方式

站到站的交接方式指集装箱运输经营人在装货港码头或内陆地区的集装箱货运站接收货物（经拼箱后）负责运至卸货港码头或其内陆地区的集装箱货运站,（经拆箱后）向收货人交付。在这种方式下,货物的交接形态一般都是拼箱交接。

在目前的集装箱货运实践中,拼箱集运公司从事拼箱货业务时主要使用此交接方式。

此外还有门到场（Door to CY）、门到站（Door to CFS）、场到门（CY to Door）、场到站（CY to CFS）、站到门（CFS to Door）、站到场（CFS to CY）等交接方式。

二、集装箱海运进出口流程

由于集装箱货物的交接形态可分为整箱货和拼箱货,海上运输又分为进口和出口,而不同的货物交接形态在进出口的业务中有各自流程,所以集装箱海运进出口流程可分为整箱货海运出口流程、整箱货海运进口流程、拼箱货海运出口流程、拼箱货海运进口流程。在目前的集装箱货运实践中,整箱货海运进出口业务由集装箱班轮公司经营,而拼箱货海运进出口业务主要经营者为集拼经营人。

（一）整箱货海运出口流程

1. 委托代理

在集装箱货物运输过程中,发货人一般都委托货运代理人为其办理有关的出口货运业务,双方建立委托代理关系。在发货人委托货运代理时,发货人会与货运代理人签署一份货运代理委托书,如果双方签订了长期货运代理合同,一般使用货物明细表等单证代替委托书。

2. 订舱申请

货运代理人接受发货人的委托后,应根据发货人提供的有关贸易合同或信用证条款的规定,在货物托运前一定时间,选定适当的班期的船舶,填制"场站收据"联单向船公司或其代理人申请订舱。目前,很多集装箱班轮公司和船舶代理人开通了网上订舱业务,货运代理人可以通过网络向船公司或其代理人发送订舱申请。

3. 接受订舱

船公司或其代理人根据自己的运力、航线等具体情况决定是否接受。如船公司或其代理人接受货运代理人订舱申请,则在双方议定船名、航次等信息后,在场站收据副本(海关联)上盖章表示确认接受订舱,并着手按船舶、航次的情况编制集装箱预配清单(订舱清单),并在集装箱预配清单和场站收据上编写海运提单号,然后将集装箱预配清单分送到集装箱堆场、集装箱码头等有关部门,据以安排空箱的发放以及重箱的交接、保管以及装船工作,将配舱回单联退还托运人。

4. 用箱申请

在货运代理人提出订舱申请时,应根据货物的性质、重量、尺码、积载因素等决定所需集装箱的种类、规格和数量,向船公司或其代理人提出空箱使用申请,同时提供用箱人、运箱人、用箱区域和时间等信息。船公司或其代理人同意订舱申请后,就会签发集装箱空箱提取通知书(提箱单)和集装箱设备交接单,依此提取空箱。

5. 提取空箱

发货人或其代理人以委托书和内陆承运人(集装箱拖车公司)签署内陆空箱拖运协议,并把提箱单和设备交接单随交内陆承运人以便提取空箱。内陆承运人凭船公司签署的提箱单和设备交接单到集装箱堆场提取空箱,并办理设备交接手续。船公司提供的船东箱(COC)通常都规定了免费使用的限定期限。

6. 货物装箱

整箱货的装箱方式通常可分为拖装和场装两种。拖装就是由货主自行安排,在货主的工厂、仓库进行装箱,加海关封志并制作装箱单;场装就是由货主根据货运代理人的安排,将货物送到货运代理人指定的集装箱堆场进行装箱,加海关封志并制作装箱单。

7. 出口报检

凡属法定检验检疫货物或合同规定需要检验检疫机构进行检验的货物,发货人或代理人应及时向检验检疫机构申请检验。出口货物报检时,发货人或货运代理人应按照商品特性不同,填写出境货物报检单,并提供对外贸易合同、信用证、装箱单、商品检验证书、产地证明书等,分别向商品检验、卫生检验、动植物检疫等口岸监管部门申报检验。检验合格,检验机构出具出境货物通关单;如集装箱内有危险货物,发货人或代理人还应提供集装箱装箱证明书向海事部门申报危险货物出口查验;凭边检单向边防检查部门申报出口查验。检验部门同意放行后在相关单证上加盖放行章。

8. 出口报关

发货人或代理人凭报关单、装货单、商业发票、装箱单等有关单证,必要时还应提供检验机构出具的出境货物通关单,向海关办理申报手续,海关核准后,在装货单(也称关单)

上加盖海关放行章，准予货物装船出口。

9. 集装箱交接

发货人或其代理人以委托书和内陆承运人签署内陆重箱拖运协议，由内陆承运人负责将已加海关封志的整箱货运至集装箱码头堆场，码头堆场业务员根据订舱清单、场站收据及装箱单接收集装箱及货物。集装箱码头堆场在验收货箱后，即在场站收据正本联上签字，并将签署的场站收据交还给内陆承运人，由发货人据以换取提单。

需要说明的是，尽管集装箱码头堆场签署了场站收据，但此时集装箱货物尚未装船，所以发货人换取的提单应为收货待运提单。但在实践中，收货待运提单不能保障收货人的权益，一般信用证不能接受收货待运提单结汇。

10. 集装箱装船

集装箱码头装卸部门根据装船计划，将出运的集装箱调整到前方堆场，按预先编制的堆存计划堆放，待船舶到港后按集装箱船实际配积载图装船。

11. 集装箱理箱

外轮理货公司理货员依据现场记录填写装船理箱单并在集装箱全部装船完毕负责绘制集装箱船最终配积载图及制作相应文件。

12. 制送货运单证

在集装箱货物装船离港后，装货港船公司或其代理人即行缮制有关装船货运单据（如提单副本、装箱单、货物舱单、配积载图等），并从速寄至卸货港船公司或其代理人。

13. 换取提单

发货人在支付全部运费后凭签署的场站收据正本联向船公司或其代理人换取提单，然后到银行结汇。

由于此时集装箱货物已经全部装船完毕，发货人凭签署的场站收据正本联向船公司或其代理人换取已装船提单，符合信用证要求已装船提单结汇的要求。

14. 办理保险

出口集装箱货物若以 CIF 价格条件成交，发货人应负责办理投保手续并支付保险费用。办理投保的保单是出口结汇要求的单证之一。

15. 出口结汇

在信用证交易下，发货人取得已装船提单证本后，附上贸易合同及信用证上规定的必要单据（商业发票、提单、保单、汇票、装箱单、原产地证书、品质鉴定书等），即可与出口地卖方银行（议付行）办理结汇。

16. 外汇核销与出口退税

集装箱装船离港后，发货人凭出口收汇核销单到外汇管理局进行外汇核销，凭出口退税报关单到税务局申报出口退税。

17. 提单转送买方银行

出口地卖方银行（议付行）给予发货人议付货款后，将全套单证连同发货人开具的汇票转买方所在地，由国外买方所在地银行（开证行）偿付货款。

（二）整箱货海运进口流程

1. 委托代理

整箱货海运进口业务中，收货人一般也委托货运代理人为其办理有关的进口货运业务，双方建立委托代理关系。收货人会与货运代理人签署一份货运代理委托书,如果双方签订了长期货运代理合同,一般使用货物明细表等单证代替委托书。

2. 卸船准备

卸货港船公司或其代理人在收到装船港寄来的单证后,应从速制作交货记录联单,并将交货记录联单中的到货通知书寄送收货人,同时联系集装箱码头装卸公司。卸货港集装箱码头装卸公司根据装货港船公司或其代理人寄送的有关货运单证,制订卸船计划,待船舶靠泊后即行卸船。

3. 集装箱卸船

集装箱码头装卸公司根据制订的卸船计划从船上卸下集装箱后,并根据堆场计划堆放在集装箱码头堆场或由集装箱运输经营人办理保税手续后继续运至内陆场站。

4. 集装箱理箱

外轮理货公司理货员依据现场记录填写卸船理箱单,该单据与装货港的装船理箱单一起作为判断海上运输中集装箱灭失的责任依据。

5. 付款赎单

收货人或代理人接到货运通知单后,在信用证贸易下应及时向银行付清所有应付款项,取得正本提单等有关单证。

6. 换取提货单

收货人或代理人向卸货港船公司或船代付清相关费用后,凭正本提单和到货通知书换取提货单。

7. 进口报检

收货人或代理人凭提货单、装箱单和其他报检所必需的单证分别向检验检疫部门、海事部门和边防部门办理进口报检手续。

8. 进口报关

收货人或代理人凭提货单、装箱单和其他报关所必需的商务和运输单证分别向海关办理进口报关手续和纳税手续。

9. 集装箱交接

收货人或其代理人以委托书和内陆承运人签署内陆重箱拖运协议,并由内陆承运人凭海关放行的提货单,与集装箱码头堆场(或内陆场站)结清有关费用后提取装有货物的集装箱,由双方签署交货记录和办理设备交接单手续,并负责把整箱货自码头堆场(或内陆场站)运至收货人拆箱地。

10. 集装箱拆箱

内陆承运人把集装箱运至收货人拆箱地,由收货人自行负责拆箱卸货。收货人应在集装箱免费使用期限内及时拆箱卸货,以免产生滞箱费。

11. 空箱回运

收货人在自己的仓库拆箱后,收货人或其代理人以委托书和内陆承运人签署内陆空箱拖运协议,由内陆承运人负责把空箱运回集装箱堆场,并凭设备交接单办理还箱手续。

12. 投保索赔

对以FOB价格条件成交的货物,收货人有责任投保和支付保险费用。收货人在提货时发现货物与提货单不符时，应分清责任及时向有关责任方（发货人、承运人、保险公司等）提出索赔，并提供有效单据和证明。

（三）拼箱货海运进出口流程

拼箱货海运进出口业务主要经营者为集拼经营人。有条件的货代公司也能承办集拼业务。承办集拼业务的货代企业必须具备的条件是：具有集装箱货运站装箱设施和装箱能力；与国外卸货港有拆箱分运能力的航运企业或货运企业建有代理关系；政府部门批准有权从事集拼业务并有权签发自己的提单（House B/L）。如果集拼经营人只经营海运区段的拼箱业务，则被称为无船承运人。由于拼箱货的特点，拼箱货海运进出口流程与整箱货海运进出口流程有较大的区别。

1. 委托代理

拼箱货发货人一般也都委托货运代理人为其办理有关的进出口货运业务，双方建立委托代理关系。在发货人委托货运代理时，发货人会与货运代理人签署一份货运代理委托书，如果双方签订了长期货运代理合同，一般使用货物明细表等单证代替委托书。

2. 订舱申请

货运代理人接受发货人的委托后，应根据货主提供的有关贸易合同或信用证条款的规定如托运人、收货人、通知人、目的港、货物品名、件数、毛重、尺码、出货日期、运费条款、其他要求如熏蒸、报关、报验等，在货物托运前一定时间，向无船承运人申请订舱。

无船承运人汇总货运代理人提供的订舱信息，参考与之有业务往来的集装箱班轮公司经营的航线、舱位等具体情况，区别货物种类，合理组合，将各货运代理人不足一个集装箱的货物拼成一个20英尺或40英尺的整箱货，向船公司或其代理人订舱。

3. 接受订舱

如船公司或其代理人接受无船承运人订舱申请，则在双方议定船名、航次等信息后，在场站收据副本（海关联）上盖章表示确认接受订舱。并着手按船舶、航次的情况编制订舱清单，然后分送到集装箱堆场、集装箱码头等有关部门，据以安排空箱的发放以及重箱的交接、保管以及装船工作。船公司或其代理同意订舱申请后，就会签发集装箱发放空箱提取通知书（提箱单）和集装箱设备交接单，凭以提取空箱。

4. 提取空箱

无船承运人根据拼箱货的情况制作预配清单，并把船公司或其代理签发的集装箱发放空箱提取通知书（提箱单）和集装箱设备交接单传真给货运站（CFS），凭以提取空箱。空箱提取进入货运站后，应核实箱号、箱主是否有误及检查箱体是否破损，并及时向无船承运人反馈空箱箱号信息。

5. 货物进库

无船承运人接受各拼箱发货人的托运申请后，签发进仓通知单，各拼箱发货人或其代理人据此将货物送到集装箱货运站。

6. 报检报关

各拼箱货发货人按照报检和报关有关规定进行货物的报检和报关。

7. 货物装箱

货运站将各拼箱发货人或其代理人送来的货物收货入库，待整个箱内货物全部到齐并报关放行后进行装箱。货物装箱时，需有货运站申请理货人员到场计数验残。装箱完毕，货运站负责施加船公司铅封，并填制装箱单等。

8. 集装箱交接

货运站安排人员和机械将集装箱从货运站移到码头堆场。

9. 集装箱装船

集装箱码头装卸部门根据装船计划，将出运的集装箱调整到前方堆场，按预先编制的堆存计划堆放，待船舶到港后按集装箱船实际配积载图装船。

10. 签发提单

整箱货装船后，集装箱班轮公司签发海运提单或其他单据给集拼经营人；集拼经营人在货物装船后签发自己的提单（House B/L）给每个拼箱发货人或其代理人。

11. 传递资料

集拼经营人将货物装船及船舶预计抵达卸货港等信息告知其卸货港的代理人，同时，还将船公司签发的海运提单及自己的提单复印件等单据交卸货港代理人，以便向船公司提货和向收货人交付货物。

12. 提单交接

发货人和收货人之间办理有关单证的交接。

13. 提取整箱货

集拼经营人在卸货港的代理人凭船公司的海运提单向船公司或代理提取整箱货，在货运站安排拆箱、入库等操作。

14. 提取拼箱货

收货人凭集拼经营人的提单和海关已放行的提货单等在货运站提取拼箱货。

15. 空箱回运

货运站将全部掏箱交货完毕的空箱运回集装箱堆场，并凭设备交接单办理还箱手续。

思考与练习

1. 简述集装箱主要的交接方式。
2. 简述整箱货海运出口流程。
3. 简述整箱货海运进口流程。
4. 简述拼箱货海运出口流程。
5. 简述拼箱货海运进口流程。

任务二　集装箱海运进出口业务主要单证

任务目标

熟悉集装箱进出口业务使用的单证种类；熟悉各单证的组成、作用和流转程序。

引 例

国际集装箱（多式联运）工业性试验的推广应用成果

"七五"期间，在原国家计委等部（委）的支持配合下，交通部主持了"国际集装箱运输系统（多式联运）工业性试验"（以下简称"工试"），在上海口岸通过设备配套、技术开发、制定规章、统一单证，发展和完善了以上海港为枢纽，向国外和内陆两个扇面辐射的干支线相衔接的国际集装箱运输系统和示范模式，取得了值得推广的成套经验。1990年，交通部、铁道部联合发布《"工试"国际集装箱多式联运有关办法、规定的通知》，并于"八五"期间在大连、天津全面推广"上海工试"成套技术，在青岛、广州、南京等18个口岸推广使用三种运输单证。

"工试"中推行使用的三种单证就是该通知中的附件《国际集装箱运输单证管理规定（试行）》规定的单证即场站收据（含集装箱货物托运单）、交货记录（含集装箱货物提货单）、设备交接单等。通过"工试"技术的推广应用，我国集装箱运输走上了正规化、标准化的道路，管理水平有了明显的提高，迈上了一个新台阶。

问题：简述"工试"技术的推广应用对我国集装箱运输管理的意义。

在集装箱海运进出口流程中，会使用到许多业务单证，这些业务单证是集装箱运输业务有关方的责任、权利、义务转移的凭证和证明，它与集装箱货物的交接、责任划分、保险、索赔等问题有着十分密切的关系。

集装箱运输单证由三大系统单证组成，包括出口运输单证、进口运输单证及向口岸各监管部门申报所用的单证。其中的场站收据、交货记录、设备交接单就是当年"工试"技术推广应用的成果。本任务根据集装箱海运进出口业务流程，重点介绍部分单证。

一、出口货运代理委托书

出口货运代理委托书简称委托书，如图2-2-1所示，它是委托方（货主）向被委托方（货运代理人）提出的一种"要约"，被委托方一经书面确认就意味着双方之间契约行为的成立。委托书详列托运各项资料和委托办理事项及工作要求，它是货运代理人的工作依据。委托书的主要内容有委托单位名称与编号、托运货物内容、装运事项、提单记载事项、货物交运日期及交运方式、货物备妥日期、集装箱运输有关事项。在实际工作中，货主采用图2-2-2单证代替委托书。

海运出口货运代理委托书

委托日期	年 月 日

委托单位名称	

提单 B/L 项目要求	发货人: Shipper:
	收货人: Consignee:
	通知人: Notify Party:

海洋运费（√） Ocean Freight	预付 或 到付 Prepaid or Collect:	提单份数		提单寄送 地址	
起始港		目的港		可否 转船	可否 分批
集装箱预配数	20' x		40' x	装运 期限	有效 期限

标记唛头	件数及 包装式样	中英文货号 Description of goods (In Chinese&English)	毛重 (公斤①)	尺码 (立方米)	成交条件 (总价)
			特种货物 □ 冷藏品 □ 危险品	重件：每件重量 大 件： (长×宽×高)	

内装箱（CFS）地址		货物报关、报检（√） 自理 或 委托	
门对门装箱点	地址	货物备妥日期	
	电话　　　　　联系人	货物进栈（√） 自送 或 派车	

随附单证份	出口货物报关单	商业发票	委托方	委托人
	出口收汇核销单	装箱清单		电话
	进来料加工手册	出口许可证		传真
	原产地说明书	出口配额证		地址
	危险货物说明书	商检证		
	危险货物包装证	动植物检疫证		委托单位盖章
	危险货物装箱申明书			
备注				

图 2-2-1 出口货运代理委托书

---

① 1公斤=1千克。

福建长乐宝丽纺织有限公司
FUJIAN CHANGLE BAOLI TEXTILE CO.,LTD.

S/O

TO：林小姐　　　　　　　FM：王先生

SHIPPER：FUJIAN CHANGLE BAOLI TEXTILE
CNEE：CHONG SANGA LTD
NOTIFY PARTY：CHONG SANGA LTD
PORT OF LOADING ：FUZHOU，CHINA
DEST：BANGKOK

MARKS：CHONG
　　　　CTN NO
　　　　BANGKOK
　　　　　NO：

100ROLLS/5200KGS/21CBM
DESCRIPTION OF GOODS：KNITTEDFABRIC

1. 配载 2 月 8 日船期
2. 安排 2 月 4 日装柜
3. 费用确认 USD200/20'

图 2-2-2　实践业务使用的委托书

二、场站收据（Dock Receipt，D/R）

场站收据是国际集装箱运输专用出口货运单证。场站收据一般是在托运人与船公司或船代达成货物运输的协议，船代确认订舱后由船代交托运人或货代填制。场站收据由承运人签发，证明船公司已从托运人处接收了货物，并证明当时货物状态，是船公司对货物开始负有责任的凭证。托运人据此向承运人或其代理人换取待装提单或装船提单。场站收据是一套联单，它相当于传统的托运单、装货单、收货单等一整套单据。场站收据联式内容如图 2-2-3 所示。

项目二　集装箱货物交接方式与集装箱海运进出口业务

▽ Shipper(发货人)	D/R NO.(编号)　　上远货运
Consignee(收货人)	场　站　收　据 DOCK RECEIPT
Notify Party(通知人)	Received by the Carrier the Total number of containers or other packages or units stated below to be transported subject to the terms and conditions of the Carrier's regular form of Bill of Lading (for Combined Transport or Port to Port Shipment) which shall be deemed to be incorporated herein. Date (日期):
Pre-carriage by(前程运输)　　Place of Receipt(收货地点)	场站章
Ocean Vessel(船名)Voy. No.(航次)　Port of Loading(装货港)	
Port of Discharge (卸货港)　Place of Delivery (交货地点)	Final Destination for the Merchant's Reference (目的地)

第七联

Container No. (集装箱号)	Seal No.(封志号) Marks & Nos. (标记与号码)	No. of containers or packages (箱数或件数)	Kind of Packages; Description of Goods (包装种类与货名)	Gross Weight 毛重(公斤)	Measurement 尺码(立方米)

Particulars Furnished by Merchants（托运人提供详细情况）

TOTAL NUMBER OF CONTAINERS OR PACKAGES (IN WORDS)
集装箱数或件数合计(大写)

Container No.(箱号)　Seal No.(封志号)　Pkgs(件数)　Container No.(箱号)　Seal No.(封志号)　Pkgs.(件数)

	Received (实收)	By Terminal Clerk.(场站员签字)
FREIGHT & CHARGES	Prepaid at(预付地点)　　Payable at(到付地点)	Place of Issue(签发地点)
	Total Prepaid(预付总额)　No of Original B(S)/L(正本提单份数)	BOOKING(订舱确认) APPROVED BY

	Service Type on Receiving □-CY, □-CFS, □-DOOR	Service Type on Delivery □-CY, □-CFS, □-DOOR	Reefer Temperature Required (冷藏温度)	F	℃
TYPE OF GOODS (种类)	□Ordinary, (普通)　　□Reefer, (冷藏)	□Dangerous, (危险品)	□Auto. (裸装车辆)	危险品	Class: Property: IMDG Code Page: UN No.
	□Liquid, (液体)　　□Live Animal, (活动物)	□Bulk, (散货)			

图2-2-3　场站收据

（一）场站收据的组成

场站收据是由多张单证组成的套合式单证，采用无碳复印纸张印制，按照其各联功能的不同，采用不同的颜色加以区分。不同的集装箱码头、场站所使用联单格式有所不同。本书以十联单格式为例说明场站收据的组成情况。

第 1 联　　　　集装箱货物托运单——货主留底　　　　　　　　白色

早先托运单由货主缮制后将此联留存、故列第一联。

第 2 联　　　　集装箱货物托运单——船代留底　　　　　　　　白色

此联盖有货主的公章或订舱章，船代据以缮制载货清单，船公司据以编制预配图。

第 3 联　　　　运费通知（1）　　　　　　　　　　　　　　　　白色

船代在此联上批注运价，作为船代结算部门办理运费结算的参考依据。

第 4 联　　　　运费通知（2）　　　　　　　　　　　　　　　　白色

此联作为货代向发货人办理运费结算的参考依据。

第 5 联　　　　场站收据副本——装货单（关单联）　　　　　　白色

此联又称场站收据副本或关单，船代在此联上盖订舱章，表示确认接受发货人的订舱申请；海关凭此联受理出口报关申报，经查验合格后在此联盖海关放行章。

第 5 联（附页）缴纳出口货物港务申请书　　　　　　　　　　　白色

此联是港区核算应收的港务费用的单据。

第 6 联　　　　场站收据副本——大副收据　　　　　　　　　　粉红色

此联又称收货单，在货物装船后由大副签字和批注，表示所列货物已经装上船；装船结束后，船代凭此联签发已装船提单。

第 7 联　　　　场站收据（正本联）　　　　　　　　　　　　　淡黄色

此联由堆场或货运站加盖场站收据签章，表示已代表船方接收了单据上的货物，托运人或货代凭此联要求船代签发正本提单（收货待运提单）。

第 8 联　　　　货代留底　　　　　　　　　　　　　　　　　　白色

此联由货运代理公司留存以备查询、编制货物流向单。

第 9 联　　　　配舱回单（1）　　　　　　　　　　　　　　　　白色

配舱后交还发货人，发货人凭此联缮制提单；如果货运代理统一缮制提单，则由货代缮制提单。

第 10 联　　　　配舱回单（2）　　　　　　　　　　　　　　　白色

根据此联回单批注修改提单。如果货运代理统一缮制提单，第 9 联、第 10 联就不用退还发货人了。

（二）场站收据的作用

根据上述场站收据各联单的描述，场站收据的作用主要有以下几点：

① 是托运人和承运人运输合同开始执行的证明。
② 是出口集装箱货物报关的凭证之一。
③ 是承运人已收到托运货物并对货物开始负有责任的证明。
④ 是换取海运提单或其他类似单证的凭证。
⑤ 是船公司、集装箱码头组织装卸、理货、配载的资料。
⑥ 是集装箱运费结算的依据。

（三）场站收据的流转程序

在集装箱货物出口托运过程中，场站收据要在多个机构和部门之间流转。在流转过程中涉及托运人、货代、船代、海关、堆场、理货公司、集装箱船舶等。一式十联的场站收据联单的流转程序如下：

① 货运代理接受托运人的委托后填制一式十联场站收据，并将第1联（货主留底联）由货主留存以备查询，将其余9联送船公司或船代申请订舱。

② 船公司或船代经审核确认接受订舱申请，确定船名、航次，给每票货物一个提单号，将提单号填入9联单相应栏目，并在第5联（装货单联）加盖确认订舱章，然后留下2～4联，其余5～10联退还托运人或货代。

③ 货代留下第8联（货代留底联）用于编制货物流向单及作为留底以备查询。并将第9联（配舱回单（1）联）退给托运人作为缮制提单和其他货运单证的依据；如果由货代缮制单证，则不需退还给托运人。

④ 货代将第5～7联（已盖章的装货单联、缴纳出口货物港务申请书联、场站收据大副联、场站收据正本联）随同报关单和其他出口报关用的单证向海关办理货物出口报关手续。

⑤ 海关接受报关申报后，经过查验合格，征关税后对申报货物进行放行，在第5联（装货单联）上加盖海关放行章，并将5～7联退还给货代。

⑥ 货代将退回的5～7联及第10联［配舱回单（2）联］随同集装箱或待装货物送装箱地点（货主指定地方、CY或CFS）装箱。

⑦ CY或CFS查验集装箱或货物后，先查验第5联的海关放行章，再检查进场货物的内容、箱数、货物总件数是否与单证相符。若无异常情况则在第7联（场站收据正本联）上加批实收箱数并签字、加盖场站收据签证章，在第10联（配舱回单（2）联）上签章；如实际收到的集装箱货物与单证不符，则需在第5联、第10联上作出批注，并将其退还货代或货主，而货代或货主则须根据批注修改已缮制的提单等单证。场站留下第5、第6联；第5联（装货单联）归档保存以备查询；第5联附页用来向托运人或货代结算费用；第6联（大副收据联）连同配积载图应及时转交理货部门，由理货员在装船完毕后交船上大副留底。第7联（场站收据正本联）应退回托运人或货代。

⑧ 托运人或货代拿到第7联（场站收据正本联），并凭此要求船代签发正本提单（装船前可签发收货待运提单，装船后可签发已装船提单）。但在实际业务中，托运人或货代并不取回第7联，而是在集装箱装船4小时内，由船代在港区和现场人员与港区场站签证组交接将其带回，船代据此签发装船提单。

三、集装箱预配清单

集装箱预配清单是船公司为集装箱管理需要而设计的一种单据。该清单格式及内容，各船公司大致相同，一般有提单号、船名、航次、货名、件数、毛重、尺码、目的港、集装箱类型、尺寸和数量、装箱地点等。货运代理人在订舱时或一批一单，或数批分行列载于一单，按订舱单内容缮制后随同订舱单据送船公司或其代理人，船公司配载后将该清单发给空箱堆存点，据以核发设备交接单及空箱之用。集装箱预配清单见表2-2-1。

表 2-2-1　集装箱预配清单

提单号	运编号	货代/托运人	目的港	货名	件数	毛重/公斤	净尺码/立方米	箱公司	20'	40'	40H	45'	F/L	P/C	装箱条款	装箱人	备注
COS6314206101	2001SDT001	凯通德尚贸易	DAMMAN	蘑菇罐头	1 700	19 074	22.80	COSCO	1				FCL	P		DOOR	富达

四、集装箱空箱提取通知单（Container Release Order）

集装箱空箱提取通知单，是船公司或其代理指示集装箱堆场将空集装箱及其他设备提交给本单持有人的书面凭证。船公司或其代理根据集装箱预配清单签发空箱提取通知单，发货人或货运代理凭由船公司或其代理人签发的集装箱预配清单和配舱回单，到船公司箱管部门办理申请提空箱手续，经该箱管部门签发设备交接单并加盖放箱章后，到船公司指定的集装箱堆场提取空箱。在通常情况下，整箱货由发货人或其货运代理自行提箱；拼箱货则由货运站负责提箱。该单证一式三联，由船公司或其代理签发，除自留一联备查外，发货人或集装箱堆场和集装箱货运站各持一联。空箱提取通知书内容如图 2-2-4 所示。

太平船务公司福州分公司

空箱提取通知书

TO：大裕　　　NO：M2005

ATTN：李先生

FM：PIL

兹有用箱单位　胜狮　提取 PIL 空集装箱。

船名/航次：YE SHAN 3 V. 0020　　提单号：PILU0602070

目的港：BANGKOK 马尾港出口箱数箱型：1X20'GP，请贵司予以协助办理。

签字盖章：陈

日期：20060201

有效期 5 天

注：1 空箱移场时，移场前箱体破损的，必须在设备交接单上注明，否则以好箱论。

2 提取空集装箱时，如箱体破损、污染、有异味的，拖车公司有理由拒提。提走后发现损坏、污染、异味而被客户租用，由拖车承担各项费用。

3 堆场根据我司开具的放箱单放箱；放箱单如有更改，须加盖闽海货代的更正章。

4 如有退载，请及时通知我司，并还柜到迅通堆场。

箱型	1～10 天	11～40 天	40 天以上
20	免费	4箱/天	16箱/天
40	免费	8箱/天	32箱/天

图 2-2-4　空箱提取通知书

五、集装箱设备交接单（Equipment Interchange Receipt，EIR）

集装箱设备交接单又称为设备交接单，是集装箱所有人或其代理人签发的用以进行集装箱及其他设备的发放、收受等移交手续并证明移交时箱体状况的书面凭据。集装箱所有人或其代理人一般都印制自己的设备交接单，其内容大同小异。设备交接单的正面填写内容有：用箱人/运箱人、提箱地点、发往地点、返回/收箱地点、船名/航次、集装箱箱号、铅封号、提单号、进出场状态、进出场检查记录等。设备交接单的背面印有划分管箱人和用箱人之间责任的使用集装箱合同条款等。集装箱设备交接单内容如图2-2-5和图2-2-6所示。

图2-2-5 集装箱设备交接单（出场）

图 2-2-6 集装箱设备交接单（进场）

（一）集装箱设备交接单的组成

集装箱设备交接单分出场（OUT）和进场（IN）两种，其联式内容如图 2-2-5 和图 2-2-6 所示。这两种设备交接单除正面内容的个别项目外大致相同，都各有 3 联，分别为：

第 1 联	船公司或代理留底联	白色
第 2 联	码头或堆场联	红色
第 3 联	用箱人或运箱人联	蓝色

（二）集装箱设备交接单的作用

① 是管箱人发放、回收集装箱或用箱人提取、还回集装箱的凭证。
② 是证明双方交接时集装箱状态的凭证及划分双方责任、义务和权利的依据。
③ 是集装箱所有者掌握集装箱分布动态、加强箱务管理的重要资料。

（三）集装箱设备交接单的流转程序

单证通常由箱主或其代理人签发给用箱人，用箱人据此向场站领取或送还集装箱及设备。

① 船公司填制设备交接单交用箱人或运箱人。

② 在集装箱出口业务中，用箱人或运箱人到集装箱堆场提取空箱时出示设备交接单（OUT 联），由经办人员对照设备交接单，检查集装箱外表状况后，双方签字，集装箱堆场留下码头或堆场联、船公司或其代理联，将用箱人与运箱人联退还给用箱人或运箱人，集装箱堆场将留下的船公司或其代理联交还给船公司；当用箱人装箱后交还重箱给集装箱码头时出示设备交接单（IN 联），由经办人员对照设备交接单、检查箱体后，双方签字，集装箱码头留下码头或堆场联、船公司或其代理联，将用箱人与运箱人联退还给用箱人或运箱人，集装箱码头将留下的船公司或其代理联交还给船公司。

③ 在集装箱进口业务中，用箱人或运箱人到集装箱码头提取重箱时出示设备交接单（OUT 联），由经办人员对照设备交接单，检查集装箱外表状况后，双方签字，集装箱码头留下码头或堆场联、船公司或其代理联，将用箱人与运箱人联退还给用箱人或运箱人，集装箱码头将留下的船公司或其代理联交还给船公司；当用箱人拆箱后交还空箱给集装箱堆场时出示设备交接单（IN 联），由经办人员对照设备交接单检查箱体后，双方签字，集装箱堆场留下码头或堆场联、船公司或其代理联，将用箱人与运箱人联退还给用箱人或运箱人，集装箱堆场将留下的船公司或其代理联交还给船公司。

六、集装箱装箱单（Container Load Plan，CLP）

集装箱装箱单是详细记载集装箱内货物的名称、数量等内容的单据，每个载货集装箱都要制作这样的单据，它是根据已装进集装箱内的货物制作的。整箱货（FCL）发货人自己装箱，拼箱货（LCL）由集装箱货运站负责装箱。无论是整箱货还是拼箱货，负责装箱的人都要制作装箱单。集装箱装箱单内容如图 2-2-7 所示。但目前集装箱装箱单经常采用简化的方式，如图 2-2-8 所示。

装箱单
CONTAINER LOAD PLAN

集装箱号 Container No.		集装箱规格 Type of Container. 20 40
铅封号 Seal No.		冷藏温度 Reefer-temp. Required °F °C

船名 Ocean Vessel	航次 Voy.No.	收货地点 Place of Receipt □场 CY □站 CFS □门 Door	装货港 Port of Loading	卸货港 Port of Discharging	交货地点 Place of Delivery □场 CY □站 CFS □门 Door

提单号码 B/L No.	1.发货人 Shipper 2.收货人 Consignee 3.通知人 Notify	标志和号码 Marks & Numbers	件数及包装种类 No.& Kind of Pkgs.	货名 Description of Goods	质量（公斤） Weigh kg.	尺码（立方米） Measurement Cu.M.	备注 Remarks
		底 Front 门 Door		总件数 Total Number of Packages 重量及尺码总计 Total Weight & Measurement			危险品要注明危险品标志分类及闪点

重新铅封号 New Seal No.	开封原因 Reason for Breaking Seal	装箱日期 Date of vanning: .... 装箱地点 at: .... （地点及国名 Place & Country）		皮重 Tare Weight		In case of dangerous goods, please enter the label classification and flash point of the goods.
出口 Export	驾驶员签收 Received by Drayman	堆场签收 Received by CY	装箱人 Packed by:	总毛重 Gross Weight		
进口 Import	驾驶员签收 Received by Drayman	货运站签收 Received by CFS	发货人货运站 (Shipper/CFS)	发货人或货运站留存 1. SHIPPER/CFS (1) 一式十份 此栏每份不同 （签署）Signed		

AUSTRALIAN DEPARTMENT OF HEALTR, QUARANTINE DECLARATION.

Cargo — 1. Wooden crates, cases;
□ not used （未用过）, □ treated （已处理）,
□ not treated （未处理）
2. Timber pallets, dunnage;
□ not used （未用过）, □ treated （已处理）,
□ not treated （未处理）
3. Straw packing and/or rice hulls and/or similar packing material;
□ not used （未用过）, □ used （用过）
Container — Timber components;
□ not used （未用过）, □ treated （已处理）,
□ not treated （未处理）, □ not exposed （未外露）

Certificates and/or declaration for treatment will be forwarded by the shipper to consignee with invoice or shipping documents. We hereby certify that the container has been throughly cleaned prior to vanning and that all evidence of previous contents has been removed.
Packed by:

签署 Signed   签署 Signed

图 2-2-7 集装箱装箱单（一）

福建省泉州设备进出口公司
Fujian Quanzhou Machinery& Equipment I/E Corporation.

PACKING LIST
装箱单

CONTACT NO :BKK013　　　　INVOICE NO：20060201
L/C NO：　　　　　　　　　　DATE：01-FEB-2006

MARK	PACKAGE	DESCRIPTION	NET WEIGHT	GROSS WEIGHT
CHONG CTN NO. BANGKOK NO:	100ROLLS	KNITTED FABRIC	5 000KGS	5 207.8KGS
TOTAL:	100ROLLS		5 207.8KGS	21.5CBM

FUJIAN CHANGLE BAOLI TEXTILE CO.,LTD.
福建长乐宝丽纺织有限公司
（公章）

图 2-2-8 集装箱装箱单（二）

（一）集装箱装箱单的组成

目前，各港口使用的装箱单大同小异，上海港使用的集装箱装箱单一式五联，由码头联、船代联、承运人联、发货人/装箱人联组成。

（二）集装箱装箱单的作用

集装箱装箱单是详细记载每一个集装箱内所装货物详细情况的唯一单据。集装箱装箱单的主要作用有：

① 作为发货人、集装箱货运站与集装箱码头堆场之间货物的交接单证。
② 作为向船方通知集装箱内所装货物的明细表。
③ 单据上所记载的货物与集装箱的总重量是计算船舶吃水差、稳性的基本数据。
④ 是在卸货地点办理集装箱保税运输的单据之一。
⑤ 当发生货损时，是处理索赔事故的原始单据之一。
⑥ 是卸货港集装箱货运站安排拆箱、理货的单据之一。

（三）集装箱装箱单流转程序

① 装箱人将货物装箱，缮制实际装箱单一式五联，并在装箱单上签字。
② 五联装箱单随同货物一起交付给拖车司机，指示司机将集装箱送至集装箱堆场，在司机接箱时应要求司机在装箱单上签字并注明拖车号。
③ 集装箱送至堆场后，司机应要求堆场收箱人员签字并写明收箱日期，以作为集装箱已进港的凭证。
④ 堆场收箱人在五联单上签章后，留下码头联、船代联和承运人联（码头联用以编制装船计划，船代联和承运人联分送给船代和承运人用以缮制配积载计划和处理货运事故），并将发货人/装箱人联退还给发货人或货运站。发货人或货运站除留一份发货人/装箱人联备查外，将另一份送交发货人，以便发货人通知收货人或卸箱港的集装箱货运站，供拆箱时使用。

七、交货记录（Delivery Record，D/R）

交货记录是集装箱运输承运人把货物交付给收货人或其代理人时，双方共同签署的证明货物已经交付及货物交付时情况的单证。交货记录联单内容如图2-2-9~图2-2-11所示。

（一）交货记录的组成

标准交货记录格式一套共五联，各联单分别为：

第1联	到货通知书	白色
第2联	提货单	白色
第3联	费用账单（一）	蓝色
第4联	费用账单（二）	红色
第5联	交货记录	白色

```
Carrier:                                    Page 1
Hapag-Lloyd AG, Hamburg          Arrival Notice        Attn: Import Department
Notify Address:
RAYCO (XIAMEN) MEDICAL PRODUCTS
COMPANY LIMITED                                         Hapag-Lloyd
BUILDING 91, NO. 308, WENG JIAO RD
XINYANG INDUSTRIAL ZONE           Hapag-Lloyd Reference:
361022 XIAMEN CN                       11142517    SWB  HLCUCHI090492150

                                  Export Reference:
Shipper:
CARESTREAM HEALTH, INC.
WINDSOR DISTRIBUTION CENTER       Please address inquiries to:
2000 HOWARD SMITH AVE. WEST       HAPAG-LLOYD (CHINA) SHIPPING LTD
80550                             XIAMEN BRANCH
WINDSOR CO                        RM. 7B, INTERNATIONAL BANK BLDG.,
                                  361001 XIAMEN, CHINA

                                  Please address payments to:




Oncarrier:          Voyage-No:            Remarks:
                                          XIAMEN

Ocean Vessel:       Voyage-No.:   15W17
OOCL TOKYO          Port of Loading:
                    LONG BEACH
Port of Discharge:  Due to arrive:        Discharging Pier/Terminal:
XIAMEN CHINA        05.13.2009
Container Nos.,Seal Nos.;Marks and Nos  Number and Kind of Packages. Description of Goods   Gross Weight:   Measurement:
                                 1 CONT. 40'X9'6" REEFER CONTAINER SLAC*
HLXU  8732709    14 PCS                                           12932,5      21,548
SEALS:           HEALTH IMAGING RELATED PRODUCTS                  KGM          MTQ
051566           HS-CODE : 90 00 00
A051566          SET TEMPERATURE : +16.6 C
                 MOVEMENT : FCL / FCL
                 UN PKGS  : PK

                 ==================
                 14 PACKAGES

Charge              Rate Basis   W/M/V Curr    Prepaid       Collect
------------------------------------------------------------------
BUNKER CHARGE                                    X
LUMPSUM                                          X
```

到 货 通 知

以上进口货物，请贵司带有关单证(加盖公章)到外代进口科办理提货手
续，并请及时办理报关，以免产生滞期金及仓租费等给贵司带来不必要
的经济损失。若有疑问，请与我司联系：
电话：0592-2267975；2267690 传真：0592-2267702

备注：进口码头作业为 RMB 370/20' (干货箱) RMB 560/40' (干货箱)
                    RMB 410/20' (冷冻箱) RMB 610/40' (冷冻箱)
欧地线单证费：   RMB 150/每单计
其他航线单证费：   RMB 125/每单计

赫伯罗特船务(中国)有限公司厦门分公司
厦门市鹭江道8号国际银行大厦7楼B单元

图 2-2-9 交货记录联单（一）

项目二 集装箱货物交接方式与集装箱海运进出口业务

中国厦门外轮代理有限公司(作为船公司的代理人)
CHINA OCEAN SHIPPING AGENCY, XIAMEN

No 00300236

致： 8RRR 港区·场站
收货人： RAYCO (XIAMEN) MEDICAL PRODUCTS COMPANY LIMITED
锐珂(厦门)医疗器材有限公司

提 货 单
DELIVERY ORDER

船档号： OTOK903 第 1 页
靠泊码头 HAI RUN WHARF
IMP9037626
TALLY: TA

下列货物已办妥手续，运费结清，准予交付收货人

船名	OOCL TOKYO 东方东京	航次	15W17	起运港	LONG BEACH CA	卸货港	XIAMEN
提单号	HLCUCHI090492150	交付条款	CY-CY	目的地	XIAMEN	运费	P
到达日期	2009/05/13	箱 数	0001X40	一程船名			

唛头	箱 号/铅封号	货 名	总件数	总重量(KGS)	总体积(CBM)
NIL MARKS	HLXU8732709/40RH/051566	HEALTH IMAGING RELATED PRODUCTS Temperature Set +16.6C To +16.	14 PACKAGE	12 932.50	21.548

1 收货人章	2 海关章	3	4
5	6	7	8

重要提示：
1. 本提货单中有关船、货信息依据船公司的相关资料填制，请当场核对内容；
2. 凡属法定检验、检疫的进口商品，必须向有关监管机构申报；
3. 根据海关法规定，货物到港(站)14天内未能及时向海关申报，由此引起的海关滞报金，由收货人承担；货物抵港三个月不提取，将作无主货物由海关提取处理；
4. 货物到港(站)未能及时提取货物，由此引起的集装箱超期使用费、码头堆存费、移箱费等费用，由收货人承担；
5. 在本提货单下，承运人代理人及雇佣人的任何行为，均应被视为代表承运人的行为，均应享受承运人享有的免责、责任限制和其他任何抗辩理由；
6. 凡集装箱货物均需打印设备交接单，请前往我司财务部押款后办理。

中国厦门外轮代理有限公司
年 月 日

NO: PXM-LI-F18　打印人： 陈睿琳　打印次数 1　2009　5　12
日期：2005.05.1　　　　　　　　　格式版次： 0
　　　　　　　　　　　　　　　　更 改 次： 4

图 2-2-10 交货记录联单（二）

收货人	名　称		收货人开户	
	地　址		银行与账号	
船　名		航　次	起运港	目的地
卸货地点		到达日期	进库场日期	第一程运输
标记集装箱	货　名	集装箱数	件　数	重　量（DGS）	体　积（m³）

交货记录

日　期	货名或集装箱号	出库数量			操作过程	件　数	签　名	
		件　数	包　装	重　量			发货员	取货人
						收货人章	储区场站章	
备　注								

图 2-2-11　交货记录联单（三）

(二) 交货记录的作用

① 是承运人或代理人通知收货人或代理人的到货通知，以便收货人或代理人提前做好收货的准备。

② 是承运人或代理人同意将货物交付给收货人或代理人的凭证。

③ 是收货人或代理人从承运人或代理人处提取货物的凭证。

④ 是承运人或代理人向收货人或代理人收取有关费用的凭证。
⑤ 是承运人或代理人与收货人或代理人责任转移的凭证。

(三) 交货记录的流转

① 船舶代理人在收到进口货物单证资料后，通常会向收货人或其代理人发出"到货通知书"。

② 收货人或其代理人在收到"到货通知书"后，凭"正本提单"（背书）向船舶代理人换取"提货单"及场站、港区的"费用账单（一）"和"费用账单（二）"、"交货记录"联等四联。"提货单"须经船代盖章后才有效。

③ 收货人或其代理人持"提货单"在海关规定的期限内备妥报关资料，向海关申报。海关验放后在"提货单"的规定栏目内盖放行章。收货人或其代理人还要办妥其他有关手续的，须取得有关单位盖章后放行。

④ 收货人及其代理人凭已盖章放行的"提货单"及"费用账单（一）"、"费用账单（二）"、"交货记录"联向场站或港区的营业所办理申请提货作业计划，港区或场站营业所核对"提货单"是否有效及有关放行章后，将"提货单"、"费用账单（一）"和"费用账单（二）"留下，做放货、结算费用及收费收据。在第5联"交货记录"上盖章，以示确认手续完备，受理作业申请，安排提货作业计划，并同意放货。

⑤ 收货人及其代理人凭港区或场站已盖章的"交货记录"联到港区仓库或场站仓库、堆场提取货物，提货完毕后，提货人应在规定的栏目内签名，以示确认提取货物无误。"交货记录"上所列货物数量全部提完后，场站或港区应收回"交货记录"联。

⑥ 场站或港区凭收回的"交货记录"联核算有关费用。填制"费用账单（一）"和"费用账单（二）"，一式两联，结算费用。

⑦ 港区或场站将第二联"提货单"联及第四联"费用账单"联、第五联"交货记录"联留存归档备查。

思考与练习

1. 什么是场站收据？它的组成有哪些，有什么作用？
2. 什么是设备交接单？它的组成有哪些，有什么作用？
3. 什么是设备装箱单？它的组成有哪些，有什么作用？
4. 什么是交货记录单？它的组成有哪些，有什么作用？
5. 简述场站收据的流转程序。

任务三　集装箱海运提单业务

任务目标

熟悉集装箱海运提单的定义、作用和分类；熟悉海运提单条款的主要内容；熟悉正本提单、无正本提单凭保函、电放和海运单提货形式。

> **引 例**
>
> **无正本提单提货的案例**
>
> 1998年4月,中国轻工业原材料总公司(下称中国轻工公司)与汕头某公司(下称汕头公司)签订了一份代理进口脂肪醇的协议,约定中国轻工公司代理汕头公司进口脂肪醇并向卖方开具信用证。同年5月8日,中国轻工公司与日本某公司签订一份购买脂肪醇的国际货物买卖合同,并开具了90天远期信用证,约定的价格术语是CFR。其间,中国轻工公司要求修改信用证,修改的内容并未涉及提单。同年6月5日,中国轻工公司通过银行收到全套正本提单,并议付了信用证项下的全部货款97万美金。780吨货物从日本运抵中国南方某港口后,5月21日汕头公司凭该司自行出具的保函,通过港口某外轮代理公司将货物提走。汕头公司未向中国轻工公司支付货款及代理费。
>
> 中国轻工公司支付了信用证项下的货款,持正本提单却提不到货,也未从汕头公司收到货款,遂于1999年1月以提单侵权赔偿为由将该票货物的承运人日本某船运公司、船舶所有人巴拿马某海运公司及港口某外轮代理公司推上了被告席,要求三被告连带赔偿中国轻工公司货款损失97万美金及其利息损失。
>
> 问题:中国轻工公司为什么持正本提单却提不到货?本案例中的三被告承运人日本某船运公司、船舶所有人巴拿马某海运公司及港口某外轮代理公司是否应该对中国轻工公司的损失进行补偿?理由是什么?

一、集装箱海运提单的定义和作用

(一) 集装箱海运提单的定义

提单的英文是 Bill of Lading,可简写为 B/L。提单是班轮运输中的重要单证,也是国际贸易的重要单证之一。《中华人民共和国海商法》(以下简称《海商法》)第71条对提单的定义是:"用以证明海上货物运输合同和货物已经由承运人接收或者装船,以及承运人保证据以交付货物的单证。提单中载明的向记名人交付货物,或者按照指示人的指示交付货物,或者向提单持有人交付货物的条款,构成承运人据以交付货物的保证。"对提单的定义来源于《汉堡规则》,它明确说明了提单的性质和作用。

集装箱海运提单(Container B/L)是集装箱货物运输下主要的货运单据,是负责集装箱运输的船舶经营人或其代理人在收到集装箱货物后而签发给托运人,证明货物已经收到,并保证在目的地凭以交付货物的书面凭证。集装箱海运提单法律效力和作用与传统提单都是相同的。但为了适应集装箱运输的需要,集装箱海运提单正面内容除了与传统海运提单相同外,还增加了收货地点、交货地点、交接方式、集装箱号、封志号等内容,如图2-3-1所示。

(二) 集装箱海运提单的作用

集装箱海运提单与传统的海运提单具有相同的作用,其作用一般被归纳为以下三点:

1. Shipper Insert Name, Address and Phone ZHEJIANG LIGHT INDUSTRIAL PRODUCTS IMPORT AND EXPORT CORPORATION	B/L No. YB5008
2. Consignee Insert Name, Address and Phone TO ORDER OF BLUE SKY HOLDINGS LTD. HONGKONG.	中远集装箱运输有限公司 COSCO CONTAINER LINES TLX: 33057 COSCO CN FAX: +86(021) 6545 8984

ORIGINAL
Port-to-Port or Combined Transport
BILL OF LADING

3. Notify Party Insert Name, Address and Phone
(It is agreed that no responsibility shall attsch to the Carrier or his agents for failure to notify)
BLUE SKY HOLDINGS LTD. HONGKONG.

RECEIVED in external apparent good order and condition except as otherWise noted. The total number of packages or unites stuffed in the container, The description of the goods and the weights shown in this Bill of Lading are Furnished by the Merchants, and which the carrier has no reasonable means Of checking and is not a part of this Bill of Lading contract. The carrier has Issued the number of Bills of Lading stated below, all of this tenor and date, One of the original Bills of Lading must be surrendered and endorsed or signed against the delivery of the shipment and whereupon any other original Bills of Lading shall be void. The Merchants agree to be bound by the terms And conditions of this Bill of Lading as if each had personally signed this Bill of Lading.
SEE clause 4 on the back of this Bill of Lading (Terms continued on the back Hereof, please read carefully).
*Applicable Only When Document Used as a Combined Transport Bill of Lading.

4. Combined Transport * Pre - carriage by	5. Combined Transport* Place of Receipt
6. Ocean Vessel Voy. No. SUNFENG V. 188	7. Port of Loading SHANGHAI, CHINA
8. Port of Discharge HAMBURG W/T AT HONGKONG	9. Combined Transport * Place of Delivery

Marks & Nos. Container / Seal No.	No. of Containers or Packages	Description of Goods (If Dangerous Goods, See Clause 20)	Gross Weight Kgs	Measurement
N/M CONTAINER NO: GVDU2041118/SEAL21281	200 CARTONS	TOYS AS PER ORDER NO. P01009 AS PER LETTER OF CREDIT NO: LC-515	4 200KGS	17.200M^3
		Description of Contents for Shipper's Use Only (Not part of This B/L Contract)		

10. Total Number of containers and/or packages (in words) TWO HUNDREN CARTONS ONLY
Subject to Clause 7 Limitation

11. Freight & Charges FREITHT COLLECT Declared Value Charge	Revenue Tons	Rate	Per	Prepaid	Collect

Ex. Rate:	Prepaid at	Payable at	Place and date of issue SHANGHAI FEB. 20, 2006.
	Total Prepaid	No. of Original B(s)/L THREE (3)	Signed for the Carrier, COSCO CONTAINER LINES ***

LADEN ON BOARD THE VESSEL SUNFENG V. 188
DATE FEB. 20, 2006   BY COSCO CONTAINER LINES

图 2-3-1 集装箱海运提单

1. 提单是承运人与托运人之间订立海上货物运输合同的证明

提单的背面条款规定了承、托双方责任、义务条款，提单也是法律承认的处理有关货物运输争议的重要依据，但提单的签发是在承运人或其代理人接收货物或是货物装船之后。在提单签发之前，承运人或其代理人从托运人处收到订舱单就已表明承运人接受订舱，运输合同已经成立。在实际业务中，承运人或其代理人在托运人填制的托运单上盖章时，承、托双方之间的运输合同就已经成立了，这说明运输合同签订在前，提单签发在后，而承运人或其代理人安排货物装箱、集港、装船等环节实际上是履行运输合同的过程，提单只是在履行运输合同的过程中出现的一种证据，因此提单的签发也就只能理解为存在运输合同以及证明运输合同的内容，不能理解为运输合同本身。

需要说明的是，如果在提单签发之前，承、托双方另有规定，且规定又不同于提单条款规定的内容，则以规定为准；如果在提单签发之前，承、托双方并无规定，且托运人在接受提单时没有提出任何异议，这时才可以将提单条款推定为运输合同条款，从而约束承、托双方，即提单才能从运输合同的证明转化为运输合同本身。

当提单转让给善意的第三人（收货人、提单的持有人等）以后，承运人与第三人之间的权利、义务就按提单条款的规定处理，即此时提单就是第三人与承运人之间的运输合同。中国《海商法》第78条第1款对此也有相同的规定："承运人与收货人、提单持有人之间的权利、义务关系，依据提单规定确定。"

2. 提单是承运人向托运人出具的已接管货物或者已将货物装船的收据

提单是承运人收到货物后，根据托运人要求按提单所列内容签发给发货人的一份货物收据。承运人签发提单，就表明他已按提单上所列内容收到货物，并有义务在目的港将货物如提单所记载的那样向收货人交付。按照航运惯例，货物的原始收据是场站收据或者大副收据。集装箱货物运至集装箱码头堆场，集装箱码头代表承运人接管货物，并在场站收据上签字交给托运人，托运人据此从承运人处换取提单，但由于此时货物还未装船，因此，承运人签发的提单为收货待运提单。当承运人将货物装上指定的船舶后，大副签发大副收据，承运人根据大副收据签发已装船提单。

由于国际贸易中经常使用FOB、CFR和CIF三个传统的价格术语，在这三个传统的"装运合同"价格术语下，是以将货物装船象征卖方将货物交付给买方，货物装船时间也就意味着卖方的交货时间，因此，提单上还记载有货物装船的时间。银行并不受理收货待运提单，因此，在货物装船后，托运人可凭收货待运提单要求承运人换发已装船提单。我国《海商法》第74条规定："货物装船前，承运人已经应托运人的要求签发收货待运提单或者其他单证的，货物装船完毕，托运人可以将收货待运提单或者其他单证退还承运人，以换取已装船提单；承运人也可以在收货待运提单上加注承运船舶的船名和装船日期，加注后的收货待运提单视为已装船提单。"

提单作为货物收据的法律效力对于托运人或收货人是不同的。对托运人来说，提单只是承运人依据托运人所列提单内容收到货物的初步证据。换言之，如果承运人有确实证据证明他在事实上未收到货物，或者实际收到的货物与提单记载有不符之处，承运人可以向托运人提出反证，证明提单记载的有关货物的情况与实际收到的不符，否则，承运人不能减轻或者免除自己的赔偿责任。

但是，对善意的收货人或提单持有人来说，提单是承运人已按托运人所列内容收到货物的绝对证据。承运人不能提出相反的证据否定提单内所记载的内容。我国《海商法》第77条规定："承运人向善意受让提单的包括收货人在内的第三人提出与提单所载状况不同的证据，不予承认。"

3. 提单是承运人保证在目的港交付货物的物权凭证

承运人或其代理人在目的港交付货物的对象是提单持有人。在这种情况下，即使是真正的收货人，如果不能递交正本提单，承运人也可以拒绝对其放行货物。也就是说，收货人是根据提单物权凭证的特性，在目的港以提单相交换来提取货物。

提单具有物权凭证的功能，是用法律的形式给予确定。提单的持有人就是物权所有人，提单就是一张代表货物所有权的凭证。提单所代表的物权可以随提单的转移而转移，提单中所规定的权利和业务也随着提单的转移而转移，即使货物在运输过程中遭受损坏或灭失，也因为货物的风险已随提单的转移而转移给了提单的受让人。

提单的合法持有人凭提单可在目的港向承运人提货，也可以在载货船舶到达目的港之前，通过转让提单而转移货物所有权。但提单的转让是受时间上的制约的。在办理提货手续前，提单是可以转让的；一旦办理了手续提货后，该提单就不能再转让了。

二、海运提单的种类

随着世界经济和国际航运业务的不断发展，海运提单的种类日益繁多。集装箱海运提单只是众多海运提单中的一种。为了更全面理解集装箱海运提单，有必要全面了解海运提单的分类。海运提单按不同的分类标准，可分为基本种类和特殊情况提单两大类。

（一）基本种类提单

基本种类提单，是指在正常情况下，符合法律要求所使用的提单。

1. 按提单内容的繁简分类

（1）全式提单（Long Form B/L）

或称为繁式提单，是指正式印就格式的提单。全式提单除有正面记载的事项外，提单背面详细列有承运人和提单关系人之间权利、义务等条款的提单。国际贸易业务中通常使用的提单为全式提单。

（2）简式提单（Short Form B/L）

或称略式提单，是指提单上只有正面必要的记载项目而背面没有印刷有关承运人与提单关系人权利、义务条款，或在提单背面简单加注"各项条款及例外条款以本公司正规的全式提单内所列的条款为准"。简式提单多用于租船合同项下所签发的提单。

2. 按货物是否已装船为标准分类

（1）已装船提单（On Board B/L；Shipped B/L）

已装船提单是指承运人将货物装上指定的船舶后，由承运人或其代理人凭大副收据所签发的提单。这种提单的特点是除了载明其他通常事项外，提单上必须以文字表明载货船舶名称和货物实际装船完毕的日期。提单上一般有"ON BOARD"字样。航运实践中，银行结汇一般要求使用已装船提单。

（2）收货待运提单（Received for Shipment B/L）

收货待运提单又称收妥待运提单，简称备运提单或待运提单，是指承运人收到托运人的货物但尚未装船，应托运人要求而签发的提单。

收货待运提单只说明承运人接管货物而无装船日期，也无载货具体船名，所以买方对货物能否按时装船无法肯定，更不能据此估计货物到港时间。此外，货物尚未装船，买方所承担的风险也更大，因此买方一般不愿意接受该种提单，银行结汇一般也不接受待运提单。

当货物装船后，由承运人在待运提单上加注装运船舶的船名和装船日期并签字盖章，就可以使之成为已装船提单。

3. 按对货物表面状况有无不良批注分类

（1）清洁提单（Clean B/L）

清洁提单是指货物装船时，表面状况良好，承运人对提单上的货物说明无异议，对所记载的"外表状况良好"未做相反批注的提单。正常情况下，向银行办理结汇、提单转让一般都要求提交清洁提单。

事实上提单正面已印有"外表状况明显良好"的词句，若承运人或其代理人在签发提单时未载明任何相反批注，则表明承运人已确认货物装船时外表状况良好这一事实，承运人必须在目的港将外表状况良好的同样货物交付给收货人。但清洁提单只说明承运人确认货物在装船时外表状况良好，无破损，并不能保证货物内在品质的完好，更不能排除货物具有无法直接观察到的内在瑕疵。

（2）不清洁提单（Foul B/L or Unclean B/L）

不清洁提单是指承运人收到货物之后，在提单上加注了货物外表状况不良或货物存在缺陷的提单。由于货物表面状况不良很可能对货方利益造成侵害，信用证结算方式下，买方可能会因此拒绝赎回提单，因此银行一般不接受不清洁提单。

提单具有货物收据的性质，承运人负有在目的港依提单所载货物件数、数量、表面状态将货物交与收货人的义务。如果承运人在接收货物时签发了清洁提单，而卸货时货物出现表面残损，就可以推定为承运人在运输途中未尽到自己照料货物的责任，承运人就可能要赔偿由此给货主造成的损失。所以一旦承运人在装运货物时发现货物外表状况不良或货物存在缺陷，承运人就在提单上加以批注，对抗收货人可能提出的索赔，从而免除自身责任，保护自己的利益。

在实践中，有时托运人会向承运人出具保函，要求承运人将不清洁提单换成清洁提单，以方便银行结汇。保函中，托运人向承运人保证如因货物外包装破损以及承运人因签发"清洁提单"而引起的一切损失，由托运人负责。承运人则给予签发清洁提单，以便卖方在信用证下顺利结汇。由于这种做法掩盖了提单签发时的真实情况，因此承运人很可能承担由此而产生的风险责任。

各国法律对保函效力的态度不一。英国、美国、法国对保函效力一概不予承认，而有的国家则认为只有善意的保函有效，但法律并没有对所谓善意保函给出一个明确的定义，所以承运人在具体事例中的法律地位很难确定，其利益也无法得到保证。

此外，即使承运人是在善意的情况下接受了保函，该保函也仅对托运人有效。同时，托运人也经常会抗辩：货物的损坏并非包装表面缺陷所致，而是由承运人在运输过程中没有妥善保管货物所致。因此承运人应慎重行事，不要轻易接受保函。

4. 按提单收货人抬头一栏的记载分类

（1）记名提单（Straight B/L）

又称收货人抬头提单，是指在提单的收货人一栏内具体填写某一特定人或公司名称的提单。记名提单只能由提单上所指定的收货人提取货物，并不得转让。

记名提单因为货物所有权始终控制在货主手中，银行一般不愿意接受其作为议付单证。同时，由于提单的流通受到限制，给贸易商带来很大不便，所以在国际贸易当中使用并不多。

（2）不记名提单（Open B/L；Blank B/L；Bearer B/L）

又称空白提单，是指在提单上收货人一栏未写明具体收货人，只填写"持有人"（To the Bearer or To the Holder）字样，或在收货人一栏空白，表示货交提单持有人。

不记名提单的转让不须经任何背书手续。也就是说，不记名提单由出让人将提单交付给受让人即可转让。应用中，谁持有提单，谁就有权提货。承运人交付货物也仅以提单为依据，提单持有人即被视为收货人。

由于在提单遗失或被盗时，很难区分提单的善意受让人和非法获得者，容易造成货物丢失或引起纠纷，因此不记名提单的风险很大，贸易实践中承运人极少签发该种提单。

（3）指示提单（Order B/L）

指示提单是指在提单收货人一栏内填写"凭指示"（To Order）或"凭某人指示"（To the Order of ×××）字样的提单。指示提单又包括不记名指示和记名指示两种情况。

如果提单的收货人一栏只填写"To Order"，则为不记名指示提单。这种提单和收货人栏记载"To the Order of the Shipper"（托运人指示）是一样的，因此也都称为托运人指示提单。在托运人未指定收货人或受让人以前，货物仍属于托运人。承运人按照托运人的指示交付货物。

如果提单的收货人一栏填写了"To the Order of ×××"，则为记名指示提单。这种情况下，承运人按照记名指示人的指示交付货物给指定的收货人或受让人。记名的指示人（"×××"）可以是银行，也可以是收货人、贸易商等。

指示提单是一种可转让的商业票据，除由出让人将提单交给受让人外，还需要背书才能进行转让。由于指示提单经背书人背书后可以转让，具有一定的流通性，又比不记名提单的安全性强，所以它是国际贸易中应用最为广泛的一种提单。

实践中，背书有记名背书、指示背书和不记名背书等几种方式。

① 记名背书。

记名背书，也称完全背书，是指背书人在提单背面写明被背书人（受让人）的名称，并由背书人签名的背书形式。经过记名背书的指示提单将成为记名提单性质的指示提单。

② 指示背书。

指示背书是指背书人在提单背面写明"凭×××指示"的字样，同时由背书人签名的背书形式。经过指示背书的指示提单还可以继续背书，但背书必须连续。

③ 不记名背书。

不记名背书，也称空白背书，是指背书人在提单背面由自己签名，但不记载任何受让人的背书形式。经过不记名背书的指示提单将成为不记名性质的指示提单。

5. 按运输过程中是否转船分类

（1）直达提单（Direct B/L）

或称直运提单，是指由承运人签发的，货物从装运港装船后，中途不经过转船而直接运抵目的港卸货的提单。

因为货物在转运装卸过程中很容易出现货损、货差，而且转船会延长货物在途时间，所以有时收货方会要求货物不得转船。在国际贸易中，信用证如规定货物不准转船，卖方结汇时必须使用直达提单。

(2) 转船提单（Transhipment B/L）

转船提单是指在起运港装运货物的船舶不能直接驶达货物目的港，需要在中途换装其他船舶转运至目的港时，由承运人为这种货物运输所签发的全程运输提单。

因为转船往往增加费用、风险，而且货物在中转港停留的时间也不易掌握，所以买方通常争取直达运输。但碍于运输条件所限，有些港口不能直达，或转船可使货物更快驶达目的港，在这种情况下，买卖双方也会约定转船运输的方式。

转船提单一般由负责一程船，即由起运港至第一个中转港的承运人签发，提单上一般注有"在××港转船"字样。

6. 按签发的承运人不同分类

(1) 班轮公司提单（Liner B/L）

班轮公司提单（简称班轮提单）是指在班轮运输中，由班轮公司或其代理人所签发的提单，也称为船公司提单（Ocean B/L）。在集装箱班轮运输中，集装箱班轮公司通常为整箱货签发提单。

(2) 无船承运人提单（NVOCC B/L）

无船承运人提单是指由无船承运人或其代理人所签发的提单。在集装箱班轮运输中，无船承运人通常为拼箱货签发提单。由于拼箱货是在集装箱货运站的仓库内进行拼箱和拆箱作业，所以也称为仓/仓提单（House B/L）。

（二）特殊情况提单

这类提单是指在特殊情况下，可能是不符合法律规定或者对货运业务有一定影响时所使用的提单。

1. 按签发提单时间分类

(1) 倒签提单（Anti-dated B/L）

倒签提单是指在货物装船完毕后，应托运人的要求，由承运人或其代理人签发的以早于货物实际装船日期为签单日期的提单。现实中，有时由于种种原因货物未能在合同或信用证规定的装船期内装运，又来不及修改信用证，为方便结汇，托运人要求承运人按信用证规定的装运日期"倒填日期"签发提单。

货物装船日期是通过提单的签发日期证明的。提单日期对买卖双方、银行以及海关、保险契约的生效等都起着重要作用。因此，提单的签发日期必须据实签发。

根据国际贸易惯例和某些国家的法律，倒签提单是一种欺骗行为。从法律上来说，无论出于什么原因，虚假的装船时间都是违法的。一方面托运人已违反运输合同；另一方面，由于市场风云变幻，交货时间往往直接影响到货物的再出售，所以伪造装船时间可以看作是对收货人利益的重大侵犯。所以倒签提单在许多国家都被视为卖方和船方的共同欺诈。

托运人有时会向承运人提出以出具保函的形式换取倒签提单。但倒签提单这种做法也同样掩盖了提单签发时的真实情况，承运人也很可能承担由此而产生的风险责任，因此，倒签提单在实际业务中应尽量避免。

(2) 预借提单（Advanced B/L）

又称无货提单，是指由于信用证规定的装运期或交单结汇期已到，而货物尚未装船或未装船完毕时，托运人为及时结汇向承运人预先借用的由承运人或其代理人提前签发的已装船提单。

与倒签提单相类似，预借提单的出现也是因为信用证或买卖合同规定的装运期或信用证有效期已到，托运人为及时结汇而采取的一种变通办法。出于同样原因，预借提单既违约又违法，通常也被视为欺诈，因此可能给承运人带来许多不必要的麻烦和损失。承运人签发预借提单要冒极大风险，因为这种做法掩盖了提单签发时的真实情况。对承运人来讲，预借提单比倒签提单的风险更大，这是因为货物尚未装船或未装船完毕，货物在何时装船、能否安全装船、能否全部装船、货物装船时的状况都不得而知。故而实践中，承运人几乎不签发预借提单。

（3）顺签提单（Post-dated B/L）

顺签提单是指货物装船完毕后，承运人或其代理人应托运人的要求，以晚于该票货物实际装船完毕的日期作为提单签发日期的提单。由于顺填日期签发提单，所以称为"顺签提单"。

由于货物实际装船完毕的日期早于有关合同或信用证中关于装运期限的规定，如果按实际日期签发提单将影响合同的履行或银行结汇，所以托运人要求顺填签单日期。承运人签发顺签提单的做法同样掩盖了提单签发时的真实情况，因此也要承担由此而产生的风险责任。

2. 其他特殊提单

（1）过期提单（Stale B/L）

也称滞期提单，是指卖方取得提单后未能及时到银行议付的提单。根据《跟单信用证统一惯例》规定，在不迟于信用证规定的最迟交单期限的情况下，提单签发21天后才向银行提交的提单属过期提单。

一般银行不接受过期提单，但它在运输合同下并不是无效提单，提单持有人仍然可以凭过期提单在卸货港要求承运人交付货物。

（2）并提单（Omnibus B/L）

并提单是指应托运人要求，承运人将相同收/发货人装运同一船舶、运往同一港口的两票或两票以上货物合并而签发的一套提单。在实践业务中，承运人一般会以一份提单为单位规定最少收取的运费（起码运费），托运人为节省运费将属于起码运费提单的货物与其他提单的货物合在一起只签发一套提单，并单后，该套提单只有一个提单号码。

（3）分提单（Separate B/L）

分提单是指应托运人要求，承运人将属于同一装货单号下的货物分开，并分别签发的提单。一票货物可签发为多套提单，每套提单对应一个提单号码。

（4）交换提单（Switch B/L）

交换提单是指应托运人要求，承运人同意在约定的中途港凭起运港签发的提单换发以该中途港为起运港的提单。签发交换提单时，中转港承运人收回起运港签发的提单，再另签一套以该中途港为起运港的提单，承运人凭后者交付货物。

由于商业上的原因，为满足有关装货港的要求，托运人会要求承运人签发这种提单。

三、集装箱海运提单条款

集装箱海运提单与一般海运提单一样，正面和背面都印有提单条款，但其内容和格式与一般海运提单有许多方面相同。为了适应集装箱运输，对集装箱海运提单的某些条款的内容做了修改，还增加了一些新的条款。集装箱海运提单与一般海运提单主要区别的条款有：

（一）承运人的责任期限

在集装箱运输下，承运人接货、交货可以在货主仓库、内陆场站和码头堆场。这与传统运输货物交接在船边或港口有很大差别。我国《海商法》第四十六条规定："承运人对集箱装运的货物的责任期间,是指从装货港接收货物时起至卸货港交付货物时止,货物处于承运人掌管之下的全部期间。承运人对非集装箱装运的货物的责任期间,是指从货物装上船时起至卸下船时止,货物处于承运人掌管之下的全部期间。"

(二) 舱面（甲板）货选择权条款

根据现行海上运输法规定,只有在根据航海习惯可装在甲板上运输或事先货主同意并在提单上加注"装载甲板运输"字样两种情况下,承运人可将货物装在甲板上运输,否则将构成违反合同行为,各种法规、合同中给予承运人的一切抗辩理由、责任限制、免责事项等均无效,承运人必须承担由此造成的一切损失的赔偿责任。在集装箱运输中,各类运输集装箱船舶在实际运输集装箱时,出于船舶构造的特殊性及经济性等要求,一般有相当一部分集装箱要装载在甲板上（舱面）运输（全集装箱船满载时约有30%货箱装载在甲板上）,而各集装箱在船舶上装载的具体位置,一般根据船舶配积载的需要和装卸船的先后次序等确定。承运人在签发提单时无法确定哪些箱会装在舱内或甲板上,因此集装箱提单中规定了舱面（甲板）货选择权条款。尽管各公司提单中表述方式不同,但该条款包含的内容是：承运人有权将集装箱货物装载在甲板下（舱内）或甲板上（舱面）运输,而无须征得货方同意和通知货方。货物不论装载在甲板上或甲板下,对包括共同海损在内的所有情况,都视作甲板下（或舱内）装载。

(三) 集装箱运输承运人的赔偿责任限制

承运人的赔偿责任限制一般是指承运人对每一件或每一货损单位负责赔偿的最高限额。在不同运输方式中,由于承运人运输中对货物承担的风险在程度上有区别,所以国际与国内运输法规对最高赔偿限额的规定也有较大差别。与普通提单一样,各公司的集装箱提单赔偿责任限制条款都明确规定了海上运输的最高赔偿限额,当运输全程中涉及陆上运输（联运提单）时,一般以包括海运（水运）及不包括海运（水运）两种情况规定限额。

(四) 发货人装箱、计数条款（或不知条款）

在整箱交接情况下,承运人接收的是外表状况良好、铅封完整的集装箱,对箱内所装货物数量、标志等只能根据装箱单得知,对里面所装货物一概不知,所以,有必要加注 SLAC 或 STC 条款。其中,SLAC 是 Shipper's Load and Count,即发货人自装箱、计数条款；STC 是 Said to Contain,即承运人不知条款。提单中订有不知条款,是为了保护承运人的利益,以最大限度达到免除责任的目的。

(五) 铅封完整交货条款

集装箱提单中这一规定是指承运人在集装箱外表状况良好、铅封完整的情况下收货和交货,就可认为承运人已完成货物运输并解除其所有责任。

该条款与发货人装箱、计数或不知条款是有一定联系的,也是限于整箱交接。

(六) 货物检查权条款

该条款是指承运人有权利但没有义务在掌管货物期间的任何时候,将集装箱开箱检验、核对,如发现货物全部或部分不适于运输,承运人有权对该货物放弃运输或由托运人支付附加费用后继续完成运输,或存放在岸上或水上遮蔽或露天场所,而且这种存放可视为按提单交货,承运人责任终止。

该条款使承运人对箱内货物有所怀疑或发现积载不正常时有启封检查权利而不必征得托

运人同意。但在实际操作中,对货主自装的集装箱启封检查时一般需征求货主同意并由货主支付费用。

（七）海关启封检查条款

《国际集装箱海关公约》规定,海关有权对集装箱货物开箱检查。因此集装箱提单中一般都规定：如海关当局因检查箱内货物对集装箱启封检查并重新加封,由此而造成或引起的任何货物灭失、损害及其他后果,承运人概不负责。但在实际操作中承运人对这种情况应做详细记录并保留证据以免除责任。

（八）发货人对货物内容正确性负责条款

集装箱提单中记载的货物内容,一般由发货人填写或由发货人代理根据发货人提供的托运文件（装箱单等）填写。提单一般规定承运人接受货物即可视为发货人已向承运人保证其在集装箱提单中提供的货物种类、标志、件数、重量、数量等内容准确无误。如属于危险货物,还应说明其危险性。如发货人提供内容不准确或不当造成货损或其他损害,发货人应对承运人负责,即使已发生提单转让也不例外。

（九）承运人的运价本

由于篇幅限制,集装箱提单上无法将有关集装箱运输的术语、交接办法、计费方法、费率、禁运规定等内容全部列出。各公司一般以承运人运价本形式将这些条款装订成册对外提供。在集装箱提单条款中规定,有关的承运人运价本是提单的组成部分,运价本与提单内容发生矛盾时,以提单为准。

四、集装箱海运提单提货形式

（一）正本提单提货

我国《海商法》第七十一条规定："提单是指用以证明海上货物运输合同和货物已经由承运人接收或者装船,以及承运人保证据以交付货物的单证。提单中载明的向记名人交付货物,或者按照指示人的指示交付货物,或者向提单持有人交付货物的条款,构成承运人据以交付货物的保证。"因此承运人及其代理人负有凭正本提单交付货物的义务,同样收货人或提单受让人必须凭正本提单才能提取货物。在集装箱班轮业务实践中,收货人必须凭经适当正确背书的正本提单从船公司或其代理处换取提货单,办理进口手续后,再凭提货单到堆场、仓库等存放货物的现场提取货物。

提单放货的基本原则是：若收货人不出具正本提单不放货；在收货人未付清运费或其他相关费用的情况下不放货；若承运人或代理对收货人出具的正本提单有异议,则应核对确认无误后放货；若提单为指示提单,收货人一栏内有"To Order"或"To the Order of a Shipper/or a Bank"字样,则提单背面必须有托运人背书或与收货人一栏内容相对应的那一方或银行的背书。

（二）无正本提单凭保函提货

在通常情况下,在已经签发了提单的情况下,收货人要取得提货的权利,必须以交出正本提单为前提条件。然而,有时由于提单邮寄延误,或者作为押汇的跟单票据的提单未到达进口地银行,或者虽然提单已到达进口地银行,但因为汇票的兑现期限的关系,在货物已运抵卸货港的情况下,收货人还无法取得正本提单,也就无法凭正本提单来换取提货单提货。此时,按照一般的航运习惯,收货人就会出具由一流银行签署的保证书（无正本提单提货担保函）交换提货单后提货。船公司同意凭保证书交付货物是为了能尽快地交货，而且除有意欺诈外，船公司可以根据保证书将因凭保证书交付货物而发生的损失转嫁给收货人或保证银行。但是，由于违反运输合同的义务，船公司对正当的提单持有人仍负有赔偿一切损失责任的风险。因此，在保证书中，船公司一般都会要求收货人及时履行解除担保的责任等，即要求收货人在取得提单后及时交给船公司，以恢复正常的交付货物的条件。图2-3-2是某船代公司使用的"无正本提单提货担保函"的样本。

无 正 本 提 单 提 货 担 保 函

致：中国××外轮代理有限公司

船名：　　　　　　　　　　　　　航次：
提单号：　　　　　　　　　　　　货物名称及数量：

　　上述货物被托运人　　　　　　　公司装船并转给我司，但是我司尚未收到正本提单，因此我司请求贵司无正本提单放货。
　　鉴于你们接我司要求放货，我们在此保证如下：
　　1. 赔偿并承担贵司及雇佣人、代理人因无提单放货所引起的对贵司的一切损失、损害及其他任何责任。
　　2. 偿付未付运费、共同海损分摊费用及其他因为上述货物而发生的费用，并承认因此产生的对货物的留置权的存在。
　　3. 对无提单放货引起的对贵司及雇佣人、代理人的任何诉讼的一切抗辩费用，将由我们承担。
　　4. 如果由此引起该轮及其姐妹船或贵司其他财产被扣押、羁留或遭受威胁，我们将提供保释金或其他担保以阻止对贵司船舶、财产的扣押、羁留并保证将其释放，我们将赔偿由此引起的一切损失、损害及费用。
　　5. 一旦我们收到全套正本提单，我们将立即交付贵司，我们在该担保中承担的责任也将因此中止。
　　6. 该担保中担保人/保证人，不论是合约一方或仅负担保责任，将承担连带责任，该责任的承担不以贵司的起诉为条件。
　　7. 该担保适用于中国法律并由中国境内的海事法院管辖。

　　　　　　　　　　　　　　　　　　货主签字盖章　　日期：
　　　　　　　　　　　　　　　（注：法人代表授权的人的签字和法人印盖）

货主单位地址及通信（电话、传真等）：

　　　　　　　　　　　　担保银行签字盖章　　　日期：

担保银行地址及通信（电话、传真等）：

图2-3-2　无正本提单提货担保函

(三) 以电放提单提货

电放（Telex Release/Surrender）是指托运人将货物装船后不领取正本提单，或在领取提单后将已签发的全套正本提单交回承运人，由承运人以电传、电报、电邮等通信方式通知目的港承运人或其代理人，在收货人不出具正本提单的情况下交付货物。

当货物运往近洋航线时，由于到港时间快，为避免货物抵港时正本提单尚未到达收货人而无法及时提取货物的情况出现，实践中就产生了电放的做法。此外，有些货主要求电放提单也是出于节省提单递交成本的目的。使用电放需要注意的问题是：承运人不能交错货；托运人（卖方）应能收到货款；收货人（买方）应能提到货物。

提单安排电放时，由于与传统的做法不同，提单签发人都会要求放弃正本提单的货主出具保函（电放保函）证明是货主自己放弃正本提单的，如果出现问题由货主自行负责。提单电放手续安排完毕后，船公司通常会给发货人一份提单副本，或在收回的正本提单上加盖"B/L Surrendered"章，发货人可将提单副本或电放单副本通过传真、电邮等形式发送给收货人，收货人在目的港凭借提单副本和电放保函提货。图2-3-3是某船代公司使用的"电放担保函"的样本。

电放担保函

致：

船名/航次：

提单号：　　　　　　　　　　集装箱号：

装货港：　　　　　　　　　　交货地点：

托运人：

收货人：

兹确认我司授权贵司对上述货物进行电放，请贵司通知目的港放货给以下收货人：

我司　　　　　　　　　　　　　　（托运人名称）在此保证完全承担贵司、贵司的委托方及其代理因电放上述货物而承担的任何责任和后果。

托运人：（公章）

法定代表人或授权代理人签字：

年　月　日

图2-3-3　电放担保函

(四) 以海运单提货

海运单（Seaway Bill，SWB），是证明海上货物运输合同和货物已经由承运人接管或装船，以及承运人保证将货物交给指定地点收货人的一种不可转让流通的单证。

1977年1月，联合国标准班轮运单在大西洋航线上被22家英国航运公司首用，从此这种被称为海运单的单证便为许多著名的船公司所采用并加以发展。我国的船公司也在20世纪90年代中期开始使用海运单。海运单主要作用有两个：它是承运人收到货物，或者货物已经转船后，签发给托运人的一份货物收据；它是承运人与托运人之间订立海上运输合同的证明。因此海运单是一种不可转让流通的单证，它与提单最大的区别是不具备"物权凭证"的性质。在实践中，承运人要求托运人提供海运单保函。图2-3-4是某船代公司使用的"签发海运单保函"的样本。

签发 SEAWAY BILL 保函

致：

兹有我司于___年__月__日经_____轮航次出口的货物，提单号_____，现因需要，此票要求签发 SEAWAY BILL，敬请协助办理为盼，若由此申请所产生的一切责任后果均由我司承担。

立保函人：

（发货人盖公司及负责人章）

年　月　日

对于如上申请，我司作为该票货物的货运代理人，同意对该申请的真实性、合法性及由此所产生的一切后果与货主共同承担连带责任。

货代公章：

年　月　日

图2-3-4 "签发海运单保函"样本

由于海运单不是物权凭证，所以收货人在卸货港提取货物时并不需要持有和出具正本的海运单，只需要确认自己的收货人身份后就可以取得提货单提货。海运单的这种特征使其能够适应海上运输时间缩短后对单证的要求，发货人可以为其客户提供更简易迅速的服务，并使承运人和收货人都能从中获得方便。与提单相比，当货主不需要转让运输途中货物的情况下，由于海运单本身所具有的特点以及简便的单证流转程序，使用海运单提货显得更简便、更及时、更安全。

1. 海运单具有的特点

① 海运单只具有货物收据和运输合同证明这两种性质，它不是物权凭证。

② 海运单提单收货人栏不能做成指示性抬头而必须缮制确定的具体收货人，因此不能转让流通。即海运单只能签发记名提单，而不能出现"To Order"字样。

③ 由于海运单是记名提单，不可以通过背书进行转让，因此收货人提货时无须出具海运单正本给承运人，而仅凭提货通知或其身份证明即可办理提货手续。

④ 海运单是简式单证，不列明海运提单背面内容的条款。

2. 海运单流转程序

① 承运人签发海运单给托运人。

② 承运人在船舶抵达卸货港前向海运单上记名的收货人发出到货通知书。到货通知书表明这批货物的运输是根据海运单进行的。

③ 收货人在目的地出示有效身份证件证明他确系海运单上记载的收货人，并将其签署完的到货通知书交给承运人的办事机构或当地代理人，同时出示海运单副本。

④ 承运人或其代理人签发提货单给收货人。

⑤ 一旦这批货物的运费和其他费用结清，同时办好海关等所有按规定应办理的手续，收货人就可以提货。

需要说明的是，也正是海运单不具备"物权凭证"的性质，对于那些需转让、流通的货物，或买卖双方需凭物权凭证进行付款、转让货权的货物，或双方以信用证作为结算方式的时候，以及合同双方对买方的偿付能力或卖方的履行合同能力与意愿有任何怀疑的情况时，海运单都不能取代传统的提单。

思考与练习

1. 什么是集装箱海运提单？海运提单的三大作用是什么？
2. 简述海运提单的分类。
3. 简述集装箱海运提单条款。
4. 什么是正本提单提货，有什么原则？
5. 简述无正本提单凭保函提货的具体做法。
6. 什么是电放，有何风险？
7. 什么是海运单？海运单流转程序是什么？

任务四　提单有关国际公约和我国海商法

任务目标

熟悉《海牙规则》、《维斯比规则》、《汉堡规则》、我国海商法、《鹿特丹规则》的主要内容。

引　例

承运人对火灾造成的损失是否负责

2002年10月，温州宇宙的代理人上海运鸿储运有限公司（以下简称运鸿公司）向中外运公司的代理人上海船务代理有限公司（以下简称上海船代）提出要求为温州宇宙的三个内装毛毯的集装箱，配载韩进比勒陀利亚轮（HANJIN Pretoria）第0004W航次，从上海运往汉堡，上海船代接受了这一订舱。但因韩进比勒陀利亚轮漏装，涉案集装箱被改配至2002年11月2日出发的韩进宾夕法尼亚轮（HANJIN Pennsylvania）第0005W航次。上海船代将改配情况通知了运鸿公司，运鸿公司又将此情况告知了温州宇宙。2002年11月4日，运鸿公司接受了涉案货物的提单。此后，由于三个集装箱中的一个并未装上韩进宾夕法尼亚轮，为此，上海船代又将提单分拆为三份提单，装上韩进宾夕法尼亚轮的两个集装箱的提单编号分别为SNLEU200600928A和SNLEU200600928B，载明托运人为温州宇宙，承运人为中外运公司，上述两个集装箱被实际装于该轮第4舱的第340614和340412箱位。

2002年11月11日，承载涉案货物的韩进宾夕法尼亚轮在航行于斯里兰卡南部印度洋海域途中，该轮的第4舱突然发生爆炸进而引发船上大火。2002年11月12日，由于船员无法控制火势选择弃船。2002年11月15日，在对该轮的救助过程中，该轮第6舱又发生剧烈爆炸，造成船舶第二次失火。2002年11月25日，船上火势最终得到了控制。新加坡的海事索赔服务有限公司（Maritime Claims & Services PTE LTD）接受西英保赔协会（卢森堡）香港办事处的委托，对韩进宾夕法尼亚轮发生火灾事故的经过及船载货物的处理作出总结报告。根据此份报告，涉案货物已在火灾事故中遭受了全损。

（资料来源：上海海事法院的判例）

问题：根据我国《海商法》有关规定，中外运公司作为涉案货物的承运人，对火灾造成的损失是否负责？为什么？

提单在国际海上运输中有重要的作用，涉及的当事人可能处在不同的国家，但提单都是由各船公司根据本国的法律法规自行制定的。如果没有统一的有关提单国际公约，在海上运输发生争议和纠纷时就没有统一的法律依据，因此，需要对提单制定相关的国际公约，以统一各国有关提单的法规，促进国际海运的协调发展。

本任务主要介绍三个目前已生效并在统一各国有关提单的法规方面起着积极作用的国际公约：《关于统一提单若干法律规定的国际公约》（《海牙规则》）；《关于修订统一提单若干法律规定的国际公约的议定书》（《维斯比规则》）；《1978年联合国海上货物运输公约》（《汉堡规则》）。同时对我国的海商法以及《联合国全程或部分海上国际货物运输合同公约》(《鹿特丹规则》)也加以介绍,明确各公约出台的背景和主要内容。

一、《海牙规则》出台的背景和主要内容

(一)制定《海牙规则》的背景

20世纪初,当美国、澳大利亚及加拿大相继制定约束国际海上货物运输提单的国内法时,国际上并无统一的法规。当时,各航运公司为减轻自己义务,扩大提单免责范围,滥用"合同自由"原则的现象极为普遍。关于明确承运人最低义务和责任的要求已成为当时国际贸易有关方面深切关注的问题。1921年9月,国际法协会等在荷兰海牙召开会议,制定了提单规则,提供各方选择适用。随之以该规则为基础,于1924年8月25日在比利时召开的由26国代表出席的外交会议上制定了《关于统一提单若干法律规定的国际公约》,又称《海牙规则》(Hague Rules)。《海牙规则》于1931年6月2日生效,是海上货物运输方面的第一个国际公约。

(二)《海牙规则》主要内容

1. 承运人最低限度的义务

所谓承运人最低限度义务,就是承运人必须履行的基本义务。《海牙规则》规定的承运人基本责任,可概括为提供适航船舶和管理货物两个方面。《海牙规则》第三条第一款规定:"承运人必须在开航前和开航当时,谨慎处理,使航船处于适航状态,妥善配备合格船员,装备船舶和配备供应品;使货舱、冷藏舱和该船其他载货处所能适当而安全地接收、载运和保管货物。"该条第二款规定:"承运人应妥善地和谨慎地装载、操作、积载、运送、保管、照料与卸载。"即提供适航船舶,妥善管理货物,否则将承担赔偿责任。

2. 承运人运输货物的责任期间

所谓承运人的责任期间,是指承运人对货物运送负责的期限。按照《海牙规则》第一条"货物运输"的定义,货物运输的期间为从货物装上船至卸完船为止的期间。所谓"装上船起至卸完船止"可分为两种情况:一是在使用船上吊杆装卸货物时,装货时货物挂上船舶吊杆的吊钩时起至卸货时货物脱离吊钩时为止,即"钩至钩"期间;二是使用岸上起重机装卸,则以货物越过船舷为界,即"舷至舷"期间。至于货物装船以前,即承运人在码头仓库接管货物至装上船这一段期间,以及货物卸船后到向收货人交付货物这一段时间,按《海牙规则》第七条规定,可由承运人与托运人就承运人在上述两段发生的货物灭失或损坏所应承担的责任和义务订立任何协议、规定、条件、保留或免责条款。

3. 承运人的免责条款

《海牙规则》第四条第二款作了十七项具体规定,分为两类:一类是过失免责;另一类是无过失免责。国际海上货物运输中争论最大的问题是《海牙规则》的过失免责条款,《海牙规则》第四条第二款第一项规定:"由于船长、船员、引航员或承运人的雇用人在航行或管理船舶中的行为、疏忽或过失所引起的货物灭失或损坏,承运人可以免除赔偿责任。"这种过失免责条款是其他运输方式责任制度中所没有的。

4. 承运人的赔偿责任限额

承运人的赔偿责任限额是指对承运人不能免责的原因造成的货物灭失或损坏,通过规定单位最高赔偿额的方式,将其赔偿责任限制在一定的范围内。这一制度实际上是对承运人造成货物灭失或损害的赔偿责任的部分免除,充分体现了对承运人利益的维护。

《海牙规则》第四条第五款规定:"不论承运人或船舶,在任何情况下,对货物或与货物有关的灭失或损坏,每件或每单位超过100英镑或与其等值的其他货币时,任意情况下都不负责;但托运人于装货前已就该项货物的性质和价值提出声明,并已在提单中注明的,不在此限。"

5. 索赔与诉讼时效

《海牙规则》规定:"在将货物移交给根据运输合同有权收货的人之前或当时,除非在卸货港将货物的灭失和损害的一般情况,已用书面通知承运人或其代理人,则这种移交应作为承运人已按照提单规定交付货物的初步证据。如果灭失或损坏不明显,则这种通知应于交付货物之日起的三天内提交。如果货物状况在接收时已经进行联合检验或检查,就无须再提交书面通知。"

对货物灭失或损坏赔偿的诉讼时效规定是"除非从货物交付之日或应交付之日起一年内提出诉讼,承运人和船舶在任何情况下都免除对灭失或损害所负的一切责任"。

二、《维斯比规则》出台的背景和主要内容

(一)制定《维斯比规则》的背景

《海牙规则》自1931年生效实施后,得到了国际航运界普遍接受。它的历史作用在于使国际海上货物运输有法可依,统一了海上货物运输中的提单条款,对提单的规范化起到了积极作用,基本上缓和了当时承运方和托运方之间的矛盾,促进了国际贸易和海上运输事业的发展。但随着国际政治、经济形势的变化,以及航海、造船技术日新月异的进步,海上运输方式也发生了重大变革,特别是集装箱运输方式的出现和迅猛发展,《海牙规则》的内容已不适应新形势发展的需要。尤其关于承运人的大量免责条款明显偏袒船方利益,通货膨胀的现实使100英镑的赔偿限额明显过低,到了20世纪50年代末,要求修改《海牙规则》的呼声日渐强烈。

基于上述这种形势,国际海事委员会于1959年在第二十四届大会上决定修改《海牙规则》。修改《海牙规则》的意见为北欧国家和英国等航运发达国家所接受,但他们认为不能急于求成,以免引起混乱,主张折中各方意见,只对《海牙规则》中明显不合理或不明确的条款作局部的修订和补充,《维斯比规则》就是在此基础上产生的。根据各国代表对修改《海牙规则》的建议,1963年小组委员会草拟了修改《海牙规则》的议定书草案,提交给1967年、1968年召开的海事法会议审议,经会议审议通过后,于1968年2月23日在比利时的布鲁塞尔召开的、由53个国家或地区代表参加的第十二届海洋法外交会议上通过,定名为《关于修订统一提单若干法律规定的国际公约的议定书》,并简称为《1968年布鲁塞尔议定书》。由于该议定书草案在斯德哥尔摩讨论期间,参加会议的成员到过维斯比城,故将该议定书称为《维斯比规则》(Visby Rules)。《维斯比规则》是《海牙规则》的修改和补充,故常与《海牙规则》一起并称为《海牙—维斯比规则》(Hague – Visby Rules),该议定书于1977年6月23日生效。

(二)《维斯比规则》的主要内容

《维斯比规则》主要是对《海牙规则》的条款内容进行修改。

1. 扩大了规则的适用范围

《海牙规则》的各条规定仅适用于缔约国所签发的提单。《维斯比规则》扩大了其适用

范围,其中的第五条第三款规定:"在缔约国签发的提单;货物在一个缔约国的港口起运;提单载明或为提单所证明的合同规定,该合同受公约的各项规则或者使其生效的任何一个国家的立法所约束,不论承运人、托运人、收货人或任何其他有关人员的国籍如何。"该规定明确了只要提单或为提单所证明的运输合同上有适用《维斯比规则》的规定,该提单或运输合同就要受《维斯比规则》的约束。

2. 明确了提单的证据效力

《海牙规则》第三条第四款规定,提单上载明的货物主要标志、件数或重量和表面状况应作为承运人按其上所载内容收到货物的初步证据。至于提单转让至第三人的证据效力,未作进一步的规定。

《维斯比规则》为了弥补上述的缺陷,在第一条第一款则补充规定:"……但是,当提单转让至善意的第三人时,与此相反的证据将不能接受。"这表明对于善意行事的提单受让人来说,提单载明的内容具有最终证据效力。所谓"善意行事"是指提单受让人在接受提单时并不知道装运的货物与提单的内容有何不符之处,而是出于善意完全相信提单记载的内容。这就是说,《维斯比规则》确立了一项在法律上禁止翻供的原则,即当提单背书转让给第三者后,该提单就是货物已按上面记载的状况装船的最终证据。承运人不得借口在签发清洁提单前货物就已存在缺陷或包装不当来对抗提单持有人。

这一补充规定,有利于进一步保护提单的流通与转让,也有利于维护提单受让人或收货人的合法权益。一旦收货人发现货物与提单记载不符,承运人只能负责赔偿,不得提出任何抗辩的理由。

3. 强调了承运人及其受雇人员的责任限制

海上货物运输合同当事人涉讼多因一方当事人的违约而引起。但在有些国家承认双重诉讼的权利,即货主在其货物遭受损害时,可以以承运人违反运输合同或以其侵权为由向承运人起诉。在货主以侵权为由提出诉讼时,承运人便不能引用《海牙规则》中的免责和责任限制的规定。如果不能对此加以限制,运输法规中的责任限制规定就形同虚设。为进一步强调承运人及其受雇人员享有该权利,《维斯比规则》第三条规定:"本公约规定的抗辩和责任限制,应适用于就运输合同涉及的有关货物的灭失或损坏对承运人提出的任何诉讼,不论该诉讼是以合同为根据还是以侵权行为为根据。""如果诉讼是对承运人的受雇人员或代理人(该受雇人员或代理人不是独立订约人)提起的,该受雇人员或代理人也有权援引《海牙规则》规定的承运人的各项抗辩和责任限制。""向承运人及其受雇人员或代理人索赔的数额,在任何情况下都不得超过本公约规定的赔偿限额。"根据以上规定,使得合同之诉和侵权之诉处于相同的地位:承运人的受雇人员或代理人也享有责任限制的权利。承运人在提单上规定承运人的受雇人员或代理人可以援引承运人的免责或责任限制,显然《维斯比规则》的这一规定有利于保护船东的利益。

4. 提高了承运人对货物损害赔偿的限额

《海牙规则》规定承运人对每件或每单位的货物损失的赔偿限额为 100 英镑,而《维斯比规则》第二条则规定,每件或每单位的赔偿限额提高到 10 000 金法郎,同时还增加一项以受损货物毛重为标准的计算方法,即每公斤为 30 金法郎,以两者中较高者为准。在《维斯比规则》通过时,10 000 金法郎大约等于 431 英镑,与《海牙规则》规定的 100 英镑相比,这一赔偿限额显然是大大提高了。1979 年,通过了将金法郎改为特别提款权(Special

Drawing Right，SDR）的决定，以 15 个金法郎等于一个特别提款权为标准，从而使承运人的赔偿限额变为 666.67 个特别提款权或者每公斤 2 个特别提款权，以高者为准，该决议从 1984 年 4 月起生效。

这一规定不但提高了赔偿限额，而且创造了一项新的双重限额制度，不但维护了货主的利益，而且这种制度也为以后《汉堡规则》和我国海商法所接受。

另外，该规则还规定了丧失赔偿责任限制权利的条件，即如经证实损失是由于承运人蓄意造成的，或者知道很可能会造成这一损害而毫不在意的行为或不作为所引起的，则承运人无权享受责任限制的权利。

5. 增加了"集装箱条款"

《海牙规则》没有关于集装箱运输的规定。《维斯比规则》增加"集装箱条款"，以适应国际集装箱运输发展的需要。该规则第二条第三款规定："如果货物是用集装箱、托盘或类似的装运器具集装时，则提单中所载明的装在这种装运器具中的包数或件数，应视为本款中所述的包或件数；如果不在提单上注明件数，则以整个集装箱或托盘为一件计算。"该条款的意思是：如果提单上具体载明在集装箱内的货物包数或件数，计算责任限制的单位就按提单上所列的件数为准；否则，则将一个集装箱或一个托盘视为一件货物。

6. 诉讼时效的延长

《海牙规则》规定，货物灭失或损害的诉讼时效为一年，从交付货物或应当交付货物之日起算。《维斯比规则》第一条第二款、第三款则补充规定，诉讼事由发生后，只要双方当事人同意，这一期限可以延长，明确了诉讼时效可经双方当事人协议延长的规定。对于追偿时效则规定，即使在规定的一年期满之后，只要是在受法院法律准许期间，便可向第三方提起索赔诉讼。但是准许的时间自提起诉讼的人已经解决索赔案件，或向其本人送达起诉状之日起算，不得少于三个月。

可以看出，《维斯比规则》对《海牙规则》作了一些有益的修改，使之在一定程度上有利于承运和托运双方利益的均衡，并为了适应集装箱运输的发展而提出新的要求。但是，对《海牙规则》中规定的运输方面的责任方面没有进行任何变动，仍然保留"由于船长、船员、引航员或承运人的雇用人在航行或管理船舶中的行为、疏忽或过失所引起的货物灭失或损坏，承运人可以免除赔偿责任"条款，因此发展中国家仍然迫切要求对《海牙规则》进行根本性的修改。

三、《汉堡规则》出台的背景和主要内容

（一）制定《汉堡规则》的背景

《汉堡规则》是《1978 年联合国海上货物运输公约》，1976 年由联合国贸易法律委员会草拟，1978 年经联合国在汉堡主持召开有 71 个国家参加的全权代表会议上审议通过。《汉堡规则》可以说是在第三世界国家的反复斗争下，经过各国代表多次磋商，并在某些方面做出妥协后通过的。《汉堡规则》（Hamburg Rules）全面修改了《海牙规则》，其内容在较大程度上加重了承运人的责任，保护了货方的利益，代表了第三世界发展中国家意愿。1978 年 3 月 6 日至 31 日在德国汉堡举行的联合国海上货物运输大会讨论通过了《汉堡规则》，并于 1992 年 11 月 1 日生效。截至 1996 年 10 月，共有成员 25 个，其中绝大多数为发展中国家，海运大国均未加入该规则，尚缺乏国际普遍接受性，因此目前《汉堡规则》对国际海

运业影响不是很大。

(二)《汉堡规则》的主要内容

《汉堡规则》全文共分七章三十四条,在《汉堡规则》的制定中,除保留了《维斯比规则》对《海牙规则》修改的内容外,还对《海牙规则》进行了根本性的修改,是一个较为完整的国际海上货物运输公约,明显地扩大了承运人的责任,使承运和托运双方在承担风险方面趋向均衡。

1. 承运人的责任原则

《海牙规则》规定承运人的责任基础是不完全过失责任制。它一方面规定承运人必须对自己的过失负责;另一方面又规定了承运人对航行过失及管船过失的免责条款。而《汉堡规则》确定了推定过失与举证责任相结合的完全过失责任制,完全删除了《海牙规则》规定的17项免责事项;规定凡是在承运人掌管货物期间发生货损,除非承运人能证明承运人已为避免事故的发生及其后果采取了一切可能的措施,否则便推定损失系由承运人的过失所造成,承运人应承担赔偿责任。很明显,《汉堡规则》较《海牙规则》扩大了承运人的责任。

2. 承运人的责任期间

《汉堡规则》第四条第一款规定:"承运人对货物的责任期间包括在装货港、在运输途中以及在卸货港,货物在承运人掌管的全部期间。"即承运人的责任期间从承运人接管货物时起到交付货物时止。与《海牙规则》的"钩至钩"或"舷至舷"相比,其责任期间扩展到"港到港"。解决了货物从交货到装船和从卸船到收货人提货这两段没有人负责的空间,明显地延长了承运人的责任期间。

3. 承运人赔偿责任限额

《汉堡规则》第六条第一款规定:"承运人对货物灭失或损坏的赔偿,以每件或其他装运单位的灭失或损坏相当于835特别提款权或毛重每公斤2.5特别提款权的金额为限,两者之中以其较高者为准。"

从上述规定可以看出,《汉堡规则》的赔偿不但高于《海牙规则》,也高于《维斯比规则》的规定。比《海牙规则》高4倍,比《维斯比规则》提高25%。

4. 对迟延交付货物的责任

迟延交付货物的责任在《海牙规则》和《维斯比规则》中都没有规定,《汉堡规则》第五条第二款则规定:"如果货物未能在明确议定的时间内,或虽无此项议定,但未能在考虑到实际情况对一个勤勉的承运人所能合理要求时间内,在海上运输合同所规定的卸货港交货,即为迟延交付。"对此,承运人应对因迟延交付货物所造成的损失承担赔偿责任。而且在第三款还进一步规定,如果货物在第二款规定的交货时间满后连续六十天内仍未能交付,有权对货物灭失提出索赔的人可以认为货物已经灭失。《汉堡规则》第六条第一款还规定:"承运人对迟延交付的赔偿责任,以相当于迟延交付货物应支付运费的2.5倍的数额为限,但不得超过海上货物运输合同规定的应付运费总额。"

5. 承运人和实际承运人的赔偿责任

《汉堡规则》中增加了实际承运人的概念。当承运人将全部或部分货物委托给实际承运人办理时,承运人仍需按公约规定对全部运输负责。如果实际承运人及其雇用人或代理人的疏忽或过失造成的货物损害,承运人和实际承运人均需负责的话,则在其应负责的范围内,承担连带责任。这种连带责任托运人既可向实际承运人索赔，也可向承运人索赔，并且不因此妨碍承运人和实际承运人之间的追偿权利。

6. 托运人的责任

《汉堡规则》第十二条规定："托运人对于承运人或实际承运人所遭受的损失或船舶遭受的损坏不负赔偿责任。除非这种损失或损坏是由于托运人、托运人的雇用人或代理人的过失或疏忽所造成的。"这意味着托运人的责任也是过失责任。但需指出的是托运人的责任与承运人的责任不同之处在于承运人的责任中举证由承运人负责，而托运人的责任中，托运人不负举证责任，这是因为货物在承运人掌管之下，所以也同样需要承运人负举证责任。

7. 保函的法律地位

《海牙规则》和《维斯比规则》没有关于保函的规定，而《汉堡规则》第十七条对保函的法律效力作出了明确的规定：托运人为了换取清洁提单，可以向承运人出具承担赔偿责任的保函，该保函在承、托人之间有效，对包括受让人、收货人在内的第三方一概无效。但是，如果承运人有意欺诈，对托运人也属无效，而且承运人也不再享受责任限制的权利。

8. 索赔通知及诉讼时效

关于索赔通知，《海牙规则》要求索赔通知必须由收货人在收到货物之前或收到货物当时提交。如果货物损失不明显，则这种通知限于收货后三日内提交。《汉堡规则》延长了上述通知时间，规定收货人可在收到货物后的第一个工作日将货物索赔通知送交承运人或其代理人，当货物灭失或损害不明显时，收货人可在收到货物后的十五天内送交通知。同时还规定，对货物迟延交付造成损失，收货人应在收货后的六十天内提交书面通知。

关于诉讼时效，《汉堡规则》第二十条第一款和第四款分别规定："按照本公约有关运输货物的任何诉讼，如果在两年内没有提出司法或仲裁程序，即失去时效。""被要求赔偿的人，可以在时效期限内任何时间，向索赔人提出书面声明，延长时效期限，还可以再一次或多次声明再度延长该期限。"可见，《汉堡规则》与《海牙规则》和《维斯比规则》的有关规定相比，索赔和诉讼时效期间既作了延长，又体现了其更为灵活的特点。

9. 管辖权和仲裁的规定

《海牙规则》和《维斯比规则》均无管辖权的规定，只是在提单背面条款上订有由船公司所在地法院管辖的规定，这一规定显然对托运人、收货人极为不利。《汉堡规则》第二十一条规定："原告可在下列法院选择其一提起诉讼：被告的主要营业所所在地，无主要营业所时，则为其通常住所所在地；合同订立地，而合同是通过被告在该地的营业所、分支或代理机构订立；装货港或卸货港；海上运输合同规定的其他地点。"

除此之外，海上货物运输合同当事人一方向另一方提出索赔之后，双方就诉讼地点达成的协议仍有效，协议中规定的法院对争议具有管辖权。

《汉堡规则》第二十二条规定，争议双方可达成书面仲裁协议，由索赔人决定在下列地点之一提起："被告的主要营业所所在地，如无主要营业所，则为通常住所所在地；合同订立地，而合同是通过被告在该地的营业所、分支或代理机构订立；装货港或卸货港。"此外，双方也可在仲裁协议中规定仲裁地点。仲裁员或仲裁庭应按该规则的规定来处理争议。

10. 规则的适用范围

《汉堡规则》适用于两个不同国家之间的所有海上货物运输合同，并且海上货物运输合同中规定的装货港或卸货港位于其一缔约国之内，或备选的卸货港之一为实际卸货港并位于某一缔约国内；或者提单作为海上货物运输合同证明的其他单证在某缔约国签发；或者提单作为海上货物运输合同证明的其他单证规定，合同受该规则各项规定或者使其生效的任何国家立法的管辖。

四、我国海商法

（一）我国海商法的基本情况

《中华人民共和国海商法》（以下简称《海商法》）是1992年11月7日第七届全国人民代表大会常务委员会第二十八次会议通过的，1993年7月1日起施行。《海商法》共有十五章二百七十八条，是我国目前调整海商法律关系的最重要的法律规范，其中第四章为"海上货物运输合同"，第六章为"船舶租用合同"，第十三章为"时效"以及第十四章"涉外关系的法律适用"是关于海上货物运输合同的法律规范。我国《海商法》是参照了许多国际公约和国际惯例的规定，同时根据我国国情独立制定的。《海商法》中有关海上货物运输合同的规定，基本是以《海牙规则》和《维斯比规则》为基础，也适当吸收了《汉堡规则》的先进内容。

（二）我国海商法的主要内容

1. 承运人运输货物的责任期间

对承运人对集装箱装运货物和非集装箱装运货物的责任期间都做了明确的规定。《海商法》第四十六条规定："承运人对集装箱装运货物的责任期间，是指从装货港接收货物时起至卸货港交付货物时止，货物处于承运人掌管之下的全部期间。承运人对非集装箱装运货物的责任期间，是指从货物装上船时起至卸下船时止，货物处于承运人掌管之下的全部期间。在承运人的责任期间，货物发生灭失或者损坏，除本节另有规定外，承运人应当负赔偿责任。"

2. 承运人最低限度的义务

《海商法》对承运人的最低限度的义务的要求是承运人适航、适货和不得不合理绕航。《海商法》第四十七条规定："承运人在船舶开航前和开航当时，应当谨慎处理，使船舶处于适航状态，妥善配备船员、装备船舶和配备供应品，并使货舱、冷藏舱、冷气舱和其他载货处所适于并能安全收受、载运和保管货物。"第四十八条规定："承运人应当妥善地、谨慎地装载、搬移、积载、运输、保管、照料和卸载所运货物。"第四十九条规定："承运人应当按照约定的或者习惯的或者地理上的航线将货物运往卸货港。船舶在海上为救助或者企图救助人命或者财产而发生的绕航或者其他合理绕航，不属于违反前款的规定的行为。"这与《海牙规则》和《维斯比规则》类似。

3. 承运人的免责条款

《海商法》免责条款有十二条，与《海牙规则》免责条款十七条基本相同，其中第五十一条第一款规定："在责任期间货物发生的灭失或者损坏是由于船长、船员、引航员或者承运人的其他受雇人在驾驶船舶或者管理船舶中的过失造成的，承运人不负赔偿责任。"第五十一条第一款第（二）项规定："在运输期间因火灾造成的货物灭失或损坏，承运人可以享受免责，除非由于承运人本人的过失造成的除外。"由此可见，《海商法》规定承运人的责任基础与《海牙规则》《维斯比规则》一样，也是不完全过失责任制，即承运人对航行过失及管船过失免责，对火灾免责。

4. 承运人赔偿责任限额

《海商法》第五十六条规定:"承运人对货物的灭失或者损坏的赔偿限额,按照货物件数或者其他货运单位数计算,每件或者每个其他货运单位为 666.67 计算单位,或者按照货物毛重计算,每公斤为 2 计算单位,以二者中赔偿限额较高的为准。"但是,托运人在货物装运前已经申报其性质和价值,并在提单中载明的,或者承运人与托运人已经另行约定高于本条规定的赔偿限额的除外。

从上述规定可以看出,《海商法》参照了《汉堡规则》,赔偿限额高于《海牙规则》和《维斯比规则》的规定。

5. 对迟延交付货物的责任

《海商法》吸收了《汉堡规则》,对迟延交付货物的责任作了规定。《海商法》第五十条规定:"货物未能在明确约定的时间内,在约定的卸货港交付的,为迟延交付。除依照本章规定承运人不负赔偿责任的情形外,由于承运人的过失,致使货物因迟延交付而灭失或者损坏的,承运人应当负赔偿责任。除依照本章规定承运人不负赔偿责任的情形外,由于承运人的过失,致使货物因迟延交付而遭受经济损失的,即使货物没有灭失或者损坏,承运人仍然应当负赔偿责任。承运人未能在规定的时间届满六十日内交付货物,有权对货物灭失提出赔偿请求的人可以认为货物已经灭失。"还对赔偿限制额作了进一步的规定,《海商法》第五十七条规定:"承运人对货物因迟延交付造成经济损失的赔偿限额,为所迟延交付的货物的运费数额。货物的灭失或者损坏和迟延交付同时发生的,承运人的赔偿责任限额第五十六条第一款规定的限额。"对承运人以及受雇人、代理人在管理货物方面的故意行为和过失行为作了约束,《海商法》第五十九条规定:"经证明,货物的灭失、损坏或者迟延交付是由于承运人的故意或者明知可能造成损失而轻率地作为或者不作为造成的,承运人不得援用本法第五十六条或者第五十七条限制赔偿责任的规定;经证明,货物的灭失、损坏或者迟延交付是由于承运人的受雇人、代理人的故意或者明知可能造成损失而轻率地作为或者不作为造成的,承运人的受雇人或者代理人不得援用本法第五十六条或者第五十七条限制赔偿责任的规定。"

6. 托运人的责任

《海商法》接受了《汉堡规则》对托运人、托运人的受雇人、代理人的过失责任的规定。《海商法》第七十条规定:"托运人、托运人的受雇人、代理人对承运人、实际承运人所遭受的损失或者船舶所遭受的损坏,不负赔偿责任;但是,此种损失或者损坏是由于托运人或者托运人的受雇人、代理人的过失造成的除外。"

7.《海商法》与《中华人民共和国合同法》(以下简称《合同法》)之间的关系

《海商法》第二条第一款规定:"本法所称海上运输,是指海上货物运输和海上旅客运输,包括海江之间、江海之间的直达运输。"第二款规定:"本法第四章海上货物运输合同的规定,不适用于中华人民共和国港口之间的海上货物运输。"因此,《合同法》是调整我国港口之间海上货物运输活动的重要法律规范,也是调整国际海上货物运输合同的重要法律规范。国际海上货物运输合同除接受《海商法》调整外,还受《合同法》的调整。对《合同法》的规定而言,《合同法》是普通法,而《海商法》是特别法。根据《合同法》第一百二十三条的规定,其他法律对合同另有规定的,依照其规定。在实践中,如果对国际海上货物运输合同中的问题在《海商法》中有规定的,就应该依照《海商法》的规定处理,《海商法》没有规定的，才使用《合同法》的相关规定。

五、《鹿特丹规则》

（一）《鹿特丹规则》出台的背景

《鹿特丹规则》全称为《联合国全程或部分海上国际货物运输合同公约》，是由联合国贸易发展法委员会运输法工作组制定的，2008年12月12日获得联大第35次会议审议和通过。由于在荷兰鹿特丹正式签署发布，所以新公约又被称为《鹿特丹规则》。

在《鹿特丹规则》之前，国际上已经有1924年《海牙规则》、1968年《维斯比规则》和1978年《汉堡规则》三个海运国际公约。《海牙规则》是最早的海运国际公约，它在20世纪30年代建立了国际海上货物运输法统一的局面；《维斯比规则》内容比较倾向于承运人利益，加入国家最多；《汉堡规则》很多条款偏向于货主，参加的国家数量有限，大部分是一些发展中国家，真正的航运大国、贸易大国都没有加入。此外，还有一些国家，包括中国、美国及北欧一些国家没有加入公约，但是根据公约制定了自己的国内法。

尽管《汉堡规则》代表了国际社会重新平衡船货双方利益的立法趋势，并于1992年生效，因只有少数国家加入，其统一国际海运立法的期望非但没有实现，反而在已有的《海牙规则》《维斯比规则》之外，又增加了一个并行的国际公约。三个公约的并存加上各个国家制定的国内法也不尽相同，进一步加剧了国际海运法律的不统一。而这种法律的不统一，阻碍了国际货物的自由流动，直接增加了国际贸易的交易成本。因此急需对全球海运立法进行统一。

此外，随着电子商务的发展，海上运输越来越多地采用电子单证，这是导致《鹿特丹规则》诞生的最直接原因。贸易法会曾经制定过一个统一电子单证的规则，但发现仅仅统一电子单证并不能解决问题，有些实体上的法律规定也必须统一，尤其是在海上货物运输方面，有关权利的转让，国际上必须要有一套统一的规则。还有一个间接原因，就是海上货物运输形式发生了很大变化。过去海上运输和陆上运输是分段进行的，随着多式联运的发展，门到门运输越来越普遍，这也是整个货物运输发展的趋势。现行的规则中，《维斯比规则》是船舷到船舷，《汉堡规则》是港口到港口，都没有考虑门到门的实际情况。

1996年，联合国国际贸易法委员会委托国际海事委员会（CMI）以及其他组织收集有关海上货物运输领域现行惯例和法律方面的资料，为建立统一立法做准备。1998年5月，CMI成立了运输法问题国际工作组，启动了起草运输法公约草案的工作。2001年12月，CMI向贸易法会秘书处提交了《运输法最终框架文件》草案。2001年12月，贸易法会成立运输法工作组，沿用了制定《汉堡规则》时的工作组名称和会议顺序。2002年召开的第一次会议成为运输法工作组的第9次会议，开始了相关规则的制定工作。从2002年到2008年，共召开了13次会议，历经6年，终于完成了公约的制定工作。

如果《鹿特丹规则》获得主要航运国家的认可并使之生效，预示着新公约将取代现有的三大国际公约，真正实现海上货物运输法律制度的国际统一，开启一个新的"鹿特丹时代"，这将会对船东、港口营运商等相关各方带来重大影响。

（二）《鹿特丹规则》主要变化的内容

1. 扩大了承运人的责任期间

《鹿特丹规则》第十二条第一款规定："承运人根据本公约对货物的责任期间，自承运人或者履约方为运输而接收货物时开始,至货物交付收货人时结束。"

《鹿特丹规则》扩大了承运人的责任期间,除了海运部分(装船到卸船),还包括装前卸后的陆运区段,使得海上货物运输及包含国际海上货物运输在内的国际货物多式联运整个区段均适用该公约,从而在一定程度上增加了承运人的责任。

2. 拓展了承运人最低限制的义务

《鹿特丹规则》第十四条规定承运人必须在开航前、开航当时和海上航程中恪尽职守。承运人对船舶适航的义务,从"开航前和开航当时"扩展到"全航程"。

3. 实行完全过失责任制,取消了"航海过失"免责和"火灾过失"免责

《鹿特丹规则》第十七条第一款规定:"如果索赔人能够证明,货物的灭失、损坏或者迟延交付,或者造成、促成了灭失、损坏或者迟延交付的事件或者情形是在承运人责任期间内发生的,承运人应当对货物灭失或者损坏以及迟延交付负赔偿责任。"这就使得承运人的管船义务始终贯穿航次始终,由此带来的货物灭失或者损坏以及迟延交付,承运人将不再适用免责条款的保护。新公约在承运人的免责事项中,取消了"承运人的航海过失免责",即船长、船员在驾驶船舶和管理船舶的过失责任,使海运承运人又进入了完全过失责任制机制。

4. 提高承运人的赔偿责任限额

《鹿特丹规则》第五十九条第一款规定:"承运人对于违反本公约对其规定的义务所负赔偿责任的限额,按照索赔或争议所涉货物的件数或其他货运单位计算,每件或每个其他货运单位 875 个计算单位,或按照索赔或争议所涉货物的毛重计算,每公斤 3 个计算单位,以两者中较高限额为准。"

《鹿特丹规则》对承运人的单位赔偿限额责任作了提高,使得承运人对于货物的灭失和损坏,能够援引责任限额的机会将减少,大多数情况下需要全部赔偿。传统的国际海上货物运输法律赋予承运人的赔偿责任限制权利实际上将几乎不再发挥任何作用。

5. 加重了承运人在货物索赔方面的举证责任

《鹿特丹规则》第十七条规定承运人对货物灭失、损坏或者迟延交付的责任与免责的同时,对船货双方的举证责任分担作了分层次的详细规定,在举证顺序和内容上构建了"三个推定"的立法框架:

第一,如果货方证明货物的灭失、损坏或迟延交付,或者其原因发生于承运人的责任期间之内,即推定承运人有过失,承运人要想免除赔偿责任,必须证明自己没有过错。

第二,如果承运人证明货物的灭失、损坏或迟延交付由第十七条列明的十五项免责中的一项或者几项所致,则推定其无过失,如果索赔方不能反证出承运人有过失,承运人便不负赔偿责任。

第三,如果货方证明货物的灭失、损坏或迟延交付是或者可能是船舶不适航所致,即推定承运人有过失,承运人要免除赔偿责任,必须证明货物的灭失、损坏或迟延交付不是由于船舶不适航所致,或者已做到谨慎处理使船舶适航。

上述《鹿特丹规则》明确了船货双方各自的举证内容和顺序,具有很好的可操作性,但是也加重了承运人的举证责任。

6. 适用范围扩大,责任主体包括了海运履约方

《鹿特丹规则》确立的适用范围扩大到传统的海上区段以外的其他领域,包括与海上运

输连接的陆上运输，铁路、公路、内河水上运输甚至是航空运输。由于适用范围的扩大，责任主体也扩大了。《海牙规则》《维斯比规则》的责任主体是承运人，《汉堡规则》包括承运人和实际承运人。《鹿特丹规则》责任主体包括了海运履约方。按照《鹿特丹规则》第一条规定："海运履约方"是指凡在货物到达船舶装货港至货物离开船舶卸货港期间履行或承诺履行承运人任何义务的履约方。因此海运履约方范围要比《海牙规则》《维斯比规则》《汉堡规则》的范围大，港口营运商以及为货物提供运输服务的各方如在港内提供服务的公路、驳船运输等等都包括在内，都属于海运履约方，与海上承运人具有同样的地位，承担的责任也一样。

思考与练习

1. 简述《海牙规则》出台的背景和主要内容。
2. 简述《维斯比规则》出台的背景和主要内容。
3. 简述《汉堡规则》出台的背景和主要内容。
4. 简述《鹿特丹规则》出台的背景和主要内容。
5. 简述我国海商法的主要内容。

项目三

集装箱海运运费与箱务管理

任务一 集装箱海运运费计算

任务目标

熟悉集装箱运输的构成；熟悉集装箱附加运费的种类；懂得整箱货和拼箱货海运运费的计算。

引例

承运人收取 OTHC 是否合理

2009 年，泛太平洋运价稳定协议组织（TSA）、加拿大泛太平洋运价稳定协议组织（CTSA）将从 2010 年 1 月 1 日起征收上海港码头操作费（OTHC）。CTSA 成员公司川崎汽船株式会社已发出将于 2010 年 1 月开始征收上海港至美国及加拿大航线货物的 OTHC 的通知。OTHC 的收费标准是：20 英尺标箱 470 元，40 英尺标箱 755 元，45 英尺标箱 955 元。

上海进出口商会是上海进出口行业组织，作为上海国际贸易货主的代表，对这两个组织征收上海港码头操作费（OTHC），表示坚决反对，并向交通运输部递交报告，报告吁请交通运输部制止 TSA、CTSA 收取 OTHC，他们认为这项收费对我国政府有关规定的权威性是一种挑战，不仅严重违反了国际集装箱惯例 CY–CY 的班轮运输规则，而且严重违反了 2006 年交通部、发改委、工商行政管理总局"关于 THC 是运费的组成部分的调查结论"，严重违反了上海航交所 2009 年 6 月关于"国际集装箱班轮运价备案操作指南"中明确的"运价应按 CY–CY 条款备案"的规定，严重违反了交通部有关船货双方建立协商机制的原则。

问题：什么是 OTHC？承运人收取 OTHC 是否合理，为什么？

一、集装箱运费的概述

(一) 集装箱运费的概念及构成

1. 集装箱运费

集装箱运费是指为补偿国际集装箱运输过程中的各项支出以及获得一定的利润,集装箱运输经营人向集装箱货物托运人收取一定的运输费用。

集装箱运费不是一个简单的价格金额,而是包括费率标准、计收办法、承托双方责任、费用、风险划分等的一个综合价格体系。

2. 集装箱运费的构成

集装箱运输产生之前,传统件杂货运费构成是建立在"港到港"交接基础上的,仅包括货物的海上运费和船边装船、卸船费用,一般把这三项费用称海运运费。在国际多式联运下,可以实现"门到门"的运输,打破了传统的"港到港"交接方式,集装箱货物交接从港口向内陆延伸,交接地点延伸使运输经营人的责任和风险扩大到内陆港口、货运站、货主工厂或仓库等内陆地点。集装箱运输经营人承运的运输路线增长,运输环节增多,运输全过程花费的成本及成本构成与传统运输有很大区别。

集装箱运费构成包括发货地集运费、装货港港区服务费、海运运费、卸货港港区服务费、收货地疏运费,如图3-1-1所示。

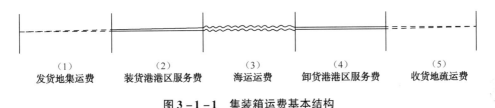

图3-1-1 集装箱运费基本结构

(1) 海运运费

集装箱海运运费是指海上运输区段的费用,是集装箱运费收入最主要的部分,包括基本海运运费及各类海运附加费。一般由集装箱运输承运人根据班轮公会或班轮公司运价本的规定,向托运人或收货人计收。

(2) 港区服务费

港区服务费是指装货港港区服务费和卸货港港区服务费 [图3-1-1中的 (2) 和 (4)] 两部分。港区服务费包括集装箱码头堆场服务费和货运站服务费。

① 堆场服务费:或称码头服务费,即装货港堆场接收出口的整箱货 (FCL),以及堆存和搬运至装卸桥下的费用,同样在卸货港包括在装卸桥下接收进口箱,以及将箱子搬运至堆场和堆存的费用,并包括在装货港或卸货港的单证等费用。

不论集装箱运输交接方式如何,堆场服务费均是集装箱运费中必不可少的部分,也是集装箱运输与传统件杂货运输费用计收因承运人责任的扩大而产生的主要区别。堆场服务费可以分别在装货港向发货人或卸货港向收货人收取,也可在CY/CY条款下并入海运运费或以附加费形式计收。

② 货运站服务费:是指拼箱货物 (LCL) 经由货运站作业时的各种操作费用,包括提还空箱,装箱,拆箱,封箱,做标记,在货运站内货物的正常搬运与堆存,签发场站收据、

装箱单、必要的分票,理货与积载等费用。

（3）集疏运费

集疏运费包括发货地集运费和收货地疏运费［图3-1-1中的（1）和（5）部分］,指由发货地运往集装箱码头堆场或由集装箱码头堆场运往收货地的费用。

集装箱码头堆场与发货地、收货地之间的集疏运输可以通过水路运输和陆路运输的方式,因此经由水路和陆路集疏运费分别称为水路支线运费和内陆运输费,也可统称为转运费。

① 水路支线运费是指将集装箱货物由发货地经水路（内河、沿海）运往集装箱堆场的运输费用,或由集装箱堆场经水路（内河、沿海）运往收货地的运输费用。

② 内陆运输费是指将集装箱货物由发货地经陆路（公路或铁路）运往集装箱堆场的运输费用,或由集装箱堆场经陆路（公路或铁路）运往收货地的运输费用。

（二）不同交接方式下集装箱运费构成

在集装箱不同交接方式下,由于运输全程中包括的运输方式、运输距离、中转地点和次数等都有较大区别,故其运费范围与传统运输相比也有不同程度的扩大。在集装箱运输中,不同交接方式的运费构成是不同的,拼箱货与整箱货的运费构成也不相同,因此可综合考虑用表3-1-1表示。

表3-1-1 不同交接方式下集装箱运费结构

交接方式	交接形态	集装箱运费结构						
		发货地集运费	装货港港区服务费		运费	卸货港港区服务费		收货地疏运费
			货运站服务费	堆场服务费		堆场服务费	货运站服务费	
门到门（Door-Door）	FCL/FCL	√		√	√	√		√
门到场（Door-CY）	FCL/FCL	√		√	√	√		
门到站（Door-CFS）	FCL/LCL	√		√	√		√	
场到门（CY-Door）	FCL/FCL			√	√	√		√
场到场（CY-CY）	FCL/FCL			√	√	√		
场到站（CY-CFS）	FCL/LCL			√	√		√	
站到门（CFS-Door）	LCL/FCL		√	√	√	√		√
站到场（CFS-CY）	LCL/FCL		√	√	√	√		
站到站（CFS-CFS）	LCL/LCL		√	√	√		√	

二、集装箱海运运费计算

（一）集装箱海运运费结构

集装箱海运运费是根据运价本规定的费率和计费办法进行计算,包括基本海运运费及各类海运附加运费,基本海运运费简称基本运费,海运附加运费简称附加运费。

1. 基本运费（Basic Freight）

从事集装箱班轮运输的船舶都是按照预先公布的船期表营运的,而基本港是集装箱船舶必须定期挂靠的港口。基本运费就是集装箱班轮公司对在班轮航线基本港之间进行集装箱货物运输所必须征收的费用。基本运费是对每批货物所应征收的最基本的运费,是整个海运运费的主要构成部分。基本运费是根据基本运价（Basic Freight Rate）和所运输的货物数量计算得出，即基本运费=基本运价×货物数量。

2. 附加运费（Additional or Surcharge）

在集装箱班轮公司实际运营中，经常有一些需要特殊处理的货物或是由于管理规定、经营方式等情况的不同而导致货物运输成本的差异。附加运费就是集装箱班轮公司由于运营环境变化导致运输成本大幅度增加，为弥补损失而额外加收的费用。它是根据货物种类或服务内容不同而加收的运费。为了在特定情况下保持一定水平的收益，应对各种不稳定因素引起的额外成本支出，承运人就会按照合理分担有关费用的定价原理确定附加运费费率，并加收附加运费。

在实际工作中，无论是整箱货还是拼箱货运输，都要在收取基本运费的同时，根据实际情况加收各种附加运费。集装箱附加运费是以整箱货和拼箱货分别计收。

班轮附加运费主要有两种方法表示：一种以基本运费的百分比形式（如基本运费的10%）表示；另一种是用数字直接表示，即规定为每单位吨若干金额（如每20英尺标准箱×若干美元，或每一票×若干美元）。集装箱海运运费中包括的附加运费的种类主要有下列几种。

（1）燃油附加费（Bunker Adjustment Factor，BAF）

燃油附加费是因国际市场燃油价格上涨而征收的附加费，也称为FAF（Fuel Adjustment Factor）。航运是能源消耗较高的行业，国际市场燃油价格的涨跌对班轮公司的营运成本造成直接影响。由于燃油价格上涨，船舶的燃油费用支出超过原核定的运输成本中的燃油费用，在不调整原定运价的前提下，承运人为补偿燃油费用的增加而增收附加费。燃油附加费是临时性费用，当燃油价格回落后，该项附加费亦会调整直至取消。

实践中，有的承运人在燃油附加费以外还可能增收应急燃油附加费（Emergency Bunker Surcharge，EBS）。这是在已经增收燃油附加费时，燃油价格又突然上涨，承运人在不调整原燃油附加费的情况下而增收的附加费。

如中远集运宣布自2013年10月1日开始，调整所有西北欧地中海/南美东航线南北行货物燃油附加费（BAF）。实施BAF费率如下：自西北欧地中海至南美东，每20英尺标准箱，464欧元；每40英尺标准，928欧元。

中远集运宣布自2013年10月1日起至下次通知止，调整远东至西北欧及地中海航线东西行货物紧急燃油附加费（EBS）。实施新EBS费率为：远东往返西北欧每20英尺标准箱，137美元；远东往返地中海每20英尺标准箱，125美元；远东往返西非每20英尺标准箱，125美元。

（2）货币贬值附加费（Currency Adjustment Factor，CAF）

航运界多用美元作为计算运费的货币单位，由于国际运输往往涉及多个国家和多种货币，所以当出现美元持续贬值的情况时，承运人的实际收入就会减少。货币贬值附加费指因某一挂靠港所在国货币币值与美元相比升值，承运人为了弥补货币兑换过程中的汇兑损失而征收的附加费。

除由于美元贬值计收的货币贬值附加费外，由于日币与美元比值变化较大，船公司还可能单独征收日元升值附加费，称为YAS，即Yen Appreciation Surcharge。

如中远集运宣布自2013年10月1日起对远东（包括日本）、印度次大陆至西北欧及地中海航线东西行货物按如下标准征收货币贬值附加费（CAF），货币贬值附加费按海运费

（基本运费）10.96%比例收取。

（3）港口附加费（Port Additional）

某些港口的情况比较复杂，如港口装卸效率低，或港口收费过高，或存在某些特殊的使用费（如船舶进出港需要通过闸门等），这些都会增加承运人的运输经营成本。港口附加费就是承运人为了弥补这方面的损失而加收的附加费。

如中远集运宣布，自2010年1月1日起，对远东及印巴地区至西北欧地中海航线东西行所有货物征收亚丁湾附加费，征收幅度为：每20英尺标准箱，40美元。

（4）港口拥挤附加费（Port Congestion Surcharge，PCS）

由于港口拥挤，船舶抵港后压港现象严重，往往因需要长时间等泊而产生额外费用。这种为补偿船期延误损失而增收的附加费称为港口拥挤附加费。港口拥挤附加费具有临时性，一旦港口拥挤情况得到改善，该附加费会相应调整或取消。

如中远集运宣布自2012年4月1日开始，对所有经俄罗斯圣彼得堡港进出港货物（包含冷箱）征收港口拥挤附加费（PCS），征收费率为：每20英尺标准箱，70美元。

（5）旺季附加费（Peak Season Surcharge，PSS）

也称高峰期附加费，是目前集装箱班轮运输中出现的一种附加费。在每年运输旺季时，承运人由于货物爆舱引起舱位不足，而根据运输状况加收的附加费。

如中远集运宣布将于2013年8月15日起，对远东及印度次大陆至加拿大航线所有货物征收旺季附加费。实施旺季附加费具体费率如下：每20英尺标准箱，320美元；每40英尺标准箱，400美元；每40英尺高箱，450美元；每45英尺高箱，506美元。

（6）整体费率上调（General Rate Increase，GRI）

与旺季附加费类似，承运人将所有的费率上调一定幅度。

如中远集运宣布自2013年12月16日开始，上调远东至南非航线货物（包含冷箱）运价。费率上调幅度为：每20英尺标准箱，300美元。

如阳明海运宣布自2002年4月1日起，出口至欧洲和地中海之货柜，海洋运费上调：每20英尺标准箱，200美元；每40英尺标准箱，400美元；每40英尺高箱，400美元。

（7）转船附加费（Transshipment Surcharge）

运输过程中，运往非基本港的货物，常常要经某基本港转运，换乘其他船舶运往目的港。每转运一次就会产生换装费、仓储费等费用。班轮公司为弥补上述中转成本而增收的附加费称为转船附加费。船方收取的附加费，包括转船费用和二程运费。

（8）直航附加费（Direct Additional）

当运往非基本港的货物达到一定的货量，航运公司可能应托运人的要求安排直航该港而不转船时所加收的附加费。船舶直接加挂某一非基本港口后，会增加港口费用支出，并延长船期。

（9）绕航附加费（Deviation Surcharge）

是指因受战争影响、运河关闭或航道阻塞等意外情况的发生，使正常航道受阻不能通行，船舶必须绕道才能将货物运至目的港时，船方所加收的附加费。绕航附加费是一种临时性的附加费，一旦意外情况消除，船舶恢复正常航线航行，该项附加费也就不复征收。

（10）选港附加费（Optional Surcharge）

又称选卸港附加费。某些时候，由于买卖双方贸易需要，有些货物直到装船时仍不能确定最后卸货港，要求预先指定两个或两个以上的卸货港，待船舶开航后再作选定。这样会使整船货物的积载变得困难，甚至会造成舱容浪费，因而收取选港附加费。选择的卸货港必须是该航次挂靠的港口。在集装箱班轮运输中，选择卸货港已很少被船公司接受。

（11）变更卸货港附加费（Alteration of Discharging Port Additional）

应收货人要求，货物在装船后需变更卸货港时，由班轮公司加收一定的附加费，用于弥补因需要翻舱所引起的额外费用和损失。当变更卸货港的运费超过原卸货港的运费时，班轮公司还要求收货人补交两者之间的运费差价，但是当变更后的运价低于原卸货港运价，则不予退还运费差价。

（12）洗舱附加费（Cleaning Charge）

船舶装载了污染货物后，或由于某些货物外包装破裂、内容物外泄时，为避免污染以后装载的货物，必须在卸完污染物后对货舱进行清洗，称为洗舱附加费。清洗费用一般根据污染程度、清洗难度而定。

（13）超额责任附加费（Additional for Excess of Liability）

这是托运人要求承运人承担超过提单上规定的赔偿责任限额时承运人增加的附加费。

超额责任附加费按商品的 FOB 价格的一定百分比计收，因此托运人托运时应同时提供货物的 FOB 价格。

（14）超长附加费（Long Length Additional/Over Length Surcharge）

在拼箱货运输中，由于单件货物的外部尺寸超长，导致装卸困难，装箱时需要特别操作，从而产生额外费用。为补偿这一费用所计收的附加费称为超长附加费。超长附加费是按长度计收的，一般长度超过 9 米的件杂货就要征收这一附加费，而且费率按长度分级递增，长度越长其附加费率越高。

（15）超重附加费（Over Weight Surcharge/Heavy Lift Additional）

在拼箱货运输中，当单件货物的毛重达到或超过承运人规定时，就会被定为超重货物。超重货物在装箱过程中需要特别捆绑、铺垫以及调用特殊的吊具进行装卸，船舶积载过程中也要给予额外考虑，因此将带来装卸、配载方面的额外支出，所以承运人对单件货物重量超过一定标准的货物要加收该附加费。超重附加费是指每件商品的毛重超过规定重量时所增收的附加运费。通常承运人规定货物重量超过 5 吨时就要增收超重附加费。超重附加费是按重量计收的，而且费率按重量分级递增，超重重量越大，其附加费率越高。

如果单件货物既超长又超重，通常是将两种附加费分别进行计算，然后按其中收费高的一项收取附加费。

在整箱货运输中，由于在集装箱班轮运输中，班轮公司普遍采用 FAK（包箱费率）定价方式，如果某一航次中重货箱过多，就会影响船舶箱位利用率和利润并产生交叉补贴问题，班轮公司可能采用收取"超重附加费"的措施作为弥补。班轮公司根据重箱重量制定不同的标准征收超重附加费，不同的船公司超重附加费的标准也不同。

如中远集运宣布自 2009 年 10 月 15 日起至下一次通知止，对所有远东（包括日本）及印度次大陆至地中海地区的 20 英尺普通箱及冷箱超重货物征收超重附加费。

超重附加费标准如下：货物毛重自 18 至 20 吨（包含 18 吨），每 20 英尺普通箱，150 美元；货物毛重自 20 至 23 吨（包含 20 吨），每 20 英尺普通箱，200 美元；所有毛重超过 23 吨（包含 23 吨）的货物需经过中远集运总部审核并确认。

（16）集装箱不平衡附加费（Container Imbalance Charge，CIC）

世界各班轮航线货物运输的季节性变化导致货流量不平衡，从而产生了集装箱不平衡附加费。西方国家通常年初是货物运输的淡季，四五月份箱量逐渐上升，贸易额数量开始增多，到圣诞节前又会引来贸易额增多的一个小高潮。航线两端国家或地区的贸易额不平衡：中国等东亚国家出口到欧洲的货物远多于从欧洲进口到中国等东亚地区的货物，远东北美航线也同样存在类似显著的问题。进出口货物种类和性质的差异以及运费、装卸费标准的不同，也造成了进出口集装箱不平衡。最近，船公司已相继开始对东南亚线征收集装箱不平衡附加费，但各船公司执行和启用征收的日期不尽相同。

中远集运宣布自2013年4月15日开始，对所有红海航线远东至也门（包含荷台达及亚丁）（西行）货物（包含冷箱）征收集装箱不平衡附加费。集装箱不平衡附加费费率为：每20英尺标准箱，50美元。

（17）舱单录入费

"9·11"事件以后，因反恐需要，美国海关要求2003年2月1日开始启程运往美国港口的集装箱货物，其承运人必须在国外港口装货前至少24小时以电子方式通过美国设置的"自动舱单系统"（Automated Manifest System，AMS），向美国海关提交准确完整的货物申报单。现在所收的AMS，即自动舱单系统录入费。

从2004年4月19日开始，加拿大为配合美国反恐措施，加拿大海关开始实行ACI（Advance Commercial Information），类似美国海关实施的AMS，承运人必须在装船前24小时通过ACI系统向加拿大海关申报。

从2011年1月1日起，欧盟将对前往或途经欧盟港口的所有货运强制执行"舱单提前申报"的规则，针对所有进入欧盟的货物，公司必须在起运港装载前24小时之前向集装箱船挂靠的欧盟国家首个停靠港提交入境摘要报关单（Entry Summary Declaration，ENS），该规则适用于全部27个欧盟成员国。ENS24小时舱单申报类似北美航线的AMS、ACI申报。

目前，AMS申报费一般为每一票提单收取25美元，每一票更正收取40美元；ACI每一票提单收取30美元，每一票更正收取40美元；ENS每一票提单收取25美元，每一票更正收取40美元。

（18）港口设施保安费

2002年12月，国际海事组织通过了《1974年国际海上人命安全公约》（SOLAS公约）海上保安修正案和《国际船舶和港口设施保安规则》（International Ship and Port Facility Security，ISPS），并从2004年7月1日起全面实施。港口设施保安费专项用于为履行SOLAS公约和ISPS规则所进行的港口保安设施的建设、维护和管理。某些港口为转嫁引进和执行此规则所增加的成本，而向货主收取安全附加费。这个费用几乎所有的航线均要收取。我国于2006年6月1日起征收港口设施保安费。

如中远集运宣布自2010年3月1日起，至下次通知止，调整远东至红海地区所有货物（包括干货箱及冷箱）港口安全附加费（ISPS），实施ISPS费率为每自然箱10美元。

除上述附加费外，还有一些其他的附加费，如冰冻附加费、苏伊士运河附加费（Suez Canal Surcharge，SCS）、熏蒸费等。在集装箱班轮运输中，还有一些关于运输费用的概念。如目的地交货费（Destination Delivery Charge，DDC），是北美地区对到港货物收取的费用；空箱调运费（Equipment Reposition Charge，ERC），也称设备调运费，是当收货人未能按约定时间归还空箱时，承运人为满足船舶使用，调运空箱而收取的费用。近年，船公司还提出征收一些不合理的费用，如原产地接货费（Original Receiving Charge，ORC）、码头作业（操作）费（Terminal Handling Charge，THC）等。其中THC包括OTHC（Original Terminal Handling Charges，起运港码头操作费）和DTHC（Discharging Terminal Handling Charges，目的港码头操作费）。

（二）集装箱海运运费计费标准

集装箱海运运费的计费标准是指集装箱在海运中，用来计算运费时所使用的计算单位。计费标准决定了海运运费的收取标准。船公司制定的运价表中都具体规定了计费标准。集装箱货运形态分为两类：一类是拼箱货（LCL）；一类是整箱货（FCL）。因此在实践工作中，船公司分别针对拼箱货和整箱货制定了运费的计费标准。

1. 拼箱货（LCL）计费标准

拼箱货（LCL）一般沿用传统的件杂货费率计算方法。

（1）W/M（Weight/Measurement）

表示按该货物毛重和尺码（体积）分别计算运费，并选择其中运费较高者计收，是最常见的一种运费核收方式。该情况下的计费单位通常称作运费吨（Freight Ton，FT）。一般来说，重货按重量吨计收，轻泡货物按尺码吨计收。

（2）Ad. Val.（Ad Valorem）

表示按货物FOB价的一定百分比计算运费。由于运价是根据货物的价格确定的，所以又称为从价运费，主要适用于高价值货物。

（3）起码运费（Minimum Rate/Minimum Freight）

也称起码提单，是指以一份提单为单位最少收取的运费，用以补偿最基本的装卸、整理、运输等操作过程中支出。不同的承运人使用不同的起码运费标准，拼箱货一般以1运费吨为起码运费标准，最高不超过5运费吨。按提单为单位收取起码运费后，就不再收取其他附加费。

2. 整箱货（FCL）计费标准

大多数船公司是以包箱费率作为整箱货（FCL）的计费标准，并相应制定各航线的包箱费率（Box Rates）。包箱费率是船公司根据自身情况以不同类型的集装箱为计费单位，确定整箱货的不同航线包干费。包箱费率定得较低，适用与向船公司整箱交付的集装箱货物，即适用CY-CY交接条款的集装箱货物，体现了船公司对货主托运整箱货的优惠，是各公司吸引集装箱货源的重要手段之一。在国际集装箱运输中，包箱费率计算方法正在取代传统的件杂货费率计算方法。包箱费率主要表现形式有三种。

（1）FCS（Freight for Class）包箱费率

FCS包箱费率是分等型，对货物按不同货物种类和等级制定的包箱费率，即货物（或商品）包箱费率。在这种费率中，对普通件杂货分级进行简化，通常将件杂货1~20级分成四档，使等级级差大大小于件杂货费率的级差。但对特殊货物通常再分为四种，见表3-1-2。

① 一般化工品（Chemical Non-hazardous）：即无害化工品，指《国际海运危险规则》中未列的化工品，易燃、易爆危险品除外，这类化工品通常在运价本中有附录列明。

② 半危险品（Semi-hazardous Cargo）：列于《国际海运危险规则》的商品，等级为3.2、3.3、4.1、4.2、4.3、5.1、6.1、6.2、8、9。

③ 全危险品（Hazardous Cargo）：列于《国际海运危险规则》的商品，等级为2、

3.1、5.2。

除（2）、（3）中的半危险品及全危险品外，《国际海运危险规则》中的 Class1 爆炸品和 Class7 放射物品其运价通常采用议价。

④ 冷藏货物（Reefer or Refrigerated Cargo）：指需用温度控制、使用专用冷藏箱运输的货物。

使用 FCS 包箱费率时应先根据货名查找货物等级，然后在航线运价表中按 FCS 包箱费率中货物分级的大类、不同的交接方式及集装箱箱型查得相应的每只集装箱的运价。

表 3-1-2 中国/欧洲航线集装箱费率表

中远集团第一号运价表 COSCO GROUP TARIFF No. 1				Page	
				Rev：	
				Efft. Date	
				Corr. No.	
中国—欧洲航线集装箱费率表 CHINA—EUROPE CONTAINER SERVICE				美元 IN USD	
上海、新港、大连、青岛—鹿特丹、汉堡、费力克斯托、安特卫普、勒哈佛 SHANGHAI, XINGANG, DALIAN, QINGDAO—ROTTERDAM, HAMBURG, FELIXSTOWE, ANTWERP, LE HAVRE					
等级 (CLASS)	直 达 DIRECT			经香港或上海、新港转船 TRANSHIPMENT VIA HONGKONG OR SHANGHAI, XINGANG	
	LCL W/M	CY/CY		LCL W/M	CY/CY
		20 英尺	40 英尺		20 英尺 40 英尺
1~8	120.00	1 850.00	3 500.00	130.00	2 050.00 3 900.00
9	125.00	1 950.00	3 700.00	135.00	2 150.00 4 100.00
10~11	130.00	2 050.00	3 900.00	140.00	2 250.00 4 300.00
12~20	135.00	2 150.00	4 100.00	145.00	2 350.00 4 500.00
CHEMICALS, N.H. (一般化工品)	130.00	2 050.00	3 900.00	140.00	2 250.00 4 300.00
SEMI—HAZARDOUS (半危险品)	148.00	2 650.00	5 050.00	158.00	2 850.00 5 450.00
HAZARDOUS (全危险品)		3 300.00	6 300.00		3 500.00 6 700.00
REEFER (冷藏货物)		3 850.00	6 100.00		4 050.00 6 500.00

注：
1. 秦皇岛、连云港、烟台出口欧洲的货物须经香港转船，其费率在直达欧洲费率基础上加 USD300/20 英尺，USD570/40 英尺，LCL USD17.00/FT。
2. 张家口港出口欧洲的货物须经上海转船，其费率在上海直达欧洲的费率基础上加 USD100/20 英尺，USD200/40 英尺，LCL USD5.00/FT。
3. 镇江出口欧洲的货物须经上海转船，其费率在上海直达欧洲的费率基础上加 USD150/20 英尺，USD300/40 英尺，LCL USD8.00/FT。

（2）FCB（Freight for Class 或 Basis）包箱费率

FCB 包箱费率是指既按不同货物等级、种类，又按计算标准制定的费率。在这种费率下，即使是装有同种货物的整箱货，当用重量吨或体积吨为计算标准时，其包箱费率也是不同的。同一等级的货物，重货集装箱运价高于轻泡货（体积货）运价。如发往欧洲的 20 英尺集装箱，内装 8~10 级货物，CY-CY 交接方式，按重量计费运费为 1 500 美元，如按尺码计费则为 1 450 美元。这是与 FCS 费率的主要区别之处。

（3）FAK（Freight for All Kind）包箱费率

该费率也称为均一包箱费率，见表 3-1-3。

表 3-1-3　中国/欧洲航线集装箱费率表

中远集团第一号运价表 COSCO GROUP TARIFF No. 1			Page	
			Rev：	
			Efft. Date	
			Corr. No.	

中国—欧洲航线集装箱费率表　　　　　　　　　　　　　　美元
CHINA—EUROPE CONTAINER SERVICE　　　　　　　　IN USD

黄埔、湛江、厦门、福州、温州、海门、宁波—鹿特丹、汉堡、费力克斯托、安特卫普、勒哈佛
HUANGPU, ZHANJIANG, XIAMEN, FUZHOU, HAIMEN, NINGBO-ROTTERDAM, HAMBURG, FELIXSTOWE, ANTWERP, LEHAVRE

等级 CLASS	黄埔（直达） HUANGPU (DIRECT)			厦门、湛江（经香港转船） XIAMEN, ZHANJIANG (VIA HONGKONG)			温州、海门、宁波（经香港转船） WENZHOU, HAIMEN, NINGBO (VIA HONGKONG)		
	LCL W/M	CY/CY 20 英尺	40 英尺	LCL W/M	CY/CY 20 英尺	40 英尺	LCL W/M	CY/CY 20 英尺	40 英尺
1~20	105.00	1 550.00	3 000.00	125.00	1 950.00	3 700.00	140.00	2 200.00	4 200.00
CHEMICALS, N. H.（一般化工品）	105.00	1 550.00	3 000.00	125.00	1 950.00	3 700.00	140.00	2 200.00	4 200.00
SEMI—HAZARDOUS（半危险品）	150.00	2 350.00	4 450.00	170.00	2 750.00	5 250.00	173.00	2 800.00	5 350.00
HAZARDOUOS（全危险品）		3 050.00	5 800.00		3 450.00	6 550.00			
REEFER（冷藏货物）		3 250.00	5 400.00		3 850.00	6 100.00		3 950.00	6 300.00

注：
1. 黄埔经香港转船出口欧洲货物其费率在直达费率基础上加 USD150/20 英尺，USD300/40 英尺，LCL USD8.00/FT。黄埔始发的欧洲货物班轮不靠 LEHAVRE 港，黄埔出口 LEHAVRE 货物须经香港转船，其运费按香港转船费率计收。
2. 福州经香港转船出口欧洲其费率在厦门、湛江费率基础上加 USD50/20 英尺，USD100/40 英尺，LCL USD3.00/FT。

FAK 包箱费率是只分箱型而不分箱内货物种类（指普通货物），不计箱内所装货物重量（在本箱型的规定的重量限额内）统一收取的包箱基本运价。

在采用包箱费率的航线上通常对一般普通货物不分等级。使用 FAK 包箱费率时，只要根据货物的种类（普通货物和特殊货物）以及集装箱箱型、交接方式查得相应的每只集装箱的运价。

FAK 包箱费率是目前各大班轮公司使用最为普通的一种基本运价形式，由于其对普通货物一律不计箱内货物的类别、等级，在实践中便于操作，省去了查找和对应货物等级的便利，较受货方欢迎。

（三）集装箱海运运费的计算

1. 拼箱货（LCL）海运运费的计算

目前，各班轮公司对集装箱运输的拼箱货运费的计算，基本上是依据件杂货运费的计算标准，按所托运货物的实际运费吨计费，即尺码大的按尺码吨计费，重量大的按重量吨计费。

【例1】 某进出口公司委托一国际货运代理企业代办一小桶货物以海运方式出口国外。货物的重量为0.5吨，小桶（圆的）的直径为0.7米，桶高为1米。货代最后为货主找到一杂货班轮公司实际承运该货物。货代查了船公司的运价本，运价本中对该货物运输航线、港口、运价等的规定为：基本运价是每运费吨支付100美元；燃油附加费按基本运费加收10%；货币贬值附加费按基本运费增加10%；计费标准是"W/M"；起码提单按1运费吨计算。你作为货运代理人，请计算该批货物的运费并告诉货主以下内容：

① 货物的计费吨（运费吨）是多少？
② 该批货物的基本运费是多少？
③ 该批货物的附加运费是多少？总的运费是多少？

答：

① 因为该桶的尺码为 0.7×0.7×1 = 0.49（立方米）；货物的重量为0.5吨；起码提单按1运费吨计算，所以该货物的计费吨为1运费吨。

② 因为该批货物的计费吨为1运费吨，基本运价是每运费吨支付100美元，所以该批货物的基本运费 = 1×100 = 100（美元）。

③ 因为该批货物适用起码提单规则，所以不再加收其他附加费用，所以附加费为0美元，总运费为100美元。

在实践工作中，通常由集拼经营人从事拼箱货业务。拼箱货收费除了集拼经营人按运价本中规定 W/M 费率收取基本运费外，还根据航线的情况以及拼箱的具体工作加收附加运费和与同集装箱有关的费用。这些收费项目繁多，有的费用是集拼经营人收取，有的是货代收取。以福州地区为例，美线拼箱的货物的收费除了基本运费外，可能涉及的其他费用包括附加运费 AMS、CIC、EBS、入仓费、码头费、单证费、边检费、报关费等。集拼经营人对拼箱货总收费可分基本运费及拼箱其他费用两部分分别收取。

【例2】 某托运人委托某货代公司出口一批货物从福州到美国的芝加哥，货物为塑料制品，件数为98件，毛重805千克，体积1.494立方米，托运人要求使用集装箱运输，由货代公司代理报关。该货代公司就将该票货物与其他货物混拼成一个40英尺高箱，该航线基本运费率为 USD80.0/FT（运费吨），计费标准为"W/M"，另外其他费用包括 AMS

(USD25/BL)、CIC（RMB12/FT）、EBS（RMB24/FT）、入仓费（RMB70/FT）、码头费（RMB15/FT）、单证费（RMB200/BL）、边检费（RMB10/BL）、报关费（RMB150/BL），问：

① 该托运人应支付多少基本海运运费？
② 作为货代，还需要向托运人收取多少其他费用？
③ 该托运人托运该批货物共需要支付多少费用？

分析：该票货物是拼箱货，毛重805千克，体积为1.494立方米，该航线基本运费率为USD80.0/英尺，计费标准为"W/M"。

答：

① 该批货物毛重 W = 805 千克 = 0.805 吨，体积 M = 1.494 立方米，根据计费标准"W/M"，所以该批货物的运费吨为1.494。

基本海运运费 = 80 × 1.494 = 119.52（美元）

② 根据题目中已知条件，拼箱货收取的其他费用有的是货代收取，因此，作为货代需要向托运人收取的其他费用包括：

AMS（USD25/BL）= 25 × 1 = 25（美元）
CIC（RMB12/FT）= 12 × 1.494 = 17.928（元）
EBS（RMB24/FT）= 24 × 1.1494 = 35.856（元）
入仓费（RMB70/FT）= 70 × 1.494 = 104.58（元）
码头费（RMB15/FT）= 15 × 1.494 = 22.41（元）
单证费（RMB200/BL）= 200 × 1 = 200（元）
边检费（RMB10/BL）= 10 × 1 = 10（元）
报关费（RMB150/BL）= 150 × 1 = 150（元）

总收费 = 25（美元）+ 17.928（元）+ 35.856（元）+ 104.58（元）+ 22.41（元）+ 200（元）+ 10（元）+ 150（元）= 25（美元）+ 539.774（元）

③ 该托运人托运该批货物需要支付的费用：

基本海运运费为119.52美元，其他费用25美元以及539.774元。

2. 整箱货（FCL）海运运费的计算

（1）按包箱费率计算运费

在整箱货运输中，除少数船公司仍沿用上述方法计算运费外，目前大多数公司已采用以箱为单位的计费方式，实行包箱费率。

【例3】 上海A外贸公司以CIF LONG BEACH贸易术语出口2个20GP（20英尺干货箱）的货物到美国长滩港，A外贸公司向B国际货运代理人咨询海运费事宜。经查：上海港至长滩港的运价是USD 1 500/20 GP，另有燃油附加费5%，目的地交货费（DDC）为USD200/20 GP。作为国际货运代理人，请计算并答复A外贸公司以下咨询：

① 每箱的基本运价是多少？
② 每箱的附加费是多少？
③ 总运费是多少？

答：

① 根据题意，每箱的基本运价是1 500（USD）。

② 每箱的附加费 = 燃油附加费 + 目的地交货费 = 1 500 × 5% + 200 × 1 = 275（USD）。

③ 总运费 =（1 500 + 275）× 2 = 3 550（USD）。

实践中，有的承运人也将基本运价与附加费合并在一起，以包干费（All In Freight）的形式计收运费。此时的运价称为包干费率，又称"全包价"（All In Rate，AIR）。

(2) 特殊货运费计算

一些特种箱或特殊货物如成组货物、家具、行李及服装等在使用集装箱进行装运时，在运费的计算上有一些特别的规定。

① 特种箱。特种箱通常指高箱、开顶箱、平板箱、框架箱等有别于普通干货箱的箱型。这类集装箱由于其装卸及处理上的特殊原因，一般在普通箱 CY/CY 条款的基础上加收一定百分比的运费，如 40 英尺高箱比 40 英尺普通箱高 1 英尺，故其费率通常为 40 英尺普通箱 CY/CY 运价的 110%；开顶箱、平板箱、框架箱 CY/CY 运价为普通箱 CY/CY 运价的 130%（船公司可根据实际情况确定合适的比例）。

② 成组货物。班轮公司通常对符合运价本中有关规定与要求，并按拼箱货托运的成组货物，在运费上给予一定的优惠。在计算运费时，应扣除货板本身的重量或体积，但这种扣除不能超过成组货物（货物加货板）重量或体积的 10%，超出部分仍按货板上货物所适用的费率计收运费。但是，对于整箱托运的成组货物，则不能享受优惠运价，并且，整箱货的货板在计算运费时一般不扣除其重量或体积。

③ 家具和行李。对装载在集装箱内的家具或行李，除组装成箱子再装入集装箱外，应按集装箱内容积的 100% 计收运费及其他有关费用，该规定一般适用于搬家的物件。

④ 服装。当服装以挂载方式装载在集装箱内进行运输时，承运人通常仅接受整箱货"堆场到堆场"（CY/CY）运输交接方式，并由货主提供必要的服装装箱物料如衣架等。运费按集装箱内容积的 85% 计算。如果箱内除挂载的服装外，还装有其他货物时，服装仍按箱容的 85% 计收运费，其他货物则按实际体积计收运费。但当两者的总计费体积超过箱容的 100% 时，其超出部分免收运费。在这种情况下，货主应提供经承运人同意的公证机构出具的货物计量证书。

⑤ 回运货物。回运货物是指在卸货港或交货地卸货后的一定时间以后由原承运人运回原装货港或发货地的货物。对于这种回运货物，承运人一般给予一定的运费优惠。比如，当货物在卸货港或交货地卸货后六个月内由原承运人运回原装货港或发货地，对整箱货（原箱）的回程运费按原运费的 85% 计收，拼箱货则按原运费的 90% 计收回程运费。但货物在卸货港或交货地滞留期间发生的一切费用均由申请方负担。

思考与练习

1. 什么是集装箱运费？
2. 简述集装箱运费的构成。
3. 什么是集装箱海运基本运费？
4. 什么是集装箱海运附加运费？
5. 集装箱附加运费有哪些？
6. 什么是 THC？你认为承运人收取 THC 是否合理？为什么？
7. 什么是 FCB？什么是 FCS？什么是 FAK？

任务二　集装箱箱务管理

任务目标

熟悉船公司、集装箱码头、集装箱堆场、集装箱货运站的箱务管理。

引例

中远集装箱公司先进的箱管系统

中远总公司引进的美国通用电气公司（GE）提供的集装箱管理系统（EMS）及通信网络，采用一级调度、三级管理体制对中远集装箱实行全球跟踪和管理，以发挥企业整体优势，开拓航运市场，确立其在国际航运界的地位。

通过设在总公司的箱管中心与国内外6个箱管分中心（广州、上海、天津、美洲、香港和欧洲分中心）及航线经营人、港口箱管代理联网，不仅可以掌握和跟踪中远系统分布在国内外集装箱码头堆场、集装箱货运站、中转站、货主仓库或运输途中的集装箱地理位置和使用状况等动态信息，而且还可以对各个运输环节的集装箱需求情况作出预测。可以汇总、统计、分析箱务管理方面的各项经营指标，从而为公司的经营决策提供准确、可靠的辅助依据。

箱管中心根据航线分布情况及货箱供求关系，将接受航线经营人提、还箱的港口指定为"开放"港口；将不接受航线经营人提、还箱的港口，指定为"封闭"港口。对中远集装箱集中控制、统一调度，由各航线经营人共同使用。

箱管中心设有营运管理、信息管理、商务管理、财务结算4个职能部门。箱管中心主要职责是控制中远集装箱，统一管理，合理调配；确定和调整开放港口的集装箱合理保有量，并根据市场情况及时调整。箱管分中心则是负责检查所管辖地区内的港口（开放港口和封闭港口）集装箱存有量；制定区域内港口间集装箱平衡及调运计划，并报箱管中心统筹调度解决。航线经营人主要任务是负责海上空箱调运，即对于开放港口，应根据箱管中心发布的调箱指令，调运空箱；对于封闭港口，应做好封闭区域港口间的集装箱平衡工作和进、出封闭区的集装箱调运工作。港口箱管代理应对其进入到码头堆场、货运站、内陆场站、修箱场及货主处的集装箱实施跟踪管理并落实陆地空箱调运计划。

中远集装箱营运管理是由箱管中心通过EMS系统，与各箱管分中心、航运经营人之间进行信息交换完成的。其运转程序为：各箱管分中心、航线经营人每月25日分别向EMS输入各自下月的供箱预测和用箱预报，并根据所辖区域的实际情况，向EMS输入各自"开放"港口之间的调箱计划和"封闭"港口的调箱计划。以上信息由EMS传递到箱管中心，经箱管中心统一调度后，通知EMS向各箱管分中心、航线经营人发出调箱指令，并由EMS对调箱计划进行统一平衡，直至满足各方的用箱需求。最终由箱管中心正式发布调箱指令并落实用箱计划。

问题：中远集装箱公司为什么要采用先进的箱管系统？

集装箱箱务管理就是集装箱管理，箱务管理的主要业务有集装箱的使用、租用、调运、保管、发放、交接、装卸、中转、堆存、装箱、拆箱、运输、检验、修理、清洗、熏蒸、租赁、跟踪等。

箱务管理业务涉及船公司、集装箱码头、集装箱堆场和集装箱货运站，因此在实际工作中集装箱箱务管理包括船公司的箱务管理、集装箱码头的箱务管理、集装箱堆场的箱务管理和集装箱货运站的箱务管理。

一、船公司的箱务管理

船公司的集装箱箱务管理业务包括集装箱班轮航线配箱量的确定、集装箱租箱量的确定与调整、集装箱跟踪管理、集装箱的调运以及集装箱箱务管理考核等内容。

（一）集装箱班轮航线配箱量的确定

船公司为了保证按照船期表所开辟的集装箱运输能正常开展，需要配备一定数量的集装箱，以供运输需要。航线集装箱配箱量的多少及采用什么方式配备，直接关系到船公司的运输成本和经济效益。因此，船公司需要根据航线特点、货源情况、集装箱港口堆存期及内陆周转期的长短等因素，通过选择合理的租箱方式，确定合理的自备箱量和租箱量。

航线集装箱配箱量不仅与航线配置的集装箱船舶数、载箱量及其利用率有关，与集装箱船的往返航次时间及发船间隔有关，而且还与集装箱在港口的堆存期及在内陆的平均周转天数有很大的关系。

在实际进行集装箱箱务管理的过程中，集装箱航线的配箱量不仅与上述因素有关，而且还与集装箱在内陆周转过程中可能发生的修理、积压和延误（如货主提箱后长期占用不能返空、海关扣押、集装箱严重毁坏）等情况密切相关。此外，还需考虑由于各种集装箱箱型在往返航向上的使用量不平衡需增加箱量数，以及在挂靠两个以上港口时需在中途港配置周转箱量等。

（二）集装箱租箱量的确定与调整

由于自备箱（船东箱）需要巨额投资，风险较大，集装箱班轮公司的箱务管理部门一般会根据自身的实际情况，以降低经营成本为目的，利用租箱方式来减少置箱资金，通过租箱量的调整和空箱调运来提高集装箱箱务管理的经济效益。

1. 集装箱租赁作用

① 船公司或其他集装箱运输经营人因业务发展需要增加集装箱数量，可以采用以租代购的方式补充，以减少临时巨额投资或借款；或将资金用于其他需要的方面和项目。

② 需要对长期使用的集装箱进行更新时，同购买新的集装箱一样，可通过租赁集装箱暂时弥补箱量不足，从而减轻资金的筹备及利息的负担。

③ 在各航线来回程货源不平衡情况下，可通过单程租赁或其他临时租赁方式解决空箱回运问题。

④ 在某些货物、货源量随季节变化时，可以通过短期或者临时租赁方式租用集装箱来满足这种不平衡的需要，提高箱子的利用率。

⑤ 通过租赁既能满足不同货主、不同运输要求所需的不同类型（特别是特种箱）的集装箱，以减少自有箱中利用率低的各种类箱，又能保证运输的实际需要。

2. 集装箱的租赁方式

（1）期租

集装箱期租是指租用人在一定时间内租用集装箱的租赁方式，根据租期的长短，可分为长期与短期两种形式。

长期租赁一般有较长的期限（一年或一年以上）；短期租赁一般是以租赁人实际需要的使用期限租用集装箱，时间一般较短（几个月）。

长期租赁对租箱公司来讲，可以保证在较长时期内有稳定收入，所以长期租赁的租金一般较低。长期租赁又可分为金融租赁和实际使用期租赁两种方式。其区别在于金融租赁是指租用期满后租箱人将买下租用的箱子；实际使用期租赁是指租用期满后租箱人将箱子退还给租箱公司。

短期租赁较为灵活，租箱人可以根据自己需要确定租箱时间、地点及租期，但租金较高。

（2）程租

程租也称作即期租赁，是指租期由航程时间决定的租赁方式，一般分为单程租赁和来回程租赁两种。在程租方式下，一般对提箱、还箱地点有严格限制，且租金较期租要高。

单程租赁：在单程租赁的情况下，租箱人仅在起运港至目的港单程使用集装箱。在起运地租箱，在目的地还箱，可以减少空箱回运。这种租赁方式一般用于一条航线上来回程货源不平衡的场合。

来回程租赁：来回程租赁一般用于来回程有货运的航线，这种方式的租期由来回程所需时间决定，有时可不限于一个来回程。

（3）灵活租赁

灵活租赁是在租期上类似于长期租赁（一般为一年），而在箱子的具体使用上类似于短期或程租的租赁方式。在灵活租赁合同中，除明确租期外还订有租箱人每月提箱、还箱的数量和地点。在这种租赁方式下，租箱人在租期内至少保证租用一定数量的箱子，这就类似于长期租赁；但在具体使用过程中这些箱子并不是固定不变的，租箱人可根据自己的实际需要，在合同规定的时间、地点、数量下随租随还，这又类似于短期或程租。采用这种租赁方式可使租箱人能更好地适应货源不平衡、季节不平衡等变化的需要。

3. 集装箱租箱量的确定和调整

集装箱船公司为航线配备集装箱时，既不会全部使用自备箱，也不会全部使用租赁箱，一般都会合理地确定租箱量。租箱量可以根据最小自备箱数量原则来确定船公司的年度总租箱量，然后再进一步确定长期和短期的租箱量。

由于集装箱班轮公司航线上的货源经常变化，集装箱船公司需要随时根据实际用箱量的增减来调整租箱量，以降低用箱成本，提高集装箱的利用率。

（三）集装箱跟踪管理

集装箱跟踪管理，是指船公司或其箱管部运用电子计算机技术建立起来的信息传输和数据处理技术对集装箱的动态信息进行管理。其目的是实时掌握和控制集装箱的动态情况。

集装箱的状态信息主要包括闲置空箱（尚未安排运输任务的空箱，也即等待安排运输任务的空箱）、执勤空箱（已被安排运输任务的空箱）、进口实箱（刚从船上卸下的装载着进口货物的集装箱）、出口实箱（即将装船出口的装载着出口货物的集装箱）、残损空箱

(不能使用的集装箱，也即等待修理或正在修理的空箱）五种。

集装箱动态信息的主要来源是通过各港代理在集装箱码头堆场的四道关口——"出门""进门""装船""卸船"所提供的设备交接单或装卸船清单中获得。

（四）集装箱空箱的调运

集装箱班轮公司的箱管部门必须掌握集装箱的利用情况，做好集装箱空箱的调运计划，力求高效率、低成本地完成集装箱的调运。空箱调运有下面几种方式。

1. 港到港的空箱调运

由于货源不平衡及各航线货物流向不平衡等原因会造成各港的空箱数量的不平衡，所以必须将某港的剩余空箱调运到空箱不足的港口以供使用。箱管部门应与货运部门配合，及时掌握各港的空箱数量以及各港的空箱需求量，及时做好调运计划。港到港的调运分成国际调运和国内调运两种情况。

国际调运：在各港的船代部门需要做好报关、装运等工作，及时将空箱按调运计划安排到指定的港口。一般情况下，尽可能安排本公司的船舶运载空箱，尽量不影响重箱的载量，充分利用船舶的剩余舱位进行空箱的调运；尽量不用其他船公司的船舶承运，避免负担大量的空箱运输费用，以降低成本，特殊情况下才利用其他船公司的船舶运输。

国内调运：因为在国内调运不需海关报关手续，所以国内运输中箱管部门做好调运计划后，就可以安排船舶将空箱运至目的港。

2. 港到堆场、货运站的空箱调运

从其他港口调运到集装箱码头的空箱，如果没有及时安排港到堆场、货运站的调运，就会造成集装箱码头空箱的压港现象，因此箱管部门必须及时掌握空箱的到达时间、数量，及时为各堆场、货运站、内陆运输部门签发"集装箱设备交接单"，及时将空箱调运到各堆场、货运站等地。

3. 堆场、货运站的空箱调运

由于集装箱码头的主要任务是集装箱的装卸作业，所以只有少部分的空箱堆存在集装箱码头，而大量的空箱堆存在与船公司签订集装箱堆存协议的集装箱堆场和货运站。因此各集装箱堆场和货运站之间空箱的使用存在不平衡现象，箱管部门应根据集装箱堆场和货运站的空箱需求量，制订调运计划，签发"集装箱设备交接单"，进行集装箱堆场、货运站之间的空箱调运。

4. 临时租用的空箱调运

在集装箱运输过程中，当出现船公司的空箱储备量不足时，船公司可以采取空箱调运的方式以弥补缺口，但调运空箱需要一定的时间，无法满足目前的需要。在这种情况下，船公司的箱管部门会采取临时租用的方式解决。管箱部门向租箱公司或其他船公司联系，提出租用集装箱申请，取得租箱公司或其他船公司签发的"集装箱设备交接单"后，到指定的场地，将租箱公司或其他船公司空箱运至本公司的集装箱堆场或货运站，并做好设备交接手续。

5. 还箱时的空箱调运

船公司租用集装箱一般同时采用长期、短期和临时租箱等方式，以减少使用集装箱的成本。在运输市场不景气或货源不足的情况下，为了降低运输成本，箱管部门会及时返还部分租用的集装箱，与集装箱租赁公司联系还箱的手续，将空箱运达集装箱租赁公司指定的地点并办理交接手续。

（五）集装箱箱务管理考核

集装箱箱务管理考核的主要内容包括集装箱的利用情况、集装箱的调配情况、集装箱的堆存情况、集装箱的修理情况以及集装箱的租箱情况。

二、集装箱码头的箱务管理

集装箱码头的箱务管理业务主要包括重箱的堆存、保管，出口重箱收箱、进场的交接，进口重箱提箱、出场的交接，堆场中转箱管理。

（一）重箱的堆存、保管

集装箱码头为避免港内集装箱的大量积压现象发生，规定各航班装运的重箱应在指定的入港开始时间和截止时间内将重箱运至港区内指定的场地堆存。集装箱码头箱管部门应积极配合船公司箱管部门，及时与货方（或其代理人）、内陆运输人做好重箱的交接工作。

（二）出口重箱收箱、进场的交接

出口货箱进入港区时，货方、内陆承运人凭集装箱出口"装箱单"或"场站收据""进场集装箱设备交接单"到指定的港区交付重箱，并办理进场集装箱设备交接。

指定的港区依据出口"集装箱预配清单""进场集装箱设备交接单""场站收据"收取重箱，并办理进场集装箱设备交接。图3-2-1是某集装箱码头出口重箱进港操作流程，供参考。

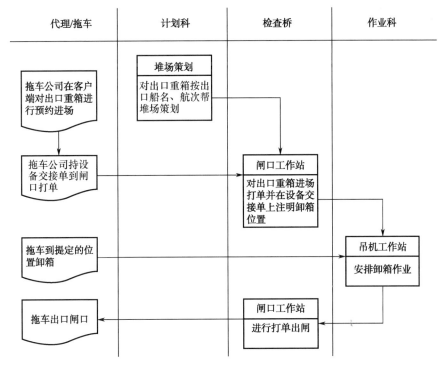

图3-2-1 某集装箱码头出口重箱进港操作流程

(三) 进口重箱提箱、出场的交接

进口重箱提离港区时,货方、内陆承运人凭持海关放行的进口"提货单""出场集装箱设备交接单"到指定的港区提取重箱,并办理出场集装箱设备交接。图 3-2-2 是某集装箱码头进口重箱出港操作流程,供参考。

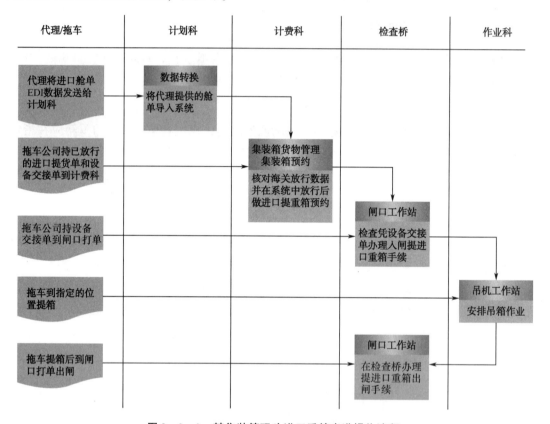

图 3-2-2 某集装箱码头进口重箱出港操作流程

(四) 堆场中转箱管理

集装箱码头的中转箱主要包括国内中转箱和国际中转箱。国内中转箱是指在境外装货港装船后,经国内中转卸船后转运到境内其他港口的集装箱,以及在国内装货港已办理结关手续,船公司出具全程提单,经国内中转港转运至国外目的港的集装箱。国际中转箱是指由境外启运,经中转港换装国际航线船舶后,继续运往第三国或地区指运口岸的集装箱。

1. 一程船卸船

国际海运中的"一程船"是指对某一中转箱而言将该箱从起运港运至中转港的船舶。码头配载计划员在收到船公司资料后,将其中的中转资料交中转业务员处理。中转业务员将中转资料输入电脑。在船舶卸船后,应将中转资料与实卸情况进行核对,发现问题立即通知有关方面协调解决。对于一程船卸船后超过一定时间还没有出运的中转箱,码头中转业务员要主动与代理联系,及时安排二程船转运。

2. 二程船装船

国际海运中的"二程船"是指对某一中转箱而言将该箱从中转港载运至目的港的船舶。中转业务员收到中转通知书后,将中转通知书(需有海关放行章)连同外区拖进本码头的中转箱的动态表一起交配载员处理。在装船结束后,中转业务员将经由配载员注明中转箱实际装箱情况和卸船时间的中转通知书与已装船的动态表等单证一起交收费部门。外区拖进本码头的中转箱因故未能装上船的,中转业务员要妥善保管好动态表,以备使用。

3. 中转箱跨区拖运

如果中转箱一程船卸船与二程船装船不在同一码头,则在卸船后,该中转箱必须跨区拖运。拖出地码头的中转业务员在安排出场计划的同时开具中转动态表(一式三联),附在作业申请单上交出场检查口。司机拖箱时与检查口人员办理设备交接,检查口人员自留动态表一联,附在出场报表上交收费部门,其余交司机。在拖进地码头,检查口业务员和司机办理设备交接,同时收下两联动态表,一联交中转业务员,另一联附在进场报表上交收费部门。其后的工作与卸船进场的中转箱作业类同。

4. 危险品中转箱转存

凡不宜在码头堆存的危险品中转箱,码头中转业务员应严格把关,及时通知代理安排转运,确保码头生产的安全。危险品中转箱出场,中转业务员填写作业申请单和动态表(一式三联)交检查口。检查口自留一联附在出场报表上交收费部门,其余交司机。司机进场将动态表交堆场业务员,堆场业务员保留以备日后进场之用。

5. 中转箱倒箱

国际中转箱如因箱体损坏、用错箱等原因需要倒箱的,船舶代理应出具联系单给码头和海关。如在码头外倒箱,码头应根据海关许可证,安排出场计划和进场计划;在码头内倒箱,则在倒箱时,要有海关、船舶代理、理货员在场。倒箱结束后,由海关加铅封。

三、集装箱堆场的箱务管理

集装箱堆场的箱务管理业务主要包括空箱的堆存、保管,空箱的发放和交接,空箱的返还和交接,集装箱损坏的处理,集装箱超期使用的处理等。

(一)空箱的堆存、保管

在集装箱运输实践中,目前只有少部分的空箱是堆存在集装箱码头,而大量的空箱堆存在与船公司签订集装箱堆存协议的集装箱堆场。各集装箱堆场在安排空箱堆存过程中,应将各船公司的集装箱分别堆放,同公司的集装箱应按不同箱型分别堆放,便于提箱。在搬运过程中应注意安全,勿使本场地堆存的集装箱出现工残。在收箱时做好集装箱的检查工作,出现集装箱损坏等现象时,及时通知箱主,安排修理等事宜。

(二)空箱的发放和交接

出口所使用的空箱,由集装箱堆场进行管理,出口空箱提离集装箱堆场时,提箱人(货方或其代理、内陆承运人)应向集装箱代理人提出书面申请。集装箱代理人依据"出口订舱单""场站收据""出口集装箱预配清单"向提箱人签发"出场集装箱设备交接单"。

提箱人凭"出场集装箱设备交接单"到指定集装箱堆场提取空箱,办理出场集装箱设备交接。凭"进场集装箱设备交接单"到指定地点交付集装箱,并办理进场集装箱设备交接。

（三）空箱的返还和交接

从港区提离的进口重箱拆空后的空箱,一般由货方（或其代理）、内陆承运人负责还箱运输,并送达指定的集装箱堆场。指定的集装箱堆场凭集装箱代理人签发的"进场集装箱设备交接单"收取集装箱,并办理集装箱设备交接。

（四）集装箱损坏的处理

集装箱在使用过程中经常会遭受破坏,损坏的集装箱必须经过修理使其恢复到原来的完好状态才能使用,因此集装箱修理是集装箱使用过程中不可缺少的一项重要工作。实践中不能提供合格的集装箱修理业务,就无法正常地开展集装箱运输工作。经过修理的集装箱,其尺寸、结构和强度必须满足有关集装箱的国际、国内标准的要求,所以集装箱的修理人员必须熟知集装箱特性和有关集装箱的国际、国内标准,取得检验机关认可并获得证书者方能负责修理集装箱。

一些有实力的集装箱堆场,一般都具有集装箱修理业务的资质,作为船公司的箱管代理人在收到集装箱箱体损坏信息后,安排验箱人员到现场检验集装箱的损坏程度,查明原因,分清责任,并对集装箱损坏的记录信息进行修改,将验箱人员的检验结果报船公司或责任方,根据修理费用向责任方索赔,根据船公司的确认或责任方同意付款确认,安排坏箱进行修理。箱体修复后,派验箱人员到现场检验,确认合格后,向船公司汇报,更改此箱的记录信息并尽快使该箱进入周转。

（五）集装箱超期使用的处理

货方（或其代理）、内陆承运人或从事集装箱业务的有关单位不得将集装箱及其设备移做"集装箱设备交接单"规定之外的目的使用,必须按规定的时间、地点交还集装箱,而且应保持集装箱及其设备的完好性。凡不按规定地点交还集装箱者,集装箱堆场应拒绝收箱。

为了保证货方进口拆箱或出口装箱顺利进行,船公司一般规定货方有一定时间的集装箱免费使用时间,但超过规定的免费使用时间,船公司要向货方收取集装箱超期使用费。船公司通常根据箱型分别按进口、出口制定集装箱超期使用费计算标准,表3-2-1是某集装箱班轮公司制定的在国内港口"进口箱超期使用费标准"。集装箱超期使用费通常由集装箱堆场为船公司代收。

表3-2-1　进口箱超期使用费标准

元

箱型	1~4天	5~10天	11~20天	21~40天	41天以上
20GP	免费		60	120	240
40GP	免费		120	240	480
20RF	免费	180	360		720
40RF	免费	360	720		1 440

【例1】 在上海港有一货主使用船东箱进口20GP（20英尺干货箱）的货物，该箱到港时间是2013年11月15日，还箱时间是2013年12月30日，请按上述"进口箱超期使用费标准"计算该集装箱超期使用费。

答：

根据题目，该集装箱使用时间为46天，因为20英尺干货箱免费使用天数为10天，所以超期36天，根据该公司的超期使用费标准计算结果：

1~10天：免费

11~20天：$60 \times 10 = 600$（元）

21~40天：$120 \times 20 = 2\,400$（元）

41~46天：$240 \times 6 = 1\,440$（元）

该集装箱超期使用费 $= 0 + 600 + 2\,400 + 1\,440 = 4\,440$（元）

四、集装箱货运站的箱务管理

集装箱货运站的主要业务是出口装箱和进口拆箱，因此集装箱货运站的箱务管理主要是出口空箱的提取和装箱，进口重箱的提取和拆箱、还箱等。

（一）出口空箱的提取和装箱

① 货主或代理把"装箱清单"和"放箱单"传真给货运站。

② 货运站调度员根据"放箱单"联系送箱，送箱有港内提箱和港外送箱两种方式。

港内提箱：就是将"放箱单"通过邮件传送至计划科要求空箱发放（有些船公司要求将"放箱单"传真船代），接到放箱通知后，做好集装箱转运计划。

港外送箱：将"放箱单"传真至相应集装箱堆场，要求集装箱堆场将空箱送到货运站，并确定箱号和进场时间，并做空箱进场预约，在提单号栏目录入堆场相应的代码。

③ 集装箱进场后，核实箱号、箱主是否有误及检查箱体是否破损。

④ 拼箱柜号及时向货代反馈。

⑤ 货主或代理持"进仓通知单"随货到货运站办理进仓手续。

⑥ 货运站调度核对"进仓通知单"，查看货代、船名、航次、提单号、货物品名、数量、重量、唛头等项目是否完整。

⑦ 调度按货代"进仓通知单"开具货物进库单，备注货代、船名航次、提单号、件数、车号、调度员、日期、时间。

⑧ 货主或代理持货物进库单到仓库进出库点排队等候作业。

⑨ 业务员根据货物进库单受理时间及车号，安排小叉司机和工人进行进仓作业。

⑩ 货运站值班调度根据船舶靠泊计划和货代通知的海关放行信息安排出库装箱作业。

图3-2-3是某集装箱码头货运站出口拼箱货操作流程，供参考。

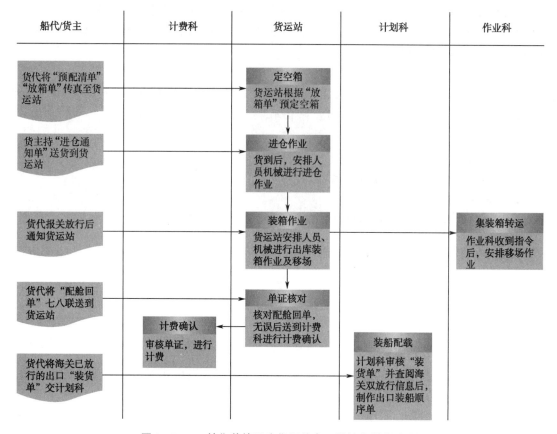

图 3-2-3 某集装箱码头货运站出口拼箱货操作流程

（二）进口重箱的提取和拆箱、还箱

① 计划科（或船代）将进口舱单发送电子邮件给货运站。

② 货运站调度打印出交付条款为"-CFS"货物舱单，并根据箱号在集装箱转运模块中用"重箱进 CFS"做集装箱转运。

③ 货运站调度根据作业计划，做好拆箱工作安排，登记拆箱记录日报表，安排业务员、小叉司机和工人进行拆箱作业准备。

④ 业务员根据货物体积做好仓库货位整理安排工作，通知外轮理货员到场准备拆箱作业。

⑤ 拆箱入库完成后，业务员应到库根据舱单资料重新核对分票资料，并在舱单上备注货位。

⑥ 作业完成后，与理货做好理货单证，并制作货运站装拆箱报表，登记台账。如有残损记录，应复印一份粘贴在台账背面，以便提货时了解货物情况。

⑦ 调度审核单证无误后，签字确认并安排单证员进行货运站系统拆箱确认，编制空箱返场计划，根据船公司的指令，安排空箱从货运站移出，到相应的堆场。

⑧ 货主或代理持已加盖收费章的"交货记录"到货运站办理提货手续。

图 3-2-4 是某集装箱码头货运站进口拼箱货操作流程，供参考。

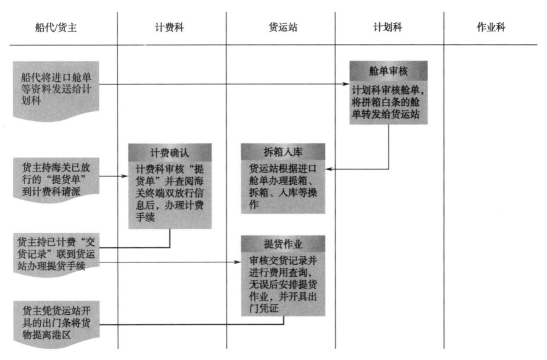

图 3-2-4　某集装箱码头货运站进口拼箱货操作流程

思考与练习

1. 简述集装箱箱务管理的意义。
2. 简述集装箱船公司、集装箱码头、集装箱堆场、集装箱货运站箱务管理的重点。

项目四

集装箱其他运输方式与多式联运

任务一　公路集装箱运输

任务目标

熟悉公路集装箱运输的作用以及业务范围；熟悉开展公路集装箱所需要的条件；熟悉公路中转站的组成和功能；了解公路集装箱有关的法律法规和国际公约。

引例

公路集装箱运输货损案

2001年11月18日，华映公司与特灵台湾公司签订了进口3套冷水机组的贸易合同，交货方式为F/B美国西海岸，目的地为江苏吴江。2001年12月24日，买方华映公司就运输的冷水机组向人保吴江公司投保一切险，保险责任期间为"仓至仓条款"。同年12月27日，东方海外公司从美国西雅图港以国际多式联运方式运输了装载于3个集装箱的冷水机组经上海到吴江，东方海外公司签发了空白指示提单，发货人为特灵台湾公司，收货人为华映公司。

货物到达上海港后，2002年1月11日，东方海外公司与中外运江苏公司约定，东方海外公司支付中外运江苏公司陆路直通运费、短驳运费和开道车费用等共计9 415元，将提单下的货物交由中外运江苏公司陆路运输至目的地吴江。事实上，中外运江苏公司并没有亲自运输，而由上海吴淞汽车运输服务公司实际运输，中外运江苏公司向上海吴淞汽车运输服务公司汇付了8 900元运费。同年1月21日，货到目的地吴江后，因运输的集装箱为框架集装箱，货物包装方式为裸装，堆场值班员在2份集装箱发放/设备交接单上的"进场联"就货物表面状况进行记载，表明货物到场时2个框架集装箱底板破损，机器设备压缩机顶部外壳破碎。收货人发现两个集装箱破损，货物严重损坏后就依据货物保险合同向人保吴江公司索赔，保险公司赔付后取得代位求偿权，向东方海外公司进行追偿。东方海外公司与保险公司达成了和解协议，已向保险公司作出11万美元的赔偿。之后，东方海外公司根据货物在上海港卸船时的理货单记载"集装箱和货物完好"，以及集装箱发放/设备交接单（出场联和进场联)对比显示的"集装箱出堆场完好,运达目的地破损",认为中外运江苏公司在陆路运输中存在过错,要求中外运江苏公司支付其偿付给保险公司的 11 万美元及利息损失。

问题:本案例中公路集装箱运输起到什么作用?本案例中公路集装箱运输的实际承运人是谁?东方海外公司认为中外运江苏公司在陆路运输中存在过错,你如何理解?

集装箱多式联运是现代运输发展的必然趋势,而无论哪种运输方式,都需要用汽车将集装箱或货物从托运人地点运至港口码头、铁路车站,同时还要将集装箱或货物,从码头、铁路车站再运送到收货人地点。它与其他运输方式比较,具有灵活方便性、广泛适用性、快速及时性、公用开放性、投资效益高、经济效益大等特点。所以,公路集装箱运输在集装箱内陆运输系统和海陆联运中,都占有重要的地位。

我国的公路集装箱运输是伴随着海运国际集装箱运输和国内铁路集装箱运输的发展而兴起的。在 20 世纪 70—80 年代,我国的大连、青岛、天津、上海、黄埔、深圳等大中港口普遍存在压船压港现象。为了疏港的需要,1977 年由交通部在天津港组建了第一支集装箱运输专业车队,并通过技术改造,建成了第一座集装箱公路中转站。经过 30 多年的推广,我国公路集装箱运输得到迅速发展,促进了我国集装箱多式联运的发展。

一、公路集装箱运输概述

(一)公路集装箱运输的作用

① 公路集装箱运输以其机动灵活、快速直达的优势,在集装箱多式联运中成为典型工艺流程的第一个和最后一个环节。

② 公路集装箱运输既能独立构成运输系统,完成货物运输的全过程,又是衔接铁路、水运、航空等运输方式为其集散货物的重要环节。

③ 公路集装箱运输在集疏运港口国际集装箱、开展铁路集装箱门到门运输以及完成干线公路集装箱零担货运输方面,均发挥了重要的支撑作用。

(二)公路集装箱运输经营业务范围

① 海上国际集装箱由港口向内陆腹地的延伸运输、中转运输以及在内陆中转站进行的集装箱交接、堆存、拆装、清洗、维修和集装箱货物的仓储、分发等作业。

② 国内铁路集装箱由车站至收、发货人仓库、车间、堆场间的门到门运输及代理货物的拆装箱作业。

③ 沿海、内河国内水运集装箱由港口向腹地的延伸运输、中转运输或货主间的短途门到门运输。

④ 城市之间干线公路直达的集装箱运输。

⑤ 内陆与港澳之间及其他边境口岸出入国境的集装箱运输、接驳运输以及大陆桥运输。

(三)开展公路集装箱运输的条件

1. 有相应的公路集装箱运输货源

公路运输企业首先要摸清并掌握货源、货流的规律。在一般性社会调查的基础上有选择地重点深入到货主单位,对适宜优先装箱运输的货物的批量、流向、品种、特性、比容以及为实现门到门运输需要具备的接运和装卸条件等进行具体的调查和落实。

合同运输是集装箱公路运输的主要货源组织形式。由船公司、货运代理或货主直接与公路运输企业签订合同，确定其公路运输任务。根据货源大小、合同期限的长短，还可以分为临时托运和长期合同关系。临时托运通常是小批量的、无特殊要求的集装箱货物运输，主要由一些短期的、临时的客户托运。这是公路运输企业组织货物的一个不可缺少的来源，往往也是承、托双方建立长期合同关系的基础。

计划调拨运输是公路运输企业获得货源的另一种方式，即由货运代理公司或配载中心统一受理口岸进出口的集装箱货源，由货代公司或配载中心根据各公路运输企业的车型、运力，以及货源对口情况，统一调拨运输计划。计划运输对公路集装箱运输的运力调整和结构调整起着指导作用。

2. 有适合公路集装箱运输的技术条件

公路集装箱运输的技术条件包括集装箱、运输车辆、公路网、装卸机械、公路中转站等方面的条件。

（1）集装箱

目前，公路集装箱运输所使用的集装箱是符合国际标准20英尺和40英尺箱，也是国家标准箱型。它们具有通用的角件结构和统一的尺寸，便于开展集装箱多式联运。

（2）运输车辆

公路集装箱运输的车辆是根据集装箱的箱型、种类、规格尺寸和使用条件来确定的。目前，集装箱运输车辆一般使用拖挂车。拖挂车技术性能较好，适用于大型集装箱的长途运输。

（3）公路网

对公路基础建设的最低要求是公路网的载运能力至少必须等于车辆的负重加上载运一个定额满载集装箱的总重量。运输20英尺、40英尺集装箱，公路必须满足下列要求：

① 车道宽度3米。
② 路面最小宽度30米。
③ 最大坡度10%。
④ 停车视线最短距离25米。
⑤ 最低通行高度4米。

（4）装卸机械

公路集装箱运输的装卸作业地点主要在堆场、货运站或货主仓库进行，在公路集装箱货源批量不大又较分散、装卸机械不配套的情况下，采取箱不落地，就车掏装箱作业的办法比较合适。但为了适应某些货主以及公路集装箱货场作业的要求，也需要配备一定数量的装卸集装箱的机械设备。

（5）公路中转站

在国际集装箱由海上向内陆延伸的运输系统中，公路中转站的作业是一个重要环节。公路中转站既是内陆的一个口岸，又是国际集装箱承、托运等各方进行交易和提供服务的中介场所，为海上国际集装箱向内陆延伸的运输系统提供后勤保障作业。同时公路中转站的设立可在一定程度上改善内陆地区的投资环境，从而促进内陆地区经济的发展，随之又可带动国际集装箱运输在内陆的推广和应用。

3. 有公路集装箱运输的管理组织

开展公路集装箱运输，必须建立必要的业务机构，配备专业人员，加强人才培训，实行专业化管理，制定有效的管理规章，使用统一的单证，规范单证的使用，建立健全各类业务统计报表、原始记录以及必要的分析考核制度。

二、公路集装箱中转站

（一）公路集装箱中转站的组成

公路集装箱中转站一般包括运输车辆、集装箱装卸堆场、拆装箱作业场、货物仓库、车辆和集装箱的检测维修车间、管理信息系统、"一关三检"机构、生产调度和企业管理部门、动力供给、生产辅助设施以及生活保障设施等。站内一般划分为5个区域：

① 集装箱堆存、拆装、仓储作业区，包括空重箱堆场、拆装箱作业场、拆装箱仓库、海关监管仓库等。

② 车辆、箱体的检测、维修、清洁作业区，包括车辆机械检测维修车间、集装箱修理和清洁间、材料配件库、工具库等。

③ 辅助生产作业区，包括加油站、洗车检车台、变电室、水泵房、锅炉房、污水处理、消防设施、停车场等。

④ 生产业务管理区，包括由"一关三检"、货运代理、生产调度、管理信息系统、企业管理、银行保险等部门组成的综合业务楼、中转站大门、验箱桥、地秤房等。

⑤ 生活供应区，包括食堂、浴室、候工室、职工宿舍以及对社会服务的生活福利设施等。

根据中转站所承担的生产业务范围，各作业区域可分别组成若干个基层单位，如运输车队、装卸车间、拆装箱作业间、集装箱修理间、车辆机械检测维修中心、生产调度室、信息中心等。

（二）公路集装箱中转站具备的主要功能

作为一个具有一定规模、配套设施齐全的公路国际集装箱中转站，具有以下主要作业功能。

1. 内陆集装箱堆场和集装箱货运站业务功能

这是公路国际集装箱中转站最基本的作业功能。根据货主在国际贸易中所签订的运输条款和箱货交接方式，在多式联运过程中需要停留、中转和交付的进出口国际集装箱重箱、空箱或拼箱货物，都可在中转站进行整箱或拼箱货物的交接，并划分其风险责任。中转站根据集装箱到发的不同目的地，可按船、按票集中在堆场堆存，或在仓库存贮，亦可按照货主的要求，直接进行门到门运输服务。

2. 集装箱货物的集散、仓储、换装和拆装箱作业功能

对出口的货物，可提供集货、理货、装箱、拼箱，并向港区码头转运装船等服务；对进口的国际集装箱，可提供拆箱、卸货、理货、分发及上门送货等服务。对拆箱后、装箱前以及需要换装的各种进出口货物，包括需要长期保存周转的免税、保税商品，海关暂扣物资，进出口国际集装箱等，都可进入中转站的专门仓库进行储存和保管。

3. 内陆口岸功能

根据区域经济和对外贸易发展的需要，在内地建立的某些中转站，经政府主管部门批准，可设置海关、商检、动植物检、卫检等口岸监管服务机构及其专业设施，以供各类集装箱货物及其他交通工具办理出入境手续，使出入境口岸业务由沿海港口延伸到内陆中转站，为内陆客户就地办理进出口业务手续提供方便快捷和经济的服务条件。

4. 集装箱箱管站功能

集装箱作为货物运输的一种标准化容器，它要在一些跨国航线乃至全世界领域内重复周转使用。集装箱通常属船公司所有，或由船公司向专门的集装箱公司租用。当重箱运抵目的地后，货主收完货，为减少空箱的远距离调用，空箱将在船公司指定的某些地点汇集存放，以供其他相关流向货物运输时调用。公路国际集装箱中转站经船公司集装箱管理中心认可并签订协议后，即可作为船公司及其代理人调度、交接、集中、保管和堆存空集装箱的场所，并且由 EDI（电子数据交换）系统负责集装箱的动态跟踪，还可按规定的标准、工艺对集装箱进行定期的检验、修理或整新，以及清洁、维护等作业。

5. 信息处理、传输功能

作为国际上先进的货物运输形式，国际集装箱运输的实物流动是与相关的信息流伴随而行的。按照船方、货方、港口、中转站以及"一关三检"等协作单位对集装箱和集装箱运输进行管理的需要，中转站须建立起管理信息系统，它主要包括：对集装箱进行动态跟踪和管理，适时反映集装箱所在的地理位置和所处的状况；对集装箱货的承揽、仓储、运输、堆存、装载和车辆的运输作业、调度计划以及单证的流转、票务结算等完成统计制表，以供分析和决策；处理在集装箱运输中涉及的单证信息；在本中转站与其他相关单位连接的管理信息系统网络上，传递交流各类信息。

6. 国际货运代理功能

（1）进口货运代理业务

受国内外货主或船公司的委托，代办接货、发运业务，如代办进港提箱、进行各类箱货的交接、申请"一关三检"、拆箱理货、冷藏箱制冷等的手续；办理进口货物经由公路、铁路、水路、航空的转运业务，并负责将货物安全及时地送交收货人；办理进口国际集装箱国内段运输的投保，支付运费、装卸费，缴纳各种税费等业务。

（2）出口货运代理业务

受船公司的委托，为班轮组织出口集装箱货源；受货主的委托，办理出口货物门到门多式联运全过程所需的订舱、订机、订车、租船、订集装箱吊装机械等业务；办理出口货物的上门接货、包装理货、衡重衡量、申报"一关三检"、仓储保管、货物配载、装卸平舱、装箱拼箱、集港装船等工作；缮制各种运输单证、催证、签发提单、代办运输全过程的投保、结汇、支付运费、缴纳各种税费等业务。

7. 配套服务功能

为国际集装箱运输生产业务配套的服务，包括对车辆机械的技术检测与维修，车辆的清洗、加油和停放，对各类货物进行装卸、包装、分拣以及物流增值服务等，引入与"一关三检"监管机构相协作的银行、保险公司、公安、税务等部门，以便为客户提供一条龙服务。

三、与公路集装箱运输相关的法律法规和国际公约

我国政府以及交通部对以前颁布的各类法律法规进行清理，废止了一部分法律法规，修正了一部分法律法规，也颁布了新的法律法规，目前继续生效的法律法规和国际公约见表 4-1-1，供具体使用时参考。

表 4-1-1　与公路集装箱运输相关的法律法规和国际公约

序号	法规名称	颁布时间与部门
1	《中华人民共和国公路法》	1997 年 7 月 3 日第八届全国人民代表大会常务委员会第二十六次会议通过，2004 年 8 月 28 日第十届全国人民代表大会常务委员会第十一次会议第二次修正
2	《公路安全保护条例》	2011 年 2 月 16 日中华人民共和国国务院令第 593 号公布
3	《中华人民共和国收费公路管理条例》	2004 年 9 月 13 日中华人民共和国国务院令第 417 号公布
4	《路政管理规定》	2003 年 1 月 27 日交通部令第 2 号公布
5	《超限运输车辆行驶公路管理规定》	2000 年 2 月 13 日交通部令第 2 号公布
6	《公路监督检查专用车辆管理办法》	2002 年 11 月 16 日交通部令第 6 号公布
7	《关于在全国开展车辆超限超载治理工作的实施方案》	2004 年 4 月 30 日交通部、公安部、发展改革委、质检总局、安全监管局、工商总局、法制办公布
8	《中华人民共和国道路运输条例》	2004 年 4 月 30 日中华人民共和国国务院令第 406 号
9	《危险化学品安全管理条例》	2002 年 3 月 2 日中华人民共和国国务院令第 591 号公布
10	《外商投资道路运输业管理规定》	2001 年 12 月 20 日对外贸易经济合作部令交通部令第 9 号公布
11	《国际道路运输管理规定》	2005 年 4 月 13 日交通部令第 3 号公布
12	《道路货物运输及站场管理规定》	2005 年 6 月 16 日交通部令第 6 号公布，2009 年 4 月 21 日交通运输部令第 3 号第二次修正
13	《道路危险货物运输管理规定》	2005 年 7 月 12 日交通部令第 9 号公布，2010 年 10 月 27 日交通运输部令第 5 号修订
14	《放射性物品道路运输管理规定》	2010 年 10 月 27 日交通运输部令第 6 号公布
15	《道路运输从业人员管理规定》	2006 年 11 月 23 日交通运输部令第 9 号公布
16	《国际公路货物运输合同公约》（CMR）	联合国所属欧洲经济委员会负责草拟，并在 1956 年 5 月 19 日在日内瓦欧洲 17 个国家参加的会议上一致通过签订

思考与练习

1. 简述公路集装箱运输的作用。
2. 简述公路集装箱运输经营业务范围。
3. 简述开展公路集装箱运输的条件。
4. 简述公路集装箱中转站的组成和作用。

任务二　铁路集装箱运输

任务目标

熟悉铁路集装箱运输的作用；熟悉开展铁路集装箱运输的条件；熟悉铁路办理站的作用以及货物运输流程；了解铁路集装箱运输的法律法规和国际公约。

> **引 例**
>
> **赣州—厦门铁海联运五定班列顺利开通**
>
> 2013年6月8日，满载着有色金属、电子、日用品等外贸产品的集装箱的赣州—厦门首发"五定班列"顺利抵达厦门港，标志着赣州—厦门"五定班列"正式投入运营。
>
> 赣州—厦门铁海联运"五定班列"由国家铁路总局及南昌铁路局批准，以赣州东站为始发站，吉安南站为组织站，由吉安南40093车次对接赣州东27015车次直达厦门港。班列每周二、周五运行，"站到港"运输价格每标准箱降低了870元，到港时间由传统铁路货物列车的2天缩短为22小时40分。班列的开通，大大缩短了赣州—厦门港的运行时间，为赣州、吉安的外贸企业提供了一条通往厦门港高效快捷的口岸物流通道，标志着厦门港铁海联运取得了历史性突破。
>
> 问题：简述铁路集装箱运输的优势。

铁路是国民经济的重要组成部分，它与公路、水运、航空、管道等运输方式构成我国的现代化交通运输网，是我国运输网中的骨干，是联系社会生产、分配、交换和消费的纽带，是方便人民群众、沟通城乡、联系各省（区）市以及国内外的重要环节。

铁路集装箱运输需要经过货源组织、计划配装、中转、卸车、交付等运输环节，它与其他运输方式比较，具有运量大、速度快、安全可靠、运输成本低、运输准确性和连续性强、受气候影响较小等一系列特点，在国际货物运输中起着非常重要的作用。

一、铁路集装箱运输概述

（一）铁路集装箱运输的作用

目前，我国经由铁路运输的进出口货物数量，仅次于海洋运输而居于第二位，铁路集装箱运输在我国对外贸易中起着非常重要的作用。

1. 铁路集装箱运输连接亚欧大陆，为发展亚欧国家的经济贸易提供便利

通过铁路，将亚欧大陆连成一片，对我国发展与亚洲其他国家和欧洲各国的经济贸易提供便利条件。

2. 铁路集装箱运输联系港澳，促进港澳贸易和经香港转口贸易的发展

港澳地区所需要的食品和生活用品多由内地供应，做好这一地区的供应工作，达到优质、适量、均衡、应时的要求，在政治上和经济上都具有重要意义。由于香港对外交通非常发达，海运和空运定期航线、航班很多，作为转口贸易基地，开展陆空、陆海等联运，为我国发展与东南亚、非洲和大洋洲各国和地区贸易，起到积极的作用。

3. 铁路集装箱运输担负进出口货物的集散和外贸物品的调拨任务

我国海运进出口货物的集散和我国各地区间有关外贸物品的调拨，主要是通过铁路运输来完成。我国幅员辽阔，海运进口货物大部分利用铁路运往内地各用货单位；海运出口货物大部分也是通过铁路向港口集中。

（二）开展铁路集装箱运输的条件

1. 铁路集装箱运输的货物

（1）适合铁路集装箱运输的货物

适合铁路集装箱运输的适箱货物主要有交电类、仪器仪表类、小型机械类、玻璃陶瓷等十三大类。

（2）禁止使用铁路集装箱运输的货物

① 易于污染和腐蚀箱体的货物，如水泥、化肥、炭黑、盐、油脂、生毛皮等。

② 易于损坏箱体的货物，如废钢铁、生铁块、无包装的铸件和金属块等，但企业使用自备集装箱装运的除外。

③ 鲜活货物，但在一定季节一定区域不易腐烂的鲜活货物，经过铁路部门确定，可使用集装箱装运。

④ 危险货物，《铁路危险货物运输规则》可使用集装箱运输的除外。

另外铁路集装箱不办理军事运输。

2. 铁路集装箱运输使用的集装箱

铁路运输使用的集装箱，应符合铁路标准、国家标准和国际标准。不符合上述标准的，不能按集装箱办理运输。

当前铁路运输的集装箱有：

① 符合铁路标准的1吨、5吨箱和符合国家标准的10吨集装箱。现行铁路集装箱的主要技术参数见表4-2-1。

表4-2-1 现行铁路集装箱的主要技术参数

箱型	外部长宽高尺寸/mm	内部长宽高尺寸/mm	自重/kg	总重/kg	内容积/m³
1t 箱	900×1 300×1 300	830×1 264×1 150	175	1 000	1.21
5t 箱	1 968×2 438×2 591	1 825×2 352×2 335	940	6 000	10.02
10t 箱	3 070×2 500×2 650	2 921×2 402×2 396	1 618	10 000	16.81

② 符合国际标准的20英尺和40英尺集装箱。

3. 集装箱在规定的办理站间运输

办理集装箱业务的车站，必须有一定的基本条件。在我国的铁路车站中只有部分具有办理集装箱运输的能力，且各办理站处理集装箱的能力也有差异，各种吨位的集装箱只能在办理相应吨位的集装箱办理站间运输，如20英尺集装箱不能装运到只办理10吨集装箱办理站，否则集装箱到达该站后，车站无法装卸，无法交付，影响收货人提取货物。办理站的要求是：

① 有一定量的稳定货源。

② 有与运量相适应的设施，有硬面化的堆场和通道，有装卸集装箱的机械和吊具，如门式起重机、集装箱叉车、正面吊运机等。

③ 有掌握集装箱运输业务的专门人员。

④ 能开展门到门运输业务。

4. 所运输的货物应符合一批办理的条件

铁路集装箱货物按一批办理的具体要求是：

① 集装箱货物的托运人、收货人、发站、到站和装卸地点相同。

② 是同一吨位的集装箱，如 10 吨箱不能与 20 英尺集装箱填一张运单。

③ 最少 1 箱，最多不能超过 1 辆货车所能装载的箱数。如 5 吨箱一批最多装 6 箱；1 吨箱不能超过 64 箱；20 英尺集装箱一批只能 2 箱；40 英尺集装箱只能 1 箱。

二、铁路集装箱办理站

（一）集装箱办理站的作用

铁路集装箱办理站是指具备处理铁路集装箱运输业务能力的铁路站点。根据其业务性质和范围的不同可分为两种，即铁路集装箱中转站和一般的集装箱办理站。目前集装箱办理站一般具有的职能有：

① 受理集装箱货物的托运申请。

② 装箱、拆箱以及加封。

③ 编制有关运输单证。

④ 核收有关费用。

⑤ 联系其他运输方式以及联系铁路之间的联运等。

⑥ 提供适合装货、运输的集装箱。

⑦ 安排集装箱装卸、搬运等机械。

⑧ 办理装卸箱业务。

⑨ 编制用车计划。

⑩ 向到站发出到达预报通知等。

（二）集装箱办理站货物运输流程

1. 托运受理

托运人向车站提出货物运输申请，填写货物运单和运单副本。车站接到运单后应审核整车货物的申请是否有批准的月度和日要车计划，检查货物运单上各项内容的填写是否正确。如确认可以承运，在运单上登记货物应进入车站的日期或装车日期，即表示受理托运。

2. 进行集装箱货物集配计划

受理车站的集配货运员根据掌握的全部受理运单的到站去向和数量，本站可用空箱和待交箱数量，待装车、待装箱和残存箱的方向和数量，以及站外集散站的集装箱等资料，做出配装计划。集配计划完成后，及时通知托运人和承运货运员，以便托运人安排车辆组织进货，货运员做好承运准备工作。

3. 货物装箱

（1）整箱货装箱

整箱货的装箱可在站内完成，也可在站外完成。

若在站内装箱，托运人按车站指定的进货日期将货物运至车站，外勤货运员指定拨配空箱，由托运人自己组织装箱，装箱完毕后施封；站外装箱一般先由托运人根据车站指定的取箱日期将空箱运到本单位组织装箱，并在施封后将重箱送到车站。

无论在何处装箱，托运人接到外勤货运员拨配的空箱后，一定要检查集装箱是否有破损、装置是否完好。箱内货物的数量和质量由托运人负责，因此施封必须由托运人自己进行，承运人不得接受代为施封的委托。

(2) 拼箱货装箱

拼箱货是将若干个不同发货人托运到同一铁路到站的零担货物装箱运输。目前，铁路集装箱的拼箱，有铁路拼箱和集散站拼箱两种作业形式。

铁路拼箱货物按零担货物收取运费，但须另收拼箱费用。货物的装、拆箱以及货物受理和交付均由铁路负责，因此货物运单、领货凭证和货票等运输单证上要加盖"铁路拼箱"戳记。同一箱内货物的所有票据应封入"铁路集装箱拼箱货运票据封套"中。

4. 集散站拼箱

集散站拼箱是集散站使用铁路集装箱或部分自备集装箱，由集散站面对货主，办理承运和交付，将同一到站不同收货人的货物共装于一集装箱内，向铁路按整箱办理运输。集装箱集散站是设立在铁路车站之外，具备库场和装卸、搬运设备的企业。铁路车站与集散站之间的关系是承运人与托运人之间的关系。

5. 承运

托运人在指定日期将集装箱货物送至车站指定的地点，铁路核查货物运单的记载与实物的情况，无误的，在运单上加盖承运日期戳，即为承运。铁路向托运人核收运费。

6. 装车运输

1 吨箱主要使用棚车装运，可以和普通零担货物混装，但不得与其他货物混装。5 吨及以上集装箱主要使用敞车装运，不得和其他货物混装于一车。

7. 国际铁路联运货物在国境站的交接

国境站除办理一般车站的事务外，还办理国际铁路联运货物、车辆与邻国铁路的交接，货物的换装或更换轮对，票据文件的翻译及货物运送费用的计算与复核等工作。国际铁路联运货物在国境站的交接还涉及海关、货代等部门，他们在国际联运交接所内联合办公，实行流水作业。

国际铁路联运集装箱货物在国境站的交接程序如下：

① 国境站接到国内前方站的列车到达预报后，立即通知国际联运交接所，做好交接的准备工作。

② 列车进站后由铁路会同海关接车，海关负责对列车监管和检查。未经海关许可列车不准移动、解体或调离，车上人员亦不得离开。铁路负责将随车带交的票据送交接所。

③ 交接所内各单位各司其职，完成货物的出境手续。

④ 相邻两国国境站办理货物、车辆、单证的交接手续并签署交接证件。

8. 到达交付

集装箱货物运抵到站后，到站应在不迟于集装箱卸车后的次日用电话等方式向收货人发出催领通知，通知完毕后，货运员在货票上记载通知的时间和方法。但到站的催领通知仅是通知收货人收货的辅助手段。货物承运后，托运人应将领货凭证及时寄交收货人，收货人应主动向到站联系领取货物，这是到货通知的主要手段。

收货人在到站领取货物时，均须出示本人的身份证明和领货凭证。到站应仔细核对运单和领货凭证，无误后向收货人交付货物。收货人在货票上盖章或签字，到站将收货人的身份证明文件号码记载在货票上。

对到达的货物，收货人有义务及时将货物搬出，铁路有义务提供一定的免费留置期限，以便收货人安排搬运工具、办理仓储手续等，一般为两天。超过期限收货人应向铁路支付延期使用费和货物暂存费。

若货物在站内掏箱,收货人应于领取的当日内掏完;在站外掏箱时,收货人应于领取的次日内将该空箱送回。

三、与铁路集装箱运输相关的法律法规和国际公约

我国与铁路货物运输有关的规定和办法很多,主要是《铁路货物运输规则》,并由它引申出许多规则和办法。国际铁路集装箱联运的国际公约,主要是《国际铁路货物联运协定》和《关于统一过境运价规程的协约》,参考表4-2-2。

表4-2-2　与公路集装箱运输相关的法律法规和国际公约

序号	法规名称	颁布时间与部门
1	《中华人民共和国铁路法》	1990年9月7日第七届全国人民代表大会常务委员会第十五次会议通过,1990年9月7日中华人民共和国主席令第32号公布,自1991年5月1日起施行
2	《铁路货物运输合同实施细则》	本细则于1986年11月8日经国务院批准,1986年12月20日由铁道部发布,自1987年7月1日起施行。2010年12月29日国务院第138次常务会议通过《国务院关于废止和修改部分行政法规的决定》,对本细则部分条款予以修正,于2011年1月8日中华人民共和国国务院令第588号发布施行
3	《铁路货物运输规程》(简称《货规》)	原铁道部铁运[1991]40号公布
4	《铁路货物运输规则》	《铁路货物运输规程》附则
5	《铁路危险货物运输管理规则》	《铁路货物运输规程》附则
6	《铁路鲜活货物运输规则》	《铁路货物运输规程》附则
7	《铁路超限货物运输规则》	《铁路货物运输规程》附则
8	《铁路货物装载加固规则》	《铁路货物运输规程》附则
9	《铁路月度货物运输计划编制办法》	《铁路货物运输规程》附则
10	《货运日常工作组织办法》	《铁路货物运输规程》附则
11	《快运货物运输办法》	《铁路货物运输规程》附则
12	《铁路集装箱运输规则》	《铁路货物运输规程》附则
13	《铁路货物保价运输办法》	《铁路货物运输规程》附则
14	《铁路货物运输杂费管理办法》	《铁路货物运输规程》附则
15	《货车使用费税收暂行办法》	《铁路货物运输规程》附则
16	《铁路货物运价规则》	原铁道部颁布,2005年4月1日起,经过多次修改
17	《铁路和水路货物联运规则》	原铁道部、交通部颁布,1961年10月15日实行,经过多次修改
18	《国际铁路货物联运协定》(简称《国际货协》)	1951年11月由苏联、捷克、罗马尼亚、东德等8个国家共同签订的铁路货运协定,1954年1月我国参加
19	《关于统一过境运价规程的协约》(简称《统一货价》)	新的《统一货价》自1991年7月1日起施行,它是在原来的《统一货价》的基础上修改补充而成的。中国铁路自1991年9月1日起施行上述新规定

续表

序号	法规名称	颁布时间与部门
20	《国际铁路货物联运协定办事细则》（简称《货协细则》）	自1960年1月1日实行，它只适用于参加国际联运协定的铁路内部工作，并用以调整铁路间的相互关系，不能作为调整托运人、收货人同铁路间的法权关系
21	《国际联运车辆使用规则》（简称《车规》）	它是参加国际联运车辆使用规则协约国对车辆使用的规章，我国参加了该协约

思考与练习

1. 简述铁路集装箱运输的作用。
2. 简述开展铁路集装箱运输的条件。
3. 简述集装箱办理站的作用。
4. 简述集装箱办理站的货物运输流程。

任务三　航空集装箱运输

任务目标

熟悉航空集装箱运输的优点；熟悉开展航空集装箱运输的条件；熟悉航空集装箱运输的货运业务；了解航空集装箱运输的法律法规和国际公约。

引　例

首架 B777-200F 货机加盟国货航

2013年12月18日凌晨3时16分，中国国际货运航空公司（以下简称国货航）从波音公司订购的首架全新 B777-200F 货机平稳降落在北京首都国际机场。

全新 B777-200F 货机的加盟，是国货航战略调整、机队结构优化的重大举措，此举强化了国货航货机网络的竞争力，将为国货航进一步提升在中国货运市场的竞争地位，巩固市场地位创造条件。

B777-200F 货机属新一代远程货机，燃油效率更优，可有效助力改善航线经营业绩。按照机队规划，国货航从波音公司订购了8架 B777-200F 货机。除去已经交付的这架外，其余7架将在2014—2015年陆续交付。

当前，国货航正全力加强北京和上海枢纽建设，新加盟的 B777-200F 货机将以上海为主运营基地，主要配置到欧美远程航线的运营上。据悉，首架 B777-200F 货机将每周3班直飞法兰克福及大阪航线。目前，国货航在欧美及亚太经营的货班航线达到每周32班，航点遍及法兰克福、阿姆斯特丹、芝加哥、纽约、达拉斯、洛杉矶、东京、大阪、中国台北等地。

作为中国唯一载国旗运行的货运航空公司，B777-200F 加盟国货航机队，标志着国货航开启 B747、B777、B757 三种机型同时运营的时代。首架 B757 货机已于2003年11月22

日正式投入运营。至 2015 年，国货航将拥有共 15 架货机的机队规模，形成以北京、上海为枢纽，辐射全球的整体航空货运网络。截至目前，国货航在全球的空运航线达到 284 条，全球通航点达到 145 个，全球还拥有 600 多条卡车航线作为货机网络和客机腹舱网络的补充，形成了完善的空中、地面相结合的航线网络，使货物快速通达全球各地。

问题：简述 B777-200F 货机作为新一代远程货机对航空运输的作用。

航空运输是一种现代化的运输方式。航空集装箱运输也是随着航空货物运输的发展而逐步开展起来的。20 世纪 60 年代初期，航空货运还仅是客运的副产品，主要利用客机的剩余吨位运输旅客的一些随身行李、邮件和宠物等。随着航空货运量需求的不断增长及大量专用货机的投入使用，航空货运从 60 年代末开始逐步成为一项专门的业务。1972 年，波音公司的 B747—200F 大型专用货机在大西洋航线上投入运营，并采用了标准集装箱装载系统，从而实现了国际标准集装箱的航空运输，揭开了航空集装箱运输的序幕。近年来，随着国际贸易货物对运输要求的变化，航空集装箱运输在国际贸易货物运输中的比重明显增加。

一、航空集装箱运输概述

（一）航空集装箱运输的优点

民用航空集装箱运输是将适宜的货物、邮件装在航空集装箱内，采用民用飞机装载集装箱进行运输的一种流通方式。作为一种现代化程度较高的运输方式，航空集装箱运输与其他运输方式相比，具有如下优势：

1. 安全性高

航空工业技术的发展和高科技在航空运输中的应用，保证了飞机飞行的安全性。同时由于航空集装箱的使用简化了货物在地面的处理环节，可实现高效的机械化装卸作业，减少了货物损坏和被盗等情况的发生。货物运输安全性能高，最适宜运送高价值货物。

2. 通行便利

飞机沿空中航线飞行，它不受海洋、河川和高山峻岭等条件的限制，可将货物快速运往世界各地。有时为了战备、救援的需要或其他运输方式无法达到其运输目的时，一般货物也会选择航空集装箱运输方式。

3. 运送速度快

在各种运输方式中，民用航空货物运输速度最快，而且由于使用航空集装箱和高效的装卸机械，货物在航空港和货运站的停留时间大大缩短。因此航空集装箱运输最大的优越性便是节省货物运输时间，这对需要急运快件货物的货主有很强的吸引力。

4. 节省货物仓储等费用

虽然航空运输价格比较高，但由于航空集装箱运输货物周转时间短，运输中破损少，货主可减少仓储、包装、保险等费用的支出。

可以说航空集装箱运输的这些优点正适应了现代国际贸易对货物供应的要求，因此它在国际贸易运输中的地位越来越重要。

（二）开展航空集装箱运输的条件

开展航空集装箱运输同样也需要航空集装箱货源、适合航空集装箱运输的设备、设施以及相应的组织机构等。但与其他集装箱运输方式相比，开展航空集装箱运输有其特殊性。

1. 航空集装箱货源

航空集装箱运输的适箱货源主要是那些价值高，对运送速度、安全性能要求较高的货物。适箱货源的这些特点决定了航空集装箱运输的货源往往是小批量的。航空运输货物一般可分为工业制成品和鲜活易腐货物及邮件等。

（1）工业制成品货物

主要包括电子产品、精密仪器、服装、针织品、生物制品、工业品和医药等。其中电子产品和精密仪器等高科技产品是航空货运的主要对象，随着高科技工业的不断发展，空运将会有广阔的货运市场。服装和针织品也占航空货运中相当大的比重。

（2）鲜活易腐货物

主要包括海鲜货、鲜嫩蔬菜、新鲜水果、活体动物和鲜花等。随着人们生活水平的不断提高和养殖业的快速发展，许多鲜活易腐货物的运量越来越大，这些货物对运输的时限要求较严，这些价值较高的鲜活易腐货物一般都采用航空运输。

（3）航空邮件货物

主要包括包裹、信函、明信片、印刷品等。这些邮件货物由邮政部门向民用航空公司托运，利用航空速度快、运输时间短的优势，办理航空货邮快递业务。我国人口众多，幅员较大，航空货邮量在我国航空货运业务中，已占较大的比重。

2. 航空集装箱

用于航空运输的航空集装箱产品，必须符合适航要求，保证航空运输安全，利于操作，方便维护。民用航空集装箱产品一般包括航空集装箱运输使用的各种类型的集装箱、集装板（网）和其他有关器材。这些辅助器材指的是：与集装箱、集装板（网）配套使用的系留货物用的带、锁钮、钢索和垫货用的垫板、托盘等。

（1）航空集装箱的定义

国际航空协会（International Air Transport Association，IATA）将航空运输中使用的集装箱称为"成组器"（Unit Load Device，ULD），它又分为航空用成组器和非航空用成组器两种。

① 航空用成组器。

航空用成组器是指装载在飞机内与固定装置直接接触，不用辅助器就能固定的装置，可以看成是飞机的一部分；从结构上又可分为部件组合式和完全整体结构式两种。部件组合式是由货板、货网和非固定结构圆顶组成，或者由货板和货网组成；完全整体结构式则有主货舱用集装箱、下部货舱用集装箱和固定结构圆顶集装箱几种。

② 非航空用成组器。

非航空用成组器是指不满足航空用成组器条件的成组器，可用叉式装卸车进行装卸。它是按照航空用成组器或飞机货舱的形状，实现标准化的航空用成组器，而且它必须根据国际航空运输协会规定的标准规则制造。

（2）民用航空对集装箱的要求

① 重量要轻、耐火性要强。

航空公司最关心的是减轻集装箱和各种成组器的重量以及具有高度的防火和耐火性能。因此，航空集装箱和其他成组器一般都采用铝合金或高强度纤维（玻璃钢）等材料制作。此外空运集装箱不受海运或其他装卸作业的压力，不需要重型角铸件、角柱；航空运输集装箱的自身重量非常轻，以追求最大化的装载重量；货网的编织带、主要采用耐火的尼龙材料制作。

② 要与飞机的相应部分的形状相一致。

为了充分利用飞机货舱的容积，避免因碰撞或摩擦对飞机造成损伤，需将航空用集装箱和货舱用成组器的上部制作成圆顶结构，使之能与飞机机体相应部分的形状相一致。集装箱的底部则要求平滑，无凸出物。

③ 能适用于多式联运。

空运集装箱在尺寸、结构和容积方面与其他运输方式使用的集装箱的不同使传统航空用集装箱难以在其他运输方式中使用，而国际标准集装箱也难以广泛运用于航空集装箱运输。但随着科学技术的发展和国际多式联运的要求，这个问题正在逐步得到解决。目前已有既适用于空运，又适用于水陆运输方式的多式联运集装箱投入使用，一些新型宽体飞机如B747、A310、L1011等机型已能载运20英尺标准集装箱。

3. 机场内的装卸、搬运等设备

为装卸和搬运集装箱及其他成组器，机场必须配备专用装卸搬运设备，如牵引车、挂车、吊机、货物输送机等。

4. 集装箱货运站

航空集装箱运输设置的集装箱货运站的作业内容主要包括：货物的交接和临时存放、货物的分理、装箱、拆箱、货物的分拨、单证的缮制和信息的传递等。航空货运站必须配备与业务量相适应的装卸搬运机械、空箱、其他成组器以及有关材料如尼龙编织带等，对于业务较大的货运站，还必须建立集装箱及其他成组器的维修设施和设备；属于对外开放航空口岸的集装箱货运站，还必须得到海关的认可，便于海关监管，有利于国家监管部门对进口货物的查验。

二、航空集装箱货运业务

（一）航空货运代理业务

为了节省营运成本，一般情况下，航空公司只负责将货物从一个机场运至另一机场，对于揽货、接货、报关、订舱及在目的地机场提货和将货物交付收货人等方面的业务全由航空货运代理（以下简称空代）办理，因此空代在航空公司及托运人和收货人之间起着极其重要的纽带作用。许多空代公司已加入国际航空运输协会（IATA）等国际组织，并逐步形成了统一的行业规范。根据国际航空运输协会的规定，空代开展货运代理业务可从航空公司收取订舱佣金和一些暗扣，并向货主收取代付的运费及有关的服务费用。所以，通常情况下，空代公司可为客户提供以下主要服务项目：

① 为航空公司组织出口货源，承揽出口货物。

② 为托运人向航空公司订舱，确定航班舱位和运输日期。

③ 缮制航空公司及海关等政府监管机构所需要的单证，如货物托运书、航空货运单、装箱单和货物报关单等。

④ 接单接货，清点货物，办理交接手续，取货到门，送货到家，并为客户提供货物运输过程的追踪查询服务。

⑤ 代收货人、托运人办理进、出口货物报关报验手续以及货物转关手续。

⑥ 为客户提供运输费用和其他费用的结算服务以及保险服务。

⑦ 向客户提供出口商品进口国的有关政策、法规咨询服务，以便客户能按照对运输及相关方面有利的条款成交。

(二) 航空集装箱货物运输的方式

1. 班机运输（Scheduled Air-line）

这是指在固定航线上飞行的航班，它有固定的始发站、途经站和目的站。一般航空公司都使用客货混合机型组织班机货运，其货舱舱容有限，不适于大批量的货物运输。

2. 包机运输（Chartered Carriage）

包机运输又分整包机与部分包机两种。

整包机是由航空公司按照事先约定的条件和费用将整机租给承租人，从一个或几个航空站将货物运至指定的目的地，它适合运送大批量的货物。

部分包机是由几家货运代理公司或托运人联合包租一架飞机，或者由包机公司把一架飞机的舱位分别租给几家空运代理公司。

办理包机至少需在发运前一个月与航空公司洽谈，并签订协议，以便航空公司安排运力办理包机过境、入境、着陆等有关手续。

3. 集中托运（Consolidation）

这种托运方式是由空运代理公司将若干单独托运人的货物集中起来组成一整批货物，由航空公司托运到同一到站；在货到国外后由到站地的空运代理办理收货，报关并拨给各个实际收货人。

将货物集中托运可使货物到达机场以外的地方，因而延伸了航空公司的服务，也方便了货主。托运人在将货物交与空运代理后，即可取得货物分运单，持分运单即可到银行办理结汇。

集中托运方式已在世界范围内普遍开展并形成较完善、有效的服务系统。在我国集中托运是进出口货物的主要运输方式之一。

4. 急件传递（Air Express）

与一般的航空邮寄和航空货运不同，它是由专门经营这项业务的公司与航空公司合作，设专人用最快的速度在货主、机场、用户之间进行传递。例如，传递公司接到托运人委托后，用最快速度将货物送往机场赶装最快航班，随即用电传将航班号、货名、收货人及地址通知国外代理接货；航班抵达后，国外代理提取货物后随即送收货人。这种方式又称为"桌至桌"（Desk to Desk）运输。

(三) 航空集装箱货运业务流程

① 托运人向航空公司申请航班和装货设备。

② 托运人将装货设备提取后运回自己工厂或仓库，将货物装入集装箱或成组器，并缮制装箱单。

③ 托运人填制国际货物托运书。这是托运人托运货物的正式文件，也是航空公司填制货运单的依据，要求逐项准确填写，并对填写的内容承担责任。

④ 托运人向口岸或内地监管部门报关报验，经查验符合规定后获得出口货物放行证明。

⑤ 托运人通过内陆运输将集装箱、成组器货物按期限运抵出口口岸空港。

⑥ 托运人将填制好的国际货物托运书、装箱单和其他有关单证交给航空公司核验，并

提供启运地海关的关封。航空公司根据托运人填制的国际货物托运书检查核对，必要时可以开箱或拆组检查，其中包括衡量货物的重量及大件货物的体积。

⑦ 收受的集装箱、成组货物经核对准确无误后，航空公司可向托运人开具经双方共同签署的航空货运单。

⑧ 航空公司与托运人计算航空运费和其他有关费用，并按规定方式计收和结清运费和其他款项。

⑨ 航空公司对受理的货物进行全面的安全检查后，根据有关货运单证编制整个航班的货物舱单并连同航空货运单一并向海关申请验放。

⑩ 航空公司将货物从启运地机场运至目的地机场，用专用装卸、搬运机械将集装箱、成组器货物从飞机货舱内卸下，搬运至机场货运站内指定的位置，经核对航空货运单与集装箱、成组器货物齐备无误后，将集装箱、成组器货物存放在货运站临时库区里。

⑪ 航空公司根据航空货运单上的收货人名称、地址发出到货通知书，以催促收货人尽快办理货物报关、提货手续。

⑫ 空运代理人将集装箱、成组器货物通过陆路运输运至航空货运单指定的地点，与收货人清点货物，核对航空货运单与集装箱、成组器货物及收货人名称无误后，双方在航空货运单上签字、盖章，收货人收受货物。

⑬ 拆箱、拆组后的集装设备由航空公司代理人回运至指定的存放地点，并办理集装箱设备的交接手续。

三、有关航空集装箱运输的法律法规及国际公约

我国调整民用航空货物运输的法律法规主要是《中华人民共和国民用航空法》《中国民用航空货物国内运输规则》《中国民用航空货物国际运输规则》等。在国际航空货物运输领域主要国际公约是1929年《华沙公约》、1955年《海牙议定书》、1961年《瓜达拉哈拉公约》、1999年《蒙特利尔公约》。表4-3-1为航空集装箱运输相关的法律法规和国际公约。

表4-3-1 与航空集装箱运输相关的法律法规和国际公约

序号	法规名称	颁布时间与部门
1	《中华人民共和国民用航空法》	1995年10月30日第八届全国人民代表大会常务委员会第十六次会议通过，1995年10月30日中华人民共和国第56号主席令公布，自1996年3月1日起施行
2	《中国民用航空货物国内运输规则》	民航总局[①]1996年制定，自1996年3月1日起施行
3	《中国民用航空货物国际运输规则》	民航总局2000年制定，自2000年8月1日起施行
4	《统一国际航空运输某些规则的公约》，即1929年《华沙公约》	1929年10月，在华沙举行的第二届国际航空私法会议通过。该公约规定了以航空运输承运人为一方和以旅客、货物托运人、收货人为另一方的权利义务关系。公约1933年生效。我国于1958年加入该公约
5	《修改1929年10月12日在华沙签订的国际航空运输某些规则的公约的议定书》，即1955年《海牙议定书》	1955年在海牙对1929年《华沙公约》进行了修订，形成1955年《海牙议定书》。该议定于1963年8月1日生效，我国于1975年加入

---

① 现更名为中国民用航空局，简称民航局。

续表

序号	法规名称	颁布时间与部门
6	《统一非订约承运人所办国际航空运输某些规则以补充华沙公约的公约》，即1961年《瓜达拉哈拉公约》	1961年于墨西哥的瓜达拉哈拉会议通过，形成1961年《瓜达拉哈拉公约》，其目的是使《华沙公约》中有关承运人的规定适用于实际承运人。该公约于1964年5月1日起生效，但我国尚未加入
7	《统一国际航空运输某些规则的公约》，即1999年《蒙特利尔公约》	1999年通过了与1929年《华沙公约》同名的《统一国际航空运输某些规则的公约》，又称1999年《蒙特利尔公约》。其内容独立于华沙体制，在制定时着重考虑了对旅客提供公平赔偿，并最大限度地保证了旅客和承运人之间的利益平衡，同时明确了运输迟延造成损失的赔偿额度。该公约已于2003年11月4日生效，我国尚未决定加入该公约

思考与练习

1. 简述航空集装箱运输的优点。
2. 简述开展航空集装箱运输的条件。
3. 航空集装箱货物运输的方式有哪些？
4. 简述航空集装箱货运业务流程。

任务四　国际集装箱多式联运

任务目标

熟悉国际集装箱多式联运的优点；熟悉开展国际集装箱多式联运的条件；熟悉国际多式联运的方式；熟悉国际多式联运经营人的类型；了解国际集装箱多式联运的法律法规和国际公约。

引　例

联运不畅　物流成本难降

在物流业，如果可以实现海、陆、空多种运输方式联合运行，一次托运、一次计算、一票到底，最终实现"门到门"的联运服务，无疑可以大大提高效率，节约成本。不过，记者调查发现，目前国内大多数货物运输仍然依赖公路运输，而公路、铁路、水运、航空之间的联网运输能力很差，这也导致物流成本居高不下。

老徐是上海一家物流公司的卡车司机，他告诉记者，自己去洋山港拉个集装箱回市区，这一趟活跑下来，来回要花费5个小时，跑250千米左右。其中，油费就要600元，沿途还要缴纳来回的过路费110元，运输成本有700元左右。老徐说："跑这一趟自己根本赚不了钱。"

因为上海的洋山港与市区之间没有铁路连接，货车司机老徐不得不频繁进出港口。铁路的缺失让洋山港的货物运输只能通过货车如同蚂蚁搬家一样辛苦地跑来跑去，这种高成本的运输方式，导致整个物流成本大大提高。据统计，目前我国只有大连港、宁波港等极少数港口实现了港口与铁路的无缝衔接。不过,在这些已经实现了海铁联运的港口,由于联运成本直追公路,联运同样遭遇"肠梗阻"。

在大连港,记者调查发现,海铁联运也只占到了货物运输总量的10%,有30%~40%的运输量靠海路之间运输,剩下50%~60%的运输量依然靠海路和公路联运。这说明,公路运输依然是主要的运输途径。为什么会出现这样的现象呢?

记者调查发现,从大连到长春约700千米,一个载重的标准集装箱,从大连港到长春经由公路运输,运输成本在4 000元左右。而同样一个集装箱,以海铁联运的方式从大连港到长春市区,除去一级货运代理商的利润,货主花费了3 500元——包括铁路运输部分的3 000元以及长春市内的运输费500元。这个数字与公路运输所花费的4 000元相比,只少了500元。可以说,联运的成本优势并不明显。

明明铁路和港口连着,但是很多物流公司依然选择公路运输,原因就在于"铁老大"无法做到公路运输那样的灵活性。"货少了不运,货急了还运不了",这对于等米下锅、尽量减少库存的企业来说根本无法接受,因此不得不选择运费高昂的公路运输。

中国交通运输协会联运分会秘书长李牧原告诉记者,虽然现在我国有几十条海铁联运的班列线,但是这些班列线由于货运不稳定,重箱、空箱流向的不匹配,实际上开行也不稳定。

统计显示,目前我国海运和铁路的联合运输量占港口集装箱吞吐量的比重不到2%,而欧美国家海路铁路联运的比重能达到40%左右。以美国为例,其集装箱铁路运输货运量占铁路运输总货运量的比重在30%~50%。

同美国相比,我国在多式联运,特别是海铁联运上的差距究竟在哪儿呢?中国物流学会常务理事、清华大学副教授黄四民认为,在基础设施衔接上,美国几乎所有的港口都实现了与铁路的无缝衔接,而国内这个比例还不到5%。在协调机制上,美国港口以及各种运输机构之间完全是市场化操作,而我们国内铁路、公路、水路往往是各自为政,没有协调机制。

此外,美国的海铁联运比例高还有一个原因,就是铁路网线发达。在美国,货车班列哪怕是空车,都必须按公开的时刻表运行,而我们国家通常都是按货物量来安排,达不到货物量就不发车。黄四民强调:"这会影响到整个多式联运的运输服务的目标,因为多式联运服务的目标主要有四件事情:第一,运输成本;第二,运输时间;第三,运输的可靠性;第四,运输的便利性。所以在这方面的差别也是很大的。"

问题:开展集装箱多式联运的条件有哪些?

一、国际集装箱多式联运概述

(一)国际集装箱多式联运定义

"多式联运"一语最早见于1929年《华沙公约》。1980年5月,日内瓦召开了由84个成员国参加的国际多式联运会议,通过了《联合国国际货物多式联运公约》,将国际多式联运定义为:按照多式联运合同,以至少两种不同的运输方式,由多式联运经营人将货物从一国境内接管货物的地点运至另一国境内指定交付货物的地点。

(二) 国际集装箱多式联运应具备的条件

1. 多式联运经营人承担或组织完成全程运输任务

集装箱货物采用多式联运方式，货主只需办理一次托运手续，由多式联运经营人对全程运输负责。无论货物在运输过程中的哪一区段发生灭失或损害，货主均可向多式联运经营人提出索赔要求。当然，多式联运经营人在履行多式联运合同所规定的运输责任的同时，也可将全部或部分运输委托他人（分承运人）完成，并订立分运合同。但分运合同的承运人与货主之间不存在任何合同关系。

2. 承托双方签订的运输合同必须是多式联运合同

货主只需与多式联运经营人签订一份运输合同，即多式联运合同。该合同是确定多式联运经营人与货主之间权利、义务、责任关系的依据，也是区分多式联运与单一运输方式的主要依据。

3. 集装箱货物必须在不同国家之间运输

国际多式联运的全过程跨越了不同的国家或地区，这不仅与国内多式联运相区别，更重要的是涉及国际运输法规的适用问题。

4. 全程运输必须采用两种或两种以上不同的方式

国际集装箱多式联运必须选择和采用两种或两种以上不同的运输方式（水路、公路、铁路、航空）来完成全程运输任务。这样才可以发挥各种运输方式的优势，才可能通过对各种运输方式进行优化，使各种运输方式达到最佳的组合，以达到国际货物安全、快速、准时送达以及提高运输效率、降低运输成本的目的。

5. 运输业务模式必须采用一次托运、一次付费、一单到底、全程负责、统一理赔

在多式联运业务中，货主只需要办理一次托运，订立一份运输合同，多式联运经营人对全程运输负责。货主只需要一份运输单证，向多式联运经营人支付一次全程运费即可。货物一旦在运输过程遭受损失，也由多式联运经营人统一处理货主的索赔。

(三) 国际集装箱多式联运的优点

国际集装箱多式联运是将不同的运输方式有机地组合在一起构成的连续的一体化货物运输方式。国际集装箱多式联运的快速发展，最重要的是其具有传统各单一运输方式无法比拟的优势。

1. 统一化、简单化

由于多式联运采用一次托运、一次付费、一单到底、全程负责、统一理赔的运输业务模式，避免了货主与各区段承运人分别签订运输合同并办理各种托运、结算及理赔手续的不便和麻烦，为货主提供了极大的方便。

2. 缩短货物运输时间、减少库存、降低货损和货差事故，提高货运质量

由于国际集装箱多式联运是通过集装箱为单元进行运输，货物在托运人工厂或仓库装箱后，运输途中由一种运输方式转换到另一种运输方式时，无须换箱，也不需要将箱内物体移动，这就减少了中间环节，大大简化和加快了换装作业。而且，在集装箱运输方式下，各个运输环节和各种运输工具之间配合密切、衔接紧凑，中转迅速及时，大大减少了货物的在途停留时间，也相应降低了货物的库存量和库存成本。同时，多式联运通过集装箱为运输单元进行直达运输，货损、货差事故大为减少，提高了货物的运输质量。

3. 降低运输成本、节省各种支出

货物装载于集装箱内运输，货物的包装、理货和保险等费用可以有一定程度的节省。由于国际集装箱多式联运采用一张单证，统一费率，可以简化制单和结算手续，节省人力、物力。此外托运人在将货物交由第一程承运人后即可取得货运单证并据以结汇，从而提前了结汇时间。这不仅有利于加速资金的周转，而且可以减少利息的支出。

4. 提高运输组织水平，实现合理化运输

不同的运输经营人共同参与多式联运，经营的业务范围大大扩展，并可以最大限度地发挥各自现有设备的作用，选择最佳运输路线，实现合理化运输。

5. 政府方面的作用

有利于加强政府对整个货物运输链的监督与管理；保证本国在整个货物运输过程中获得较大的运费收入分配比例；有助于引进先进运输技术；减少外汇支出；改善本国基础设施的利用状况；通过国家的宏观调控与指导职能，保证使用对环境破坏最小的运输方式，达到保护本国生态环境的目的。

二、国际集装箱多式联运的方式

国际集装箱多式联运是采用两种或两种以上不同运输方式进行联运的运输组织形式。这里所指的至少两种运输方式可以是海陆、陆桥、海空等。国际多式联运之所以严格规定必须采用两种和两种以上的运输方式进行联运，是因为只有这样的运输组成形式才能综合利用各种运输方式的优点，充分体现社会化大生产大交通的特点。

由于国际多式联运具有单一运输形式无可比拟的优越性，因而这种国际运输新技术一经产生就很快在世界各主要国家和地区得到广泛的推广和应用。目前，有代表性的国际多式联运主要有远东/欧洲，远东/北美等海陆空联运。

（一）海陆联运

海陆联运是国际多式联运的主要方式，也是远东/欧洲多式联运的主要方式之一。海陆联运方式是一种以航运公司为主体，签发联运提单，与航线两端的内陆运输部门联合开展联运业务的联运方式。

（二）陆桥运输

所谓陆桥运输是指采用集装箱专用列车或卡车，把横贯大陆的铁路或公路作为中间"桥梁"，使大陆两端的集装箱海运航线与专用列车或卡车连接起来的一种连贯运输方式。它是远东/欧洲国际多式联运的主要形式。在国际多式联运中，陆桥运输起着非常重要的作用。严格地讲，陆桥运输也是一种海陆联运形式，只是因为其在国际多式联运中的独特地位，故在此将其单独作为一种联运方式进行专门叙述。目前，世界上比较有影响的陆桥运输有三条：北美大陆桥运输线、西伯利亚大陆桥运输线和新亚欧大陆桥运输线。

1. 北美大陆桥

大陆桥运输起始于 20 世纪 50 年代初期，世界上出现最早的大陆桥是横贯北美大陆的北美大陆桥。这条大陆桥全长 4 500 千米，东起纽约，西至旧金山，它西接太平洋，东连大西洋，缩短了两大水域之间的距离，省去了货物由水路绕道巴拿马运河的麻烦。但美国国内铁路拥挤，特别是西伯利亚大陆桥的出现使这条大陆桥在运价、运期、服务等方

面没有什么优势，因而衰落。后来利用其有利条件逐渐转向发展小路桥运输，从而获得新的生机。

2. 西伯利亚大陆桥

因其主要利用了东起海参崴，西到车里亚宾斯克的西伯利亚大铁路，所以称其为西伯利亚大陆桥；又因其地跨亚、欧两个大陆，所以又称亚欧大陆桥。东端已由原来的日本发展到韩国、菲律宾、东南亚、中国香港地区和中国台湾省，西端已从英国发展到整个欧洲大陆和伊朗、中东各国。这条大陆桥东起纳霍德卡港、东方港等港口，西至荷兰鹿特丹，全长13 000千米。通过这条路线，比经过好望角和苏伊士运河的海上运输线缩短运距1/3，运费便宜20%~25%，运期节省35天左右。

3. 新亚欧大陆桥

这条大陆桥东起我国的连云港、日照等沿海港口城市，西行出境，穿越哈萨克斯坦等中亚地区，经俄罗斯、白俄罗斯、乌克兰、波兰、德国等欧洲国家，抵达大西洋东岸荷兰的鹿特丹、比利时的安特卫普等欧洲口岸，全程长达11 000千米左右。它把太平洋与大西洋沟通起来，实现海—陆（铁路）—海的连贯运输。

（三）海空联运

海空联运又被称为空桥运输。在运输组织方式上，空桥运输与陆桥运输有所不同：陆桥运输在整个货运过程中使用的是同一个集装箱，不用换装，而空桥运输的货物通常要在航空港换装入航空集装箱。海空联运方式一般以海运为主，只是最终交货运输区段由空运承担。

1. 远东—欧洲

目前，远东与欧洲间的航线有以温哥华、西雅图、洛杉矶为中转地的，也有以香港、曼谷、海参崴为中转地的。此外还有以旧金山、新加坡为中转地的。

2. 远东—中南美

近年来，远东至中南美的海空联运发展较快，因为此处港口和内陆运输不稳定，所以对海空运输的需求很大。该联运线以迈阿密、洛杉矶、温哥华为中转地。

3. 远东—中近东、非洲、澳洲

这是以香港、曼谷为中转地至中近东、非洲的运输服务。在特殊情况下，还有经马赛至非洲、经曼谷至印度、经中国香港至澳洲等联运线，但这些线路货运量较小。

三、国际多式联运经营人

（一）国际多式联运经营人的含义

在国际集装箱多式联运中，多式联运经营人发挥着关键作用。《联合国国际货物多式联运公约》对多式联运经营人（Multi-modal Transport Operator，MTO）的定义是："其本人或通过其代表订立多式联运合同的任何人，他是当事人，而不是托运人的代理人或代表或参加多式联运的承运人的代理人或代表，并且负有履行合同的责任。"这一定义具有以下含义：

① 以本人名义与托运人订立多式联运合同，是多式联运合同的承运人。根据该合同，多式联运经营人要对全程运输负责，要负责完成或组织完成全程运输。

② 可以本人身份参加多式联运全程中某一个或几个区段的实际运输，作为这些区段的实际承运人，对自己承担区段的货物运输负责。

③ 可以本人名义与自己不承担运输区段的承运人订立分运合同以完成其他区段的运输。在这类合同中，多式联运经营人既是托运人，也是收货人。

④ 以本人名义与各中转点的代理人订立委托合同以完成在该点的衔接及其他服务工作。在该类合同中，多式联运经营人是委托人。

⑤ 以本人名义与多式联运所涉及的各方面订立相应的合同，在这些合同中，多式联运经营人均是作为货方出现的。

由此可见，在多式联运中多式联运经营人的身份具有多重性。

(二) 国际多式联运经营人的表现形式

多式联运经营人按其本身是否具备运输工具可分为两大类。

1. 第一类多式联运经营人

此类经营人是指本人拥有一种或一种以上的运输工具，并实际参加联运全程中一个或一个以上区段运输的经营人。这类经营人一般由某一方式的承运人发展而来，如由海运、陆运或航空运输企业发展而成。该类经营人一般都具有较强的经济实力，在运输业具有一定的资信度，在国外的分支机构、办事处及代理网络较为完整。

2. 第二类多式联运经营人

此类经营人是指本人不拥有任何一种运输工具，在联运全程中各区段的运输都要通过与其他实际承运人订立分运合同来完成的经营人。这一类经营人一般由国际货运代理企业或其他与运输有关的业者（仓储、装卸等）发展而成。它们尽管不拥有自己的运输工具，经济实力与前一类经营人比要差一些，但发展成为多式联运经营人前的业务内容有很大的相似性，而且在长期工作中与各有关方已建立了良好的业务关系，因此他们开展业务的优势主要在运输组织方面。

现在世界上大部分较有实力的具有一种或一种以上运输工具的承运人，包括海运公司、铁路公司（局）、汽车运输公司等均已开展多式联运业务，发展成为多式联运经营人，还有大量的货运代理公司也开始或已经承办多式联运业务，使国际多式联运经营人队伍得以迅速发展。

四、有关集装箱多式联运的法律法规和国际规则

与国际多式联运相关的法律法规有《中华人民共和国海商法》《中华人民共和国合同法》；国际公约有《联合国国际货物多式联运公约》《国际商会联运单证统一规则》《联合国国际贸易和发展会议/国际商会多式联运单证规则》。表4-4-1是与国际多式联运相关的法律法规和国际公约。

表4-4-1 与国际多式联运相关的法律法规和国际公约

序号	法规名称	颁布时间与部门
1	《中华人民共和国海商法》	1992年11月7日第七届全国人民代表大会常务委员会第二十八次会议通过，1992年11月7日中华人民共和国主席令第64号公布。第四章第八节是"多式联运合同的特别规定"
2	《中华人民共和国合同法》	1999年3月15日第九届全国人民代表大会第二次会议通过，自1999年10月1日起施行。第十七章第四节是"多式联运合同"

续表

序号	法规名称	颁布时间与部门
3	《联合国国际货物多式联运公约》	1980年5月24日在日内瓦举行的联合国国际联运会议第二次会议通过。该公约在结构上分为总则、单据、联运人的赔偿责任、发货人的赔偿责任、索赔和诉讼、补充规定、海关事项和最后条款等8个部分
4	《国际商会联运单证统一规则》	最早的关于联运单证的国际民间协议,由国际商会于1973年制定,1975年进行了修改。作为民间规则,其适用不具有强制性,但国际货物多式联运合同双方当事人经常协议采用
5	《联合国国际贸易和发展会议/国际商会多式联运单证规则》	1991年由联合国国际贸易和发展会议与国际商会共同制定,是一项民间规则,供当事人自愿采纳

思考与练习

1. 简述国际集装箱多式联运定义。
2. 简述国际集装箱多式联运应具备的条件。
3. 简述国际集装箱多式联运的优点。
4. 简述国际集装箱多式联运的方式。
5. 简述国际多式联运经营人的含义。

参 考 文 献

[1] 牛鱼龙. 货物物流使用手册 [M]. 北京：人民交通出版社，2005.
[2] 顾丽亚. 集装箱运输管理实务 [M]. 北京：电子工业出版社，2008.
[3] 中国国际货运代理协会. 国际海上货运代理理论与实务 [M]. 北京：中国商务出版社，2010.
[4] 武德春. 集装箱运输实务 [M]. 北京：机械工业出版社，2003.
[5] 中国港口协会. 国际集装箱港口管理实务 [M]. 上海：上海人民出版社，2007.
[6] 陈戌源. 集装箱码头业务管理 [M]. 大连：大连海事大学出版社，1998.
[7] 曹晓发. 集装箱运输实务 [M]. 北京：北京理工大学出版社，2010.
[8] 中国国际货运代理协会. 国际海上货运代理理论与实务 [M]. 北京：中国商务出版社，2010.
[9] 孙明. 国际货运代理实务 [M]. 上海：同济大学出版社，2009.
[10] 王鸿鹏，江明光. 集装箱运输管理 [M]. 北京：电子工业出版社，2010.
[11] 王鸿鹏，许路，邓丽娟. 国际集装箱运输与多式联运 [M]. 大连：大连海事大学出版社，2010.
[12] 刘鼎铭，曹振宇. 国际标准集装箱及其应用 [M]. 北京：人民交通出版社，1991.
[13] 杨志刚. 国际货运物流实务、法规与案例 [M]. 北京：化学工业出版社，2004.
[14] 张炳华. 集装箱应用全书 [M]. 北京：人民交通出版社，2000.
[15] 蒋正雄，刘鼎铭. 集装箱运输学 [M]. 北京：人民交通出版社，1997.
[16] 王义源，曾凯. 远洋运输业务 [M]. 北京：人民交通出版社，1997.
[17] 真虹. 集装箱运输学 [M]. 大连：大连海事大学出版社，1999.
[18] 纪华民. 国际货运代理实务（陆运·空运篇）[M]. 大连：大连海事大学出版社，2001.
[19] 交通部. 中华人民共和国国际海运条例.
[20] 外经贸部. 中华人民共和国国际货运代理业管理规定.
[21] 交通部，铁道部. 国际集装箱多式联运管理规则.
[22] 天津港集装箱码头有限公司官方网站，http://www.tctcn.com/main/about.aspx.
[23] 福州新港国际集装箱码头有限公司官方网站，http://www.fict-fuzhou.com.cn/.